La collection business **n°1 des ventes**

LA BOÎTE À OUTILS DE LA CRÉATIVITÉ

François Debois
Arnaud Groff
Emmanuel Chenevier

70 outils clés en main
+ 12 vidéos d'approfondissement

3e édition

DUNOD

Crédits iconographiques

Dossier 1 : © Viktoria Kurpas – Shutterstock ; **Outil 1 :** © Natalypaint – Shutterstock ; **Outil 4 :** © vladwel – Shutterstock ; **Outil 6 :** © Natalypaint – Shutterstock ; **Dossier 2 :** © Viktoria Kurpas – Shutterstock ; **Outil 11 :** © Murali Krishna – The Noun Project ; **Dossier 3 :** © Viktoria Kurpas – Shutterstock ; **Outil 14 :** © Santi – Fotolia ; **Outil 15 :** © Hut Hanna – Shutterstock, © Natalypaint – Shutterstock ; **Outil 16 :** © Natalypaint – Shutterstock ; **Outil 17 :** © frozenbunn – Shutterstock ; **Outil 18 :** © Natalypaint – Shutterstock ; **Outil 19 :** © Natalypaint – Shutterstock ; **Outil 20 :** © Natalypaint – Shutterstock ; **Outil 23 :** © Natalypaint – Shutterstock ; **Dossier 4 :** © Viktoria Kurpas – Shutterstock ; **Outil 25 :** © Natalypaint – Shutterstock ; **Outil 29 :** © Natalypaint – Shutterstock ; **Outil 34 :** © Natalypaint – Shutterstock ; **Dossier 5 :** © Viktoria Kurpas – Shutterstock ; **Outil 37 :** © Natalypaint – Shutterstock ; **Dossier 6 :** © coramax – Fotolia, © Orlando Florin Rosu – Fotolia, © Art3D – Fotolia – © Orlando Florin Rosu – Fotolia, © coramax – Fotolia ; **Outil 42 :** © Delphotostock – Fotolia ; **Outil 44 :** © photoredaktor – Fotolia, © Oleksandr Moroz – Fotolia, © Art3D – Fotolia ; **Outil 45 :** © Anatoly Maslennikov – Fotolia, © Orlando Florin Rosu – Fotolia ; **Outil 46 :** © Perseomedusa – Fotolia ; **Dossier 7 :** © Viktoria Kurpas – Shutterstock ; **Outil 47 :** © Natalypaint – Shutterstock ; **Dossier 8 :** © Viktoria Kurpas – Shutterstock ; **Dossier 9 :** © Viktoria Kurpas – Shutterstock ; **Dossier 10 :** © Viktoria Kurpas – Shutterstock ; **Outil 62 :** © fotomek – Fotolia ; **Outil 64 :** © coramax – Fotolia, © Orlando Florin Rosu – Fotolia.

SPIDER® est une marque déposée par François Debois.
Conception de la couverture : mokmok.agency
Mise en page : Belle Page

ISBN : 978-2-10-084889-8

11 rue Paul Bert, 92240 Malakoff

www.dunod.com

VOUS AUSSI, AYEZ LE RÉFLEXE

Boîte à outils

Des outils classés par dossiers thématiques

Une **présentation visuelle** de chaque outil

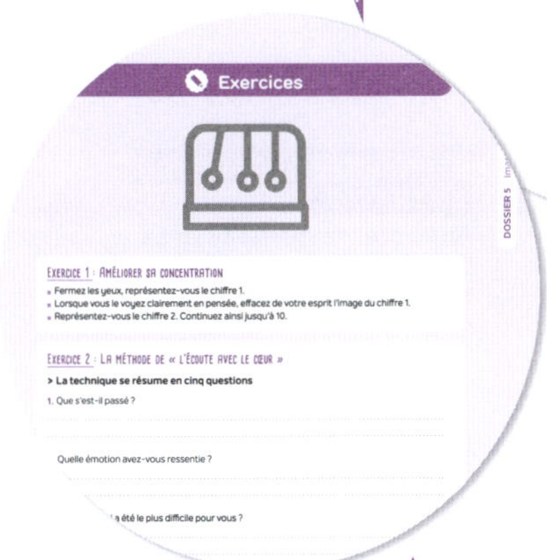

Des **exemples, cas** ou **exercices** pour approfondir

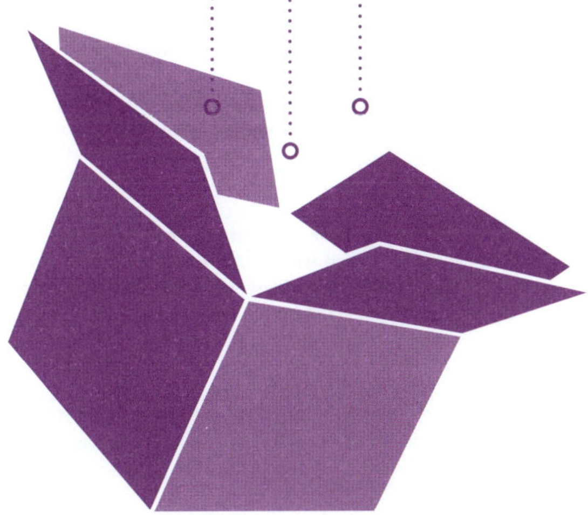

La Boîte à outils

DES OUTILS OPÉRATIONNELS TOUT DE SUITE

MANAGEMENT LEADERSHIP

Agilité
Dir. N. Van Laethem

Animer vos réunions
F. Gillet-Goinard, L. Maimi

Chef de projet, *3e éd.*
J. Maes, F. Debois

Conduite du changement et de la transformation, *2e éd.*
D. Autissier, J.M. Moutot, K. Johnson, *et al.*

Innovation managériale
D. Autissier, E. Métais-Wiersch, J.-M. Peretti

Intelligence collective, *2e éd.*
B. Arnaud, S. Caruso Cahn

Leadership, *2e éd.*
J.-P. Testa, J. Lafargue, V. Tilhet-Coartet

Management
V. Dicecca, P. Guillou

Management à distance
S. Levillain Desmarchelier

Management transversal, *2e éd.*
J.-P. Testa, B. Déroulède

Manager de managers
A. Hamayon, J. Isoré, J.-P. Testa

Manager leader
P. Bélorgey, N. Van Laethem

Motivation
S. Micheau-Thomazeau, L. Thomas

Organisation, *3e éd.*
B. Pommeret

STRATÉGIE D'ENTREPRISE

Acheteur, *3e éd.*
S. Canonne, P. Petit

Analyse des données
C. Coron

Consultant, *2e éd.*
P. Stern, J.-M. Schoettl

Design thinking
E. Brunet

Développement durable et RSE
V. Maymo, G. Murat

Digital en entreprise
Dir. C. Lejealle

Gamification
A. Duarté, S. Bru

Innovation, *2e éd.*
G. Benoit-Cervantes

Lean, *2e éd.*
R. Demetrescoux

Négociation, *2e éd.*
P. Stern, J. Mouton

Stratégie, *4e éd.*
B. Giboin

Supply chain, *2e éd.*
A. Perrot, P. Villemus

GESTION / FINANCE / COMPTABILITÉ

Auditeur financier, *3e éd.*
S. Boccon-Gibod, É. Vilmint

Comptabilité, *3e éd.*
B. Bachy

Contrôle de gestion
C. Selmer

Qualité, *4e éd.*
F. Gillet-Goinard, B. Seno

Responsable financier, *3e éd.*
C. Selmer

Santé – Sécurité – Environnement, *4e éd.*
F. Gillet-Goinard, C. Monar

RESSOURCES HUMAINES / FORMATION

Accompagnement professionnel
M.-L. Barthélémy, H. Le Pennec

Chief Happiness Officer
A. Motte, S. Larabi, S. Boutet

Coaching, *3e éd.*
B. Ammiar, O. Kohneh-Chahri

CSE, *2e éd.*
A.-L. Smaguine

Dialogue en entreprise
A. Stimec, A. Benitah

Facilitation
E. Brunet, A. Monot

Formateurs, *4e éd.*
F. Bouchut, F. Cuisiniez, I. Cauden, *et al.*

Gestion des conflits, *2e éd.*
J. Salzer, A. Stimec

Ressources Humaines, *3e éd.*
A. Haegel

Télétravail
G. Epitalon, F. Gault, C. Rabineau

MARKETING / COMMUNICATION

Communication, *4e éd.*
B. Jézéquel, P. Gérard

Community manager, *2e éd.*
C. Pellerin

Conférencier, *2e éd.*
C. Morlet, B. Deloupy

Écrire pour le web, *2e éd.*
M. Gani

Facebook Ads et Instagram Ads
C. Pellerin

Génération de Leads
P. Gastaud

Inbound marketing et growth hacking
S. Truphème, P. Gastaud

Instagram
C. Pellerin

LinkedIn
J. Pibourret

Marketing, *4e éd.*
N. Van Laethem, B. Durand-Mégret

Marketing digital, *2e éd.*
S. Truphème, P. Gastaud

Marketing vidéo
T. Gasio

Podcast
V. Béjot

Réseaux sociaux
C. Pellerin

SEO
B. Thiers

COMMERCIAL / RELATION CLIENT

Commercial, *3e éd.*
P. Bélorgey, S. Mercier

E-commerce, *2e éd.*
C. Delabre

Expérience client, *3e éd.*
L. Chabry, F. Gillet-Goinard, R. Jourdan

Libraire
C. Meneghetti, J.-C. Millois

ENTREPRENEURIAT

Création d'entreprise, *éd. 2023*
C. Léger-Jarniou, G. Kalousis

Crowdfunding
N. Dehorter, F. Clodic-Tanguy, M. Dubois

Freelance
S. Moran

Levée de fonds
D. Bernard, C. Tremblais, A. Magnin, *et al.*

Micro-entrepreneur, *2e éd.*
C. Selmer, J. Hellart

EFFICACITÉ / BIEN-ÊTRE AU TRAVAIL

Améliorer sa mémoire et sa concentration
X. Delengaigne, C. Maitre

Bien-être au travail, *2e éd.*
C. Huet, G. Rohou, L. Thomas

Confiance en soi
A. Leibovitz

Créativité, *3e éd.*
F. Debois, A. Groff, E. Chenevier

Développement personnel
L. Lagarde

Écrits professionnels
V. Le Broussois

Efficacité professionnelle, *2e éd.*
P. Bélorgey

Gestion du stress, *2e éd.*
G. du Penhoat

Gestion du temps, *2e éd.*
P. Bélorgey

Intelligence émotionnelle, *2e éd.*
C. Peres-Court, M.-E. Launet

Mind mapping, *2e éd.*
X. Delengaigne, M.-R. Delengaigne

Orthographe
A. Ponsonnet

Pensée visuelle
C. Tsiang, B. Lhuillier

Personal Branding
S. Moran, N. Van Laethem

Prendre la parole en public
A. Leibovitz

Psychologie positive au travail
B. Arnaud, E. Mellet

Relaxation
L. Histel-Barontini

Santé au travail
C. Vasey

Soft skills
N. Van Laethem, J-M Josset

Préface

“

Les adultes suivent les chemins.
Les enfants explorent.

Neil Gaiman

Le jeune domestique et les savants

Il était une fois un jeune garçon qui avait trouvé à s'employer en qualité de domestique dans une prestigieuse institution scientifique. Il travaillait dur et ne rechignait devant aucune tâche pour pouvoir donner à sa mère de quoi subvenir aux besoins de sa famille. Dans la journée, il obéissait aux savants, apportait à chacun le matériel dont il avait besoin, courait chez l'apothicaire chercher des ingrédients, aidait à mettre en place une installation expérimentale. Le soir, il nettoyait les tubes à essai et les alambics, rangeait méticuleusement tout ce qui devait l'être. « L'ordre et la discipline », avait insisté le doyen au moment de l'embaucher, « étaient les clés de la réussite scientifique ». Le matin, enfin, il se levait tôt pour épousseter les rayonnages et laver le sol avant l'arrivée de ces messieurs.
Un jour, en passant son chiffon sur une étagère, il fit tomber une boîte qui contenait des billes de roches soigneusement étiquetées dans des compartiments séparés. Elles s'éparpillèrent aux quatre coins de la pièce. Paniqué à l'idée d'être renvoyé pour sa maladresse, le garçon s'empressa de les ramasser. Il avait une bonne mémoire et se souvenait de l'emplacement de chacune. Il commençait à se sentir soulagé par la progression de son travail quand il s'aperçut qu'il en manquait une.
Elle avait roulé derrière un étrange ouvrage posé le long d'un mur. C'était un grand tableau carré qu'un comte un peu fantasque avait fait souffler par des maîtres verriers pour orner la salle de réception de son château. Il représentait un paysage traversé en diagonale par une cascade bordée de rochers, au-dessus desquels des fées volaient en tous sens. Pour rehausser la splendeur de l'œuvre et donner vie au torrent, le comte avait fait couler du vif-argent entre les deux feuilles de verre. Il offrait un bon prix pour l'invention d'un procédé qui permît à la cascade de s'écouler sans fin. Les savants avaient élaboré un système de pompe dont ils n'étaient pas satisfaits. Le mercure, trop dense, formait en remontant dans le cadre des bulles qui donnaient à la cascade des allures de bain bouillonnant. Ils tentaient depuis plusieurs semaines de régler le débit du dispositif à l'aide d'instruments de mesure qu'il était interdit de déplacer.
Derrière la paroi transparente, la bille de pierre semblait narguer le domestique. Il n'avait pas de tige assez longue pour la déloger, et devait pourtant l'atteindre sans toucher les appareils alignés devant l'œuvre. « Si j'avais une baguette magique, je ferais disparaître le tableau de verre », pensa-t-il. La solution lui apparut alors comme une évidence. Il cala son pied sur le côté du cadre et tira en haut sur le coin du tableau pour le faire pivoter sur

son angle inférieur. La bille ainsi dégagée, il la rangea avec les autres et replaça la boîte sur son étagère.
En retournant vers l'ouvrage du comte, il fut saisi de constater que le paysage restait parfaitement plausible. Au lieu de s'écouler de droite à gauche, la cascade descendait maintenant en diagonale de gauche à droite. Mais les fées virevoltaient toujours autour des rochers sans que le spectateur fût gêné par la nouvelle disposition du tableau. Ce phénomène émerveilla le garçon. Sa curiosité le poussa à donner au tableau un quart de tour supplémentaire. La cascade s'écoula de nouveau de droite à gauche, et le ballet des fées était tout aussi charmant. Il était fasciné.
Le claquement sourd de la porte d'entrée à l'étage inférieur le tira brusquement de sa rêverie. Il se hâta de remettre le tableau en place. Les savants franchirent le seuil du laboratoire et s'arrêtèrent, stupéfaits. « Je suis renvoyé », songea le jeune domestique. Mais il ne lut nulle colère dans leurs yeux. Une pointe d'admiration, au contraire. Il se retourna. Un joli flot de mercure lisse coulait dans le lit de la cascade.

Pascale Bélorgey
Écrivaine

Avant-propos

Nous sommes tous confrontés au quotidien à des situations professionnelles et personnelles qui exigent des solutions originales. Comment trouver des « pépites », ces idées magiques qui feront la différence ?
Si la créativité consiste à « sortir du cadre », être créatif, c'est commencer par « définir le cadre » ! Le paradoxe de la créativité est que cette démarche qui se nourrit de transgressions doit en effet être menée avec une grande rigueur pour donner des résultats. Cela suppose :

- de **cadrer les démarches de créativité pour polariser nos énergies sur les vrais défis** à relever. Il convient donc de choisir un processus créatif, de réinventer parfois la stratégie de l'entreprise, de transformer le problème en challenge ;
- de **choisir les outils de génération d'idées les mieux adaptés en fonction des problématiques rencontrées.** Si le brainstorming est un outil répandu, une quarantaine d'autres outils peuvent s'avérer beaucoup plus pertinents quand il s'agit d'imaginer un nouveau produit, le nom d'une marque ou une organisation originale au sein de l'entreprise. Techniques projectives et analogiques, de déformation, de rencontres forcées, à base rationnelle, technique, utilisant le digital… C'est la largeur de votre panoplie créative qui vous permettra d'aborder tout type de situation avec succès ;
- d'**oser passer de l'intention à l'action**, en mettant toutes les chances de notre côté par une bonne formalisation et une bonne stratégie de mise en œuvre de nos idées.

Vous trouverez dans cet ouvrage les outils qui répondent à ces trois enjeux clés de la créativité. Nous vous souhaitons de prendre autant de plaisir à les découvrir que nous en avons eu à les formaliser ou à les inventer ! Leur mise en œuvre sera aisée, à partir du moment où vous aurez franchi le premier palier qui mène vers le monde des idées neuves : **oser être créatif.**
C'est pourquoi cette nouvelle édition intègre un premier dossier dédié au développement de votre potentiel créatif personnel, afin d'exploiter tous les talents qui sont déjà en vous et de lever vos freins potentiels. Le deuxième dossier est consacré à la créativité de « coin de table », qui doit vous permettre d'utiliser la créativité au quotidien, pour qu'elle devienne un automatisme.
Alors OSEZ, et surtout, amusez-vous bien !

Sommaire des vidéos

Certains dossiers sont accompagnés de vidéos, accessibles par QR codes, qui complètent, développent ou illustrent le propos :

Sommaire

1

DOSSIER

DÉVELOPPER VOTRE POTENTIEL CRÉATIF

“

Si j’avais une heure pour résoudre un problème dont ma vie dépende, je passerais 40 minutes à l’analyser, 15 minutes pour en faire la revue critique et 5 minutes pour le résoudre.

Albert Einstein

La créativité peut être considérée comme une aptitude individuelle, un processus psychologique à travers lequel un individu (ou un groupe d'individus) témoigne d'originalité à la fois dans la manière dont il mène sa réflexion (associations originales) et dans le résultat lui-même.

Elle est depuis longtemps au centre des réflexions des philosophes et, plus récemment, des scientifiques. Que nous apprennent ces derniers ?

La créativité a besoin de temps

Si on associe souvent la créativité à l'Eurêka, ce moment où la solution à un problème jaillit dans notre esprit, cette fulgurance qui nous électrise, on oublie qu'il a fallu labourer le terrain et l'arroser régulièrement pour que la récolte soit fertile.

Or, notre créativité ne se trouve pas sous le sabot d'un cheval. Elle se cultive, elle s'entretient, elle s'incube ! Plus nous savons comment travailler notre champ créatif, plus nous sommes conscients de nos rituels personnels, plus nous pouvons en profiter.

La créativité a besoin de bienveillance

Imaginez un tas de sable sur la plage. Prenez un seau d'eau de mer et versez-le à son sommet. L'eau qui s'écoule va creuser des rigoles à la surface. Répétez l'opération, et vous constaterez que l'eau empruntera toujours le même chemin et que les rigoles se creuseront de plus en plus.

Il en va de même pour notre esprit : depuis notre enfance, nous avons construit des schémas de pensée qui se sont installés comme autant de rigoles. Ces schémas nous invitent à produire des idées pertinentes, toutes utiles, le plus vite possible, car c'est ce qui était attendu de nous dans notre enfance et dans notre vie d'adulte au travail. Développer notre potentiel créatif, ce n'est pas repousser ces schémas ou ces petites voies intérieures, mais en prendre conscience et décider, à certains moments, de faire couler l'eau à d'autres endroits du tas de sable.

C'est une perspective excitante, mais si elle vous semble également laborieuse, souvenez-vous toujours que goutte à goutte, l'eau creuse la pierre.

Les outils

Outil 1 Les 4 phases du processus créatif

> “
> *Tout comme l'appétit vient en mangeant, l'inspiration vient en travaillant.*
>
> Igor Stravinsky

En quelques mots

Les **4 phases du processus créatif** ont été observées sur des mathématiciens qui avaient eu des « illuminations » (le fameux « Eurêka ! » d'Archimède).

Dès 1926, le neuroscientifique G. Wallas démontre que nos meilleures idées viennent d'un processus créatif qui laisse la part belle à l'intuition. Nous avons donc intérêt à séparer une première phase dite « d'imprégnation », du moment où nous allons évaluer et formaliser les solutions après l'illumination.

SE DONNER DU TEMPS POUR CRIER « EURÊKA ! »

I Imprégnation	II Incubation	III illumination	IV Production
Je cherche ⬇ Je « sèche »	Mon inconscient prend le relais	Mon inconscient communique au conscient sa « trouvaille »	J'évalue ma trouvaille et formalise ma solution

Définir le problème. Chercher les informations.	Cesser de penser au sujet ! Faire autre chose.	Accueillir Noter tout sans censure !	Confronter les idées au besoin et à la réalité.
Phase longue *Heures* *Jours* *Années*	*Phase longue* *Heures* *Jours* *Années*	*Phase courte* *Secondes* *Minutes* *Heures*	*Phase moyenne* *Heures* *Jours* *Semaines* *Mois*

D'après source Cegos

http://dunod.link/baocrea23-001

POURQUOI L'UTILISER ?

Objectif

Ce processus permet d'inventer des solutions pertinentes pour résoudre des problématiques nouvelles, en alternant des phases de travail conscient et inconscient.

Contexte

Cette méthode s'applique à tout travail créatif : réflexion de fond, réflexion stratégique, résolution de problèmes complexes et de projets innovants.

COMMENT L'UTILISER ?

Étapes

1. **Phase I : imprégnation**
- Posez le problème : périmètre, objectif ; que cherchez-vous à résoudre, dans quel but ?
- Rassemblez les informations : événements, statistiques, recherche documentaire, etc.
- Notez les premières idées qui vous viennent à l'esprit, de façon large et sans censure. La carte mentale est idéale.

2. **Phase II : incubation**
- Lâchez prise ! Ne pensez plus à votre problème. Laissez votre inconscient travailler. Votre cerveau droit (créatif) prend le relais de votre cerveau gauche (rationnel).
- Faites du sport, de la musique ou une activité très différente, peu consommatrice en charge mentale.

3. **Phase III : illumination**
- L'illumination peut survenir à tout moment : le matin au réveil, en vous brossant les dents, dans les transports…
- Vous pouvez favoriser son arrivée en lui « donnant rendez-vous » : prévoyez une séance d'écriture libre tous les matins entre la phase d'imprégnation et la phase de production.

4. **Phase IV : production**
- Confrontez les idées de l'illumination à la réalité : en quoi répondent-elles au problème ? Quelle est leur faisabilité ? Quel est leur coût ? Quels sont les avantages et limites de chacune ? Etc.
- Sélectionnez les plus pertinentes et mettez en forme le plan d'action qui en découle.

Méthodologie et conseils

Planifiez dans votre agenda les phases I et IV (travail rationnel), *a minima* séparées par une nuit, si possible à plusieurs jours d'intervalle.
Le meilleur moment pour avoir une illumination est lorsque le cerveau n'est pas au maximum de son efficacité intellectuelle logique alors que le corps est en pleine forme physique : très tôt le matin ou vers 19 heures, après une séance de sport. Notez immédiatement les idées lorsqu'elles vous viennent car elles peuvent être fugaces. Comme l'inspecteur Colombo, ayez toujours à portée de main votre carnet de notes ou l'application de prise de notes de votre smartphone dans lequel vous pourrez inscrire vos idées.
Faites-vous confiance ! Le cerveau est une magnifique machine à produire des idées géniales, et la gestation (phase II) est utile.
Les phases I et IV peuvent être menées en groupe. Vous pouvez décider en phase IV de réitérer le processus pour creuser une idée.

Avant de vous lancer…

✓ **Respectez l'objectif de la phase I sans chercher à produire : votre problème sera plus clairement défini et vos idées plus libres. Votre inconscient pourra associer des idées farfelues pour créer une idée recevable en phase III. Laissez le tri et l'analyse pour la phase IV.**

✓ **L'illumination est très fugace et peut survenir à tout moment. Ayez à portée de main de quoi la noter immédiatement.**

Outil 2
La bissociation

> « Rien ne se crée, rien ne se perd, tout se transforme. »
>
> Lavoisier

En quelques mots

Créer, c'est « bissocier » selon l'approche d'Arthur Koestler (*Le cri d'Archimède*, 1955).

La **bissociation** est un néologisme qui désigne un « assemblage original et pertinent d'éléments préexistants ». Elle est une manière de secouer et de mêler ce qui était séparé auparavant, de combiner deux idées, deux solutions ou deux univers parfois très étrangers *a priori*, afin d'en créer un troisième, inédit.

Une des innovations issues de la bissociation est l'invention du terminal de paiement qui, selon David Znaty (dirigeant d'Ingenico), n'est ni plus ni moins que l'intégration de « trois objets séparés : le modem, la calculatrice et l'imprimante ».

HYBRIDER DEUX ÉLÉMENTS HABITUELLEMENT SÉPARÉS

http://dunod.link/baocrea23-002

POURQUOI L'UTILISER ?

Objectif

Créer des flashs créatifs en bissociant des solutions, des idées, des mots (à ne pas confondre avec associer simplement deux éléments). La bissociation associe plutôt les fonctionnalités des objets et non les objets eux-mêmes (comme par exemple le VTT, qui bissocie le concept de l'automobile type 4×4 et le monde du vélo).

Contexte

La bissociation s'utilise pendant la phase de génération d'idées, après un premier échauffement créatif.

COMMENT L'UTILISER ?

Étapes

Deux éléments ou parties habituellement séparés se rapprochent, se mêlent, rentrent en fusion pour créer une nouvelle réalité qui transforme et inclut les éléments précédents.
Cet outil se déploie en 3 étapes :
1. Cadrer l'utilisation de l'outil en identifiant les secteurs, les éléments que l'on souhaite passer à la « moulinette » de la bissociation.
• Cas n° 1 : il s'agit de fonctionnalités identifiées lors de l'analyse de vos besoins :
- Lister ces fonctions (ou mots-clés si recherche de nom, croquis si recherche de logos).
- Lister en mode brainstorming les objets innovants selon vous qui remplissent tout ou partie de ces fonctions.
• Cas n° 2 : vous êtes en fin de séance de créativité et avez effectué le tri de vos idées. Faites ressortir uniquement les idées sélectionnées.
2. Animer et favoriser la bissociation entre les éléments identifiés. Dans les deux cas, un animateur prend les éléments sélectionnés dans les cas 1 et 2, un par un. Il sollicite les participants en leur demandant : « Et si on avait à fusionner X et Y ? ». Pour relancer et initier la démarche, l'animateur peut avoir en « réserve » une liste d'exemples de bissociations connues pour que les participants « se donnent le droit d'être créatifs ». Pour améliorer l'efficience de cette phase, il peut également ajouter : « N'oubliez pas que notre objectif est de trouver une solution pour... »
3. Dans certains cas, aller jusqu'à une trissociation ou multissociation, qui amènera de nouveaux champs de créativité.

Outil 32

Méthodologie et conseils

Les participants doivent se trouver dans des conditions favorables pour libérer leur créativité. Un échauffement préalable est nécessaire. Une bissociation en cinq minutes sans « conditionnement » ne sera pas productive.
Une des manières d'utiliser l'outil bissociation est de s'appuyer sur un tableau à double entrée et de forcer la bissociation entre les données (X, Y). Lorsque vous utilisez, par exemple, la matrice de découverte d'Abraham Moles (*cf.* outil 32), vous procédez par association et/ou par bissociation.

Suite outil 2 →

Avant de vous lancer...

✓ **Si l'on ne saute pas l'étape 3, on peut obtenir des concepts proches des solutions (souvent des innovations de synthèse).**

✓ **D'après Arthur Koestler, toute idée émise par un homme est au moins une bissociation. Il s'agit donc d'un processus inné. Ce qui peut éventuellement poser problème, c'est le carcan intellectuel, ces autoroutes du cerveau que tout homme s'impose au fil des années, réduisant sa capacité créative.**

Suite outil 2

La bissociation

CAS D'ENTREPRISE

Oalley

Problématique

Vos amis ou les membres de votre famille sont dispersés un peu partout en France ? C'est toujours un défi que de les réunir dans un endroit suffisamment central pour tout le monde.

Solution

Le talent d'Oalley (et d'autres applications du même type) est d'avoir bissocié deux éléments qui n'ont apparemment rien en commun :

- d'une part, mes amis ou les membres de ma famille ;
- d'autre part, une solution technologique, en l'occurrence l'API (interface de programmation applicative, permettant à un logiciel d'offrir des services à un autre logiciel) de Google Maps.

Cette bissociation a donné naissance à un *mashup* très malin. Qu'est-ce qu'un mashup ? Il s'agit d'une application composite, qui combine du contenu ou du service provenant de plusieurs applications plus ou moins hétérogènes.

Résultats

Oalley est une carte interactive, qui vous permet de trouver jusqu'où vous pouvez aller en un certain temps en voiture. L'application prend en compte votre vitesse sur chaque type de route (ville, campagne, autoroute...) et trace la zone limite que vous pouvez parcourir avec le temps que vous avez demandé (zone isochrone).

Et en combinant les zones de chacun de vos amis, l'application identifie l'endroit idéal pour vous retrouver !

Exercice

La carpe et le lapin

> **Vous êtes-vous déjà retrouvé en voiture, avec des enfants qui demandent « quand est-ce qu'on arrive ? », alors qu'« on vient de partir ! » ? Le temps restant pour atteindre notre destination de rêve semble alors long, très long...**

> **Et si vous mettiez ce temps à profit pour développer votre potentiel créatif et celui de vos passagers ?**

> **Pour cela, il vous suffit de proposer le jeu de la carpe et du lapin, en référence à l'expression bien établie du « mariage de la carpe et du lapin », qui désigne l'alliance de deux choses incompatibles (elle aurait fréquemment servi à désigner les couples formés d'un noble et d'une roturière, à l'époque où cela était mal vu).**

Les règles du jeu

1. Identifiez 2 joueurs (vous pouvez les appeler carpe et lapin si vous le souhaitez, mais ce n'est pas obligatoire !).

2. Demandez à chaque joueur de choisir un objet ou un animal.

Attention, il est essentiel qu'ils ne passent pas trop de temps à faire leur choix. Ils doivent sélectionner ce qui leur vient à l'esprit, ou bien s'appuyer sur des objets de leur environnement (un pont, un panneau de circulation, un objet dans la voiture...).

3. Comptez jusqu'à 3 et demandez à chaque joueur de révéler son choix.

4. Invitez-les ensuite à marier leur choix : les deux joueurs commencent et doivent formuler au moins une proposition chacun. Puis, les autres passagers peuvent également proposer leur mariage.

5. De nouveaux joueurs prennent ensuite le relais.

Exemples

1. Joueur 1 : girafe ● Joueur 2 : téléphone
Mariages possibles : un giraphone = téléphone très fin, mais très long (comme le cou d'une girafe), qu'on pourrait enrouler autour du cou/un télérafe = un téléphone qui permet d'appeler son animal de compagnie, notamment sa girafe, avec la voix humaine qui est convertie en langage animal pour qu'il puisse comprendre !

2. Joueur 1 : ski ● Joueur 2 : compote
Mariages possibles : une compote pour farter ses skis, qu'on peut étaler juste avant de monter sur les pistes/des skis qui intègrent le goûter des enfants (plutôt qu'ils les mettent dans leurs poches !) = après l'entraînement, ils peuvent lécher leurs skis comme si c'étaient des bâtonnets de glace !

Outil 3 La méthode Walt Disney

> *Il y avait en réalité trois Walts : le rêveur, le réaliste et le mauvais bougre...*
>
> Robert B. Dilts

En quelques mots

La **méthode ou stratégie Walt Disney** est une méthode de créativité qui se base sur le jeu de rôle et qui consiste à considérer et à examiner un problème selon trois points de vue différents : celui du rêveur, du réaliste et du critique.

CHANGER DE POINT DE VUE

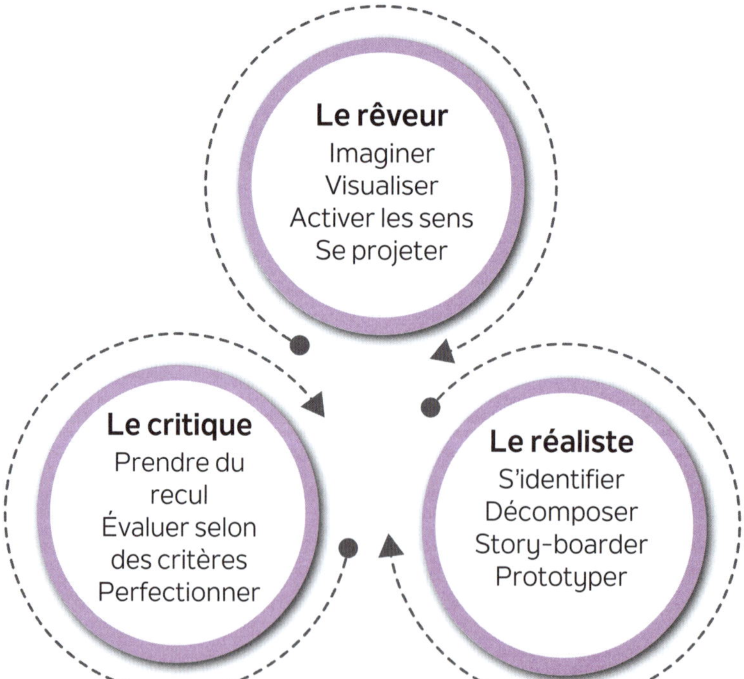

POURQUOI L'UTILISER ?

Objectifs

- **Imiter** la stratégie de Walt Disney et explorer les situations avec au moins trois angles de perceptions essentiels :
  - Le rêveur (visionnaire créatif) génère une multitude d'idées, parfois fantaisistes, et les accueille toutes avec beaucoup de bienveillance.
  - Le réaliste (rationnel) prend un point de vue pragmatique-pratique, développe des plans d'activité et examine les étapes de travail nécessaires – mécanismes et conditions.
  - Le critique (pessimiste) formule une critique constructive et positive qui aide à identifier les sources d'erreurs possibles.

- **Sortir des points de blocages**, lorsque deux angles de vue uniquement cohabitent :
  - Le rêveur sans le réaliste ne peut pas concrétiser ses idées.
  - Le critique et le réaliste vont être peu créatifs et/ou innovants sans le rêveur.
  - Le critique et le rêveur dans le même bateau sans le réaliste, cela donne des conflits sans fin.
  - Le rêveur et le réaliste peuvent accomplir des choses ensemble, mais sans atteindre le degré de qualité qu'ils auraient pu avoir avec un critique à bord.

Contexte

Cette méthode peut être appliquée aussi bien à un individu qu'à des groupes. Elle est particulièrement utile, s'il s'agit de concrétiser et d'organiser à la fois des objectifs et des visions.

COMMENT L'UTILISER ?

Étapes

1. **Le rêveur (visionnaire et créatif), focalisé sur le *quoi*.** Fermez les yeux et laissez venir à vous toutes les images qui vous viennent à l'esprit lorsque vous pensez à l'accomplissement de votre projet, ou à la résolution de votre problème. Explorez-le sous toutes les coutures, y compris celles de vos sens. Ici, il ne s'agit ni de réalisme, ni de faisabilité, aussi autorisez-vous à explorer les solutions les plus fantaisistes. Quel est l'objectif ? Quel est le but de ce projet ? En quoi est-ce qu'il me motive ? Qu'est-ce qu'il m'apportera ? Avec ma baguette magique, qu'est-ce que je peux mettre en place pour y parvenir ? Quand pourrai-je l'atteindre ? Retenez trois idées, dont une vraiment très fantaisiste.
2. **Le réaliste (rationnel et pragmatique), focalisé sur le *comment*.** Pour chacune de ces trois idées, y compris la plus fantaisiste, posez-vous les questions suivantes, et répondez-y sans censure ni contrainte. Que dois-je faire pour la mettre en œuvre ? De quelles ressources ai-je besoin ? De quelles personnes ? Pour faire quoi ? Quels obstacles est-ce que je risque de rencontrer ? Comment les contourner ?
3. **Le critique (pessimiste), focalisé sur le pourquoi.** Soumettez chacune de ces trois idées à une observation rigoureuse, autant dans leur globalité que dans le détail. Quels sont les avantages ? Quels sont les inconvénients, les coûts ? Quels éléments ne dépendent pas de vous ? Qu'est-ce qui pourrait l'améliorer ?

Méthodologie et conseils

Une manière de faciliter l'adoption d'un nouveau point de vue est de changer de pièce à chaque nouveau rôle, comme le faisait Walt Disney, ou plus simplement, de changer de chaise.

Avant de vous lancer...

✓ **Identifiez les points de vue que vous maîtrisez déjà bien, cela vous permettra de donner plus de place au troisième :**

- **Le rêveur voit les choses en grand : tout est possible !**
- **Le réaliste rationalise et ordonne l'action : comment réalise-t-on ce projet maintenant ?**
- **Le critique s'interroge et se met à la place des destinataires, tout en améliorant la solution et en pensant à demain.**

Outil 4

Les pages du matin

> “ Souvent, nous résistons à ce dont nous avons le plus besoin.
>
> Julia Cameron

En quelques mots

Les **pages du matin** ont été décrites dans le livre *Libérez votre Créativité* de Julia Cameron. Il s'agit d'écrire tous les matins (sans exception) pendant 45 minutes 3 pages en donnant libre cours à nos pensées : nous notons tout ce qui nous vient à l'esprit.
Peu à peu, nous lâchons prise et nos pensées s'expriment librement ; notre cerveau se conditionne alors pour nous offrir – presque – tous les matins sa moisson d'idées nouvelles.

ÉCRIRE TOUT CE QUI NOUS VIENT À L'ESPRIT

POURQUOI L'UTILISER ?

Objectifs

Laisser libre cours à ses pensées, faire un « lavage de cerveau » (pour reprendre l'expression de Julia Cameron) en sortant de notre esprit tout ce qui l'encombre.

Réduire notre stress et nous mettre en contact avec notre créativité. J. Cameron nous dit : « il est très difficile de se plaindre d'une situation matin après matin, mois après mois, sans être conduit à une action constructive. Les pages nous sortent du désespoir et nous amènent à des solutions que nous n'aurions pas pu imaginer. »

Contexte

Ce rituel quotidien est idéal pour développer sa créativité individuelle, pour nous emmener de l'autre côté de notre peur, de notre négativisme, de nos humeurs, et surtout de notre censeur. Toujours selon J. Cameron, « hors d'atteinte de son babillage, nous trouvons notre propre centre serein, un lieu où nous entendons la petite voix calme, qui est à la fois celle de notre Créateur et la nôtre. »

COMMENT L'UTILISER ?

Étapes

1. **Faites sonner votre réveil 45 minutes plus tôt.**
Des révélations surgissent entre la 30e minute et les 15 suivantes. Pas forcément les premiers jours, mais après.
Calibrez le nombre de pages moyen que vous remplissez en 45 minutes. Ce cadre vous aidera les jours laborieux.

2. **Écrivez trois pages tous les matins avec régularité pendant au moins douze semaines.**
Le but n'est pas d'écrire pour être lu, inutile donc de chercher à peaufiner un style. L'important est d'écrire sans vous arrêter, tout ce qui vous passe par l'esprit, sans la moindre censure. Si rien ne vous passe par l'esprit (ce qui serait surprenant), vous pouvez écrire : « Je ne sais pas quoi écrire ». Cela devrait arriver assez vite. Sinon, continuez à écrire que vous ne savez pas quoi écrire, jusqu'à ce que quelque chose arrive.

3. **Ne visez pas la cohérence.**
Ne cherchez pas à raconter quelque chose, ne vous préoccupez pas d'être cohérent ou non. Écrivez jusqu'à ce que vos trois pages soient remplies.

4. **Écoutez votre voix intérieure.**
Au fil des pages, vos motivations profondes remontent à la surface. Laissez-les s'exprimer. Elles vous parlent de vous, de vos aspirations profondes, de vos rêves enfouis.

5. **Vous pouvez ensuite refermer votre cahier et démarrer votre journée.**

Méthodologie et conseils

Il est possible que vous viviez au fil des pages des émotions fortes – voire de la colère. Accueillez-les. Elles vous aident à purger de vieilles rancœurs et à prendre conscience de ce qui est bon pour vous.

C'est la régularité qui donne aux pages du matin toute leur puissance. Faites cet exercice pendant au moins 12 semaines. Ne vous relisez pas, ou pas avant au moins 8 semaines.

Écrivez le matin et non le soir, de préférence avant toute chose : le cerveau est « nettoyé » des toxines produites dans la journée et la nuit a permis des associations d'idées prolifiques.

Avant de vous lancer...

- ✓ **Cet outil n'est pas réservé aux écrivains. Peu importe les sujets, le style ou la syntaxe. Ne réfléchissez pas à ce que vous écrivez. Ne vous arrêtez pas avant d'avoir écrit trois pages.**
- ✓ **Veillez à ne pas être dérangé pendant ces 45 minutes. Instaurez cette règle avec votre entourage.**
- ✓ **Rangez vos cahiers du matin dans un endroit sûr. Il ne faudrait pas que la peur d'être lu inhibe le flux de votre rédaction.**

Outil 5 … (les points de suspension)

> “
> *Si les points de suspension pouvaient parler, ils pourraient en dire des choses et des choses !*
>
> Pierre Dac

En quelques mots

Les **points de suspension** permettent de suspendre nos « créaticides » quand ces derniers risquent de briser l'élan de notre créativité.
Les créaticides nous accompagnent depuis l'enfance, et nous ont souvent rendu – à l'époque ! – de fiers services. Mais leurs injonctions sont devenues contre-productives dans le contexte de notre vie créative.
Les points de suspension nous invitent à repérer ces créaticides, à entamer un dialogue avec eux, puis à continuer notre travail créatif, à prolonger, à imaginer la suite…
À propos, à la lecture de ces derniers points de suspension, avez-vous cherché à imaginer d'autres formulations ?

SUSPENDRE POUR LAISSER COURIR SA CRÉATIVITÉ

Cette idée ne marchera jamais.	Je suspends mon jugement temporairement. Une idée n'est ni bonne, ni mauvaise. Je l'accueille telle qu'elle est.
Je ne trouve rien d'original.	Je suspends le temps. Je ne suis pas obligé de trouver maintenant. Je me donne 10 minutes ou 10 jours pour que mon cerveau puisse incuber.
Cet outil de créativité est inutile.	Je suspends mon besoin d'efficacité. J'ai le droit d'aller jusqu'au bout de l'outil, juste pour voir, même si ça ne me rapporte rien.

POURQUOI L'UTILISER ?

Objectif

Lutter contre les « créaticides », ces voix intérieures (ou extérieures) qui cassent l'élan de notre créativité. En nous affranchissant de ces sirènes, nous nous donnons la permission de créer librement.

Contexte

Cette méthode s'applique à chaque fois que vous entamez un travail créatif, et qu'une petite voix intérieure se met à vous susurrer à l'oreille que vous n'y arriverez pas.
La présence de cette petite voix se décèle avec plusieurs indices : des émotions négatives comme la peur, le stress, une lourdeur, les injonctions du type « il faut », « je dois » ; les croyances limitantes telles que « ce n'est pas le moment » ou « ça ne marchera pas ».

COMMENT L'UTILISER ?

Étapes

1. Lancez-vous dans un travail créatif, quel qu'en soit l'objectif ou l'outil que vous allez utiliser. **Repérez vos créaticides** personnels. En règle générale, ils répondent à trois besoins :
• Besoin de pertinence : tout ce que vous produisez doit être utile, réalisable. Vous n'avez pas le droit à l'impossible !
• Besoin d'originalité : il faut absolument que votre idée soit rare, qu'elle sorte du lot, qu'elle se distingue du tout-venant. Vous n'avez pas le droit de prendre le temps !
• Besoin d'efficacité : il faut que vous produisiez vite et bien, avec le bon outil. Vous n'avez pas le droit à l'erreur !
2. **Dialoguez avec vos créaticides**. Au moment où vous entendez une de ces petites voix, faites une pause, et écrivez alors trois points de suspension sur une feuille. En faisant cela, vous entamez un dialogue intérieur avec votre petite voix. Remerciez-la de vous prévenir et transformez ses injonctions en actions pour continuer à créer.
3. **Prenez votre décision librement**. Choisissez – ou non – de tenir compte de l'alerte de votre créaticide sans renoncer à votre objectif.

Méthodologie et conseils

En créativité, il ne peut pas y avoir d'échec. Le seul risque que nous prenons à être créatif est que toutes nos idées ne puissent être mises en œuvre. L'idée nait des idées et le pire en créativité serait de rester statique. Le créaticide, en nous empêchant d'avancer ne nous permet pas d'avoir une chance de trouver des idées originales. Ces créaticides sont inconscients, donc difficiles à identifier. Tracer 3 points de suspension permet à notre cerveau de passer de l'inconscient à l'état conscient pour lutter contre nos automatismes. Dites-vous en toute circonstance que plus vous aurez d'idées, plus il y a de chances d'en avoir des bonnes et qu'en créativité, la quantité prime toujours sur la qualité. Donc, avancez !
Savourez vos victoires, constatez que vos nouvelles pratiques n'ont pas de conséquence dramatique. Accumulez des preuves qui désamorcent le pouvoir de votre créaticide.
En cas d'échec, n'abandonnez pas : revisitez les situations où désobéir à vos créaticides vous a permis de prendre du plaisir à créer.

Avant de vous lancer...

✓ **Il ne s'agit pas de museler vos créaticides, car leurs alertes peuvent parfois être utiles. Néanmoins, donnez-vous le droit de ne pas les écouter et de protéger votre acte créatif en cours.**

Outil 6 La sérendipité

> Dans les champs de l'observation, le hasard ne favorise que les esprits préparés.
>
> Louis Pasteur

En quelques mots

Lorsque l'on parle de « hasard » en créativité, on introduit la notion de « sérendipité », formulée par Horace Walpole en 1754. Ce dernier a été inspiré par un conte d'origine persane, *Voyages et aventures des trois princes de Serendip*, dans lequel les héros, tels des chasseurs, utilisent des indices pour décrire un animal qu'ils n'ont pas vu, pour désigner ce « don de faire par hasard des rencontres ou des découvertes heureuses ».

La **sérendipité** est donc l'art de découvrir par chance ou par sagacité ce que l'on ne cherchait pas en étant certain de ne pas trouver ce que l'on cherchait.

TROUVER UNE IDÉE MAGIQUE SANS LA CHERCHER

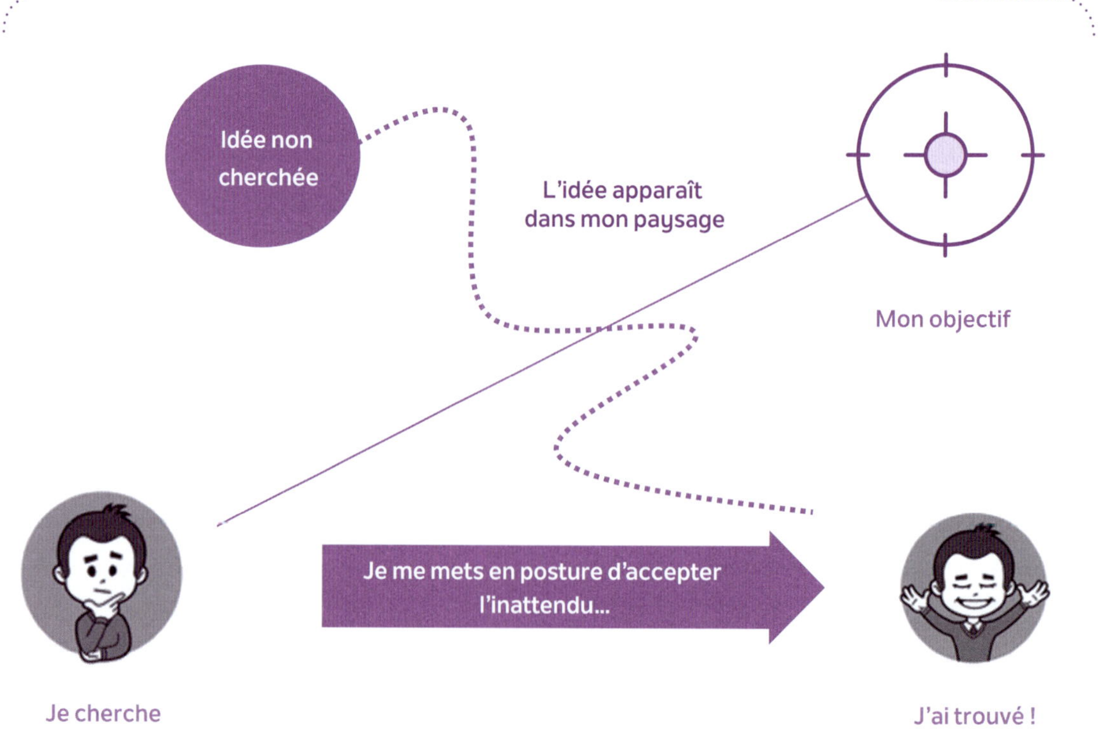

POURQUOI L'UTILISER ?

Objectifs

Pour Charles Darwin, la sérendipité était la « qualité qui consiste à chercher quelque chose et, ayant trouvé autre chose, à reconnaître que ce que l'on a trouvé a plus d'importance que ce que l'on cherchait ».

La sérendipité est un état d'esprit à cultiver, qui permet d'accueillir des idées insolites et non prévues initialement, et de détecter leur valeur intrinsèque.

Contexte

Afin que la sérendipité soit exploitée à son plein potentiel, il convient de bien définir la problématique à laquelle l'observateur souhaite répondre. La sérendipité peut survenir à tout moment dans le cadre d'une recherche créative. Il s'agit principalement de la détecter et d'en saisir la valeur sans la rejeter *a priori*.

COMMENT L'UTILISER ?

Étapes

1. **Accepter** le fait que certaines idées puissent être trouvées par l'intermédiaire de la sérendipité. Van Andel et Bourcier (*De la sérendipité*, 2009) décrivent trois chemins de sérendipité différents :
• On trouve de manière imprévue ce que l'on ne cherche pas. Dans ce cas :
- soit la découverte est interprétée de façon positive (sérendipité classique ou positive). C'est le cas de Pasteur et du bâtonnet microscopique, agent de la fermentation butyrique.
- soit la découverte est manquée, au moins provisoirement (sérendipité négative). C'est le cas de la découverte du nouveau monde par Christophe Colomb.
• On trouve enfin ce que l'on cherchait, mais par une route imprévue (pseudo-sérendipité). C'est le cas de la vulcanisation, ou de la pénicilline.
• On trouve ce que l'on cherchait sans que la sérendipité joue un rôle quelconque (non-sérendipité). C'est le cas du bacille de la peste, ou du tombeau de Toutankhamon.

2. **Vérifier** que l'idée trouvée dans le cadre de la sérendipité répond bien au problème initial.

Méthodologie et conseils

Le problème n'est pas tant ce que l'on cherche ou ce que l'on trouve mais la façon ou les chemins qui nous mènent à cette découverte. La recherche par sérendipité nous permet de prendre conscience des itinéraires pas nécessairement linéaires pour trouver une solution.

Le plus difficile est d'accepter cette part « d'incertitude » qui entre forcément en jeu dans toute démarche de créativité.

Nous pouvons tous favoriser la sérendipité lors de nos démarches de créativité, en adoptant une règle de créativité essentielle et des outils adaptés : les idées les plus étranges doivent être accueillies avec une bienveillance particulière. Il faut laisser libre cours à l'imagination, la spontanéité, la surprise et à l'inattendu.

Avant de vous lancer...

✓ **La sérendipité constitue une ressource complémentaire à une démarche créative structurée.**

✓ **Cet outil permet d'accepter qu'une idée originale ne provienne pas forcément d'un processus créatif linéaire.**

✓ **Repérer une idée répondant au problème suppose que le problème soit clairement défini !**

Outil 7 Créailleurs (la marche créative)

> Tout homme qui marche peut s'égarer.
>
> Johann Wolfgang von Goethe

En quelques mots

En 2014, des chercheurs américains ont montré que la marche stimulait de manière sensible la créativité.
Cette découverte permet de stimuler de manière simple votre créativité personnelle ou celle d'un groupe de créativité. Vous augmenterez le nombre d'idées originales en organisant **une marche créative** dans un lieu propice, c'est-à-dire offrant à la fois un environnement serein et non distrayant. La marche créative doit être utilisée exclusivement en phase d'émission divergente d'idées, après la pose du problème.

STIMULER LA CRÉATIVITÉ PAR LA MISE EN ŒUVRE D'UN MOUVEMENT RÉPÉTITIF SANS LIEN AVEC LE SUJET

POURQUOI L'UTILISER ?

Objectif

Dans l'Antiquité, Aristote enseignait à ses élèves de l'école d'Athènes en marchant. Plus récemment, Darwin avait créé dans le jardin de sa maison un chemin « de pensée » qui lui permettait de marcher pour faire avancer ses réflexions. En 2014, des chercheurs californiens de l'université de Stanford, Marily Oppezzo et Daniel Schwartz, ont montré que les individus en marche ont une production créative 60 % supérieure à celle des personnes assises.

Cet effet est sensible en phase d'émission divergente d'idées et se poursuit après la marche. Nous vous proposons donc dans cet outil de mettre à profit la marche pour augmenter sensiblement votre production d'idées et celle d'un groupe créatif.

Contexte

La marche créative doit être mise en œuvre après la pose d'un problème créatif, dans la phase d'émission d'idées divergente. La marche créative est une modalité qui peut précéder chacun des outils d'émission d'idées présentés dans cet ouvrage, tel par exemple le brainstorming. Les chercheurs américains ayant montré que la marche n'avait pas d'incidence sur la réflexion convergente, il n'est nul besoin de mettre cet outil en œuvre dans les phases d'analyse et de tri des idées créatives.

COMMENT L'UTILISER ?

Étapes

1. **Poser le problème créatif.**
2. **Identifier** un parcours de réflexion balisé de 10 à 15 minutes maximum (en intérieur ou extérieur).
3. **Proposer** à tous les participants de réaliser le parcours en silence en se focalisant sur la recherche d'idées répondant au problème posé.
4. **Chaque participant note les idées qui lui viennent** sur un carnet qui lui a été remis préalablement.
5. **À l'issue de la marche,** les participants reviennent dans la salle de réunion et partagent leurs idées.
6. **Un brainstorming** peut alors être réalisé pour rebondir sur les idées des uns et des autres.

Méthodologie et conseils

Le lieu dans lequel est réalisée la marche importe peu. À l'extrême, des tapis roulants face à un mur blanc font l'affaire (situation testée par les chercheurs).

Il importe que les participants ne soient pas distraits lors de leur marche créative. Nous recommandons donc qu'aucun échange verbal ne soit réalisé lors de cette marche.

Idéalement, un parcours balisé dans un parc incitant à la réflexion est recommandé. Le balisage permet aux participants de se focaliser sur leur réflexion créative et non sur le chemin à parcourir. Dans le même esprit, un parcours dans une ville trop animée pourra déconcentrer les participants. Toutes les conditions d'une marche dans un environnement serein sans distractions étant difficiles à réunir, vous pouvez remplacer la marche par toute autre activité manuelle « automatique » demandant peu de réflexion : le tricot, le crochet, le macramé, le mandala...

Avant de vous lancer...

- ✓ **L'utilisation de cet outil nécessite seulement un lieu propice à la marche, des blocs et des crayons.**
- ✓ **Il peut rompre le rythme d'une séance créative qui s'essouffle.**
- ✓ **Essayer, c'est l'adopter !**
- ✓ **Le principe de la marche pouvant décontenancer les participants, il importe de prendre le temps de leur en expliquer les fondements et les règles pour qu'elle soit efficace.**

2

DOSSIER

FAIRE DE LA CRÉATIVITÉ DE COIN DE TABLE

“

La création de quelque chose n’est pas accomplie par l’intellect, mais par l’instinct de jeu qui agit comme une nécessité. L’esprit créatif joue avec l’objet qu’il aime.

Carl Jung

La créativité est très utile pour résoudre des problèmes quotidiens, qu'ils soient personnels ou professionnels. Dans la mesure où vous ne disposez pas toujours d'un groupe de créatifs à proximité, il est bon de maîtriser quelques outils qui vous permettront de faire de la créativité de « coin de table ».

Préparer votre trousse à crayons créative

Si vous inspectez les trousses à crayons des enfants d'une même classe, vous réaliserez à quel point elles sont disparates. Certains préféreront des stylos-billes là ou d'autres favoriseront les stylos-plumes, les gommes seront soit d'un blanc immaculé soit complètement bigarrées… Bref, à chacun sa trousse en fonction de ses préférences !
De la même manière, vous vous rendrez compte avec le temps que vous avez des outils de créativité « chouchous », que vous adorez sortir dès que vous rencontrez un problème ou que vous souhaitez simplement trouver des idées nouvelles. Mais avant de figer le contenu de votre trousse, nous vous conseillons de pratiquer le plus d'outils possible, et de les mettre à votre main.

Se faire plaisir au quotidien

Que nous disent les neurosciences à propos de la créativité ? La dopamine est un neuromédiateur – une molécule chimique qui assure la transmission des messages d'un neurone à l'autre – au niveau des synapses. Mais pas n'importe quel neuromédiateur, celui du plaisir et de la récompense !
Notre cerveau libère donc de la dopamine dès qu'il vit une expérience qu'il juge bénéfique. Dit simplement : si nous réalisons notre gym créative au quotidien et que notre cerveau la juge appropriée et plaisante, il nous récompensera par une dose de dopamine qui nous donnera du plaisir. Et comme nous aurons pris du plaisir à créer, nous allons avoir envie de recommencer ! Donc, plus nous pratiquons la créativité au quotidien, plus nous avons envie de pratiquer la créativité au quotidien !
A contrario, si nous pratiquons uniquement la créativité dans des moments qui sont pénibles, ou avec des résultats qui sont peu enthousiasmants du fait de la complexité du sujet adressé, nous risquons d'appauvrir notre capital de motivation créative.
Sortez vos crayons et vos copies doubles colorées, c'est à vous de jouer !

Les outils

Outil 8 Le looping de la créativité

> “ *Attendez-vous à l'inattendu ou il ne surviendra jamais.*
>
> Héraclite

En quelques mots

Le looping créatif est une représentation visuelle d'un processus créatif décrit par Graham Wallas (1926). Il restitue 4 étapes clés de la démarche créative :

1. **l'imprégnation :** imprimer une image du problème sous ses différentes facettes ;
2. **la divergence :** capacité à prendre du champ, à formuler une grande quantité d'idées originales ;
3. **la convergence :** capacité à transformer les idées issues de la divergence en solutions qui répondent au problème initial ;
4. **l'évaluation des solutions :** pour sélectionner les « pépites » à développer.

MONTER TRÈS HAUT DANS LES IDÉES, REDESCENDRE SUR LES SOLUTIONS

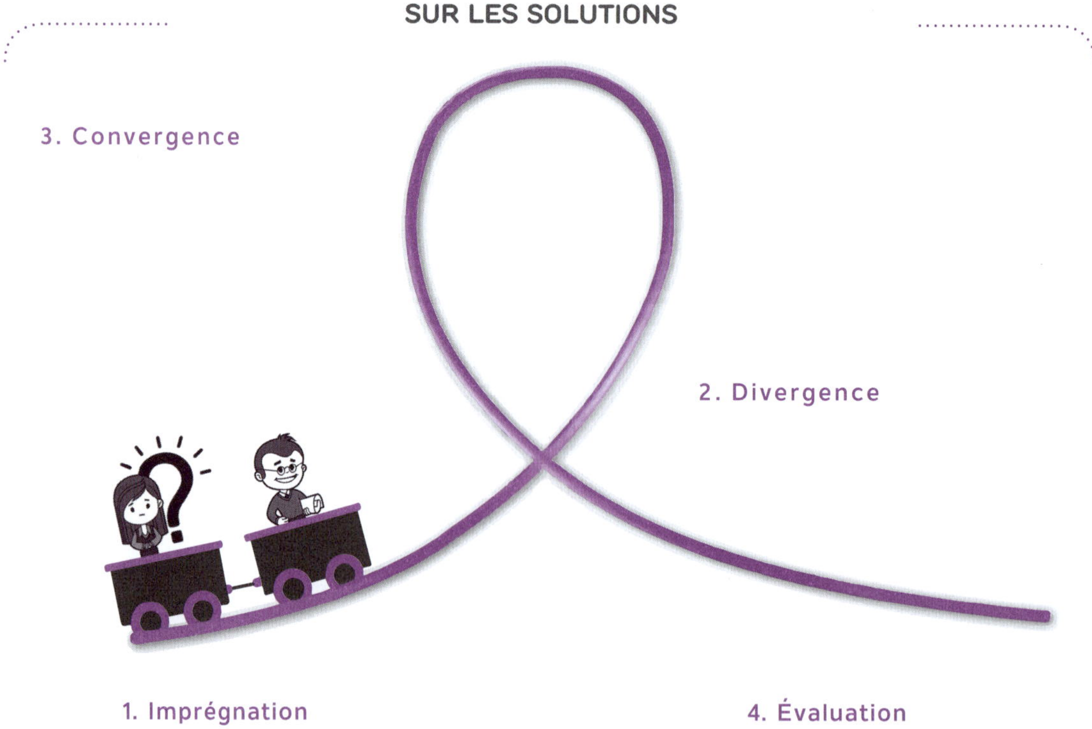

POURQUOI L'UTILISER ?

Objectif

L'objectif est de structurer la démarche créative pour avancer pas à pas, organiser le temps de travail lors d'une séance de créativité et rendre l'acte créatif plus lisible.

Contexte

Le looping de la créativité permet d'organiser une séance de créativité de façon méthodique, et convient particulièrement aux personnes qui craignent de se perdre dans les méandres obscurs de la créativité non maîtrisée.

COMMENT L'UTILISER ?

Étapes

1. **Poser une première base du problème** à résoudre, par exemple à l'aide de l'outil des mots inducteurs.
2. **Choisir les outils** les mieux adaptés à chacune des étapes, en fonction de la nature du problème et des habitudes des participants qui seront mobilisés. Par exemple :
- Étape d'imprégnation : carte mentale ou radiographie du problème.
- Étape de divergence : brainwriting, brainstorming.
- Étape de convergence : diagramme d'affinités, fiche idée.
- Étape d'évaluation : avocat de l'ange, les 6 curseurs.

3. **Découper le temps de travail** en fonction de ces 4 phases (l'expérience montre que la convergence dure jusqu'à 5 fois plus longtemps que la divergence, car elle suppose d'élaborer les solutions dans le détail).

Méthodologie et conseils

Comme dans un looping de grand huit, l'objectif de ce processus créatif est de décoller très haut pour que la redescente soit grisante et riche en émotions.

Le tremplin de départ sera **l'imprégnation** du problème, qui va permettre aux participants d'intérioriser ce dernier et leur donner envie de s'élancer dans sa résolution.

Le bolide va s'élancer sur la rampe, et l'objectif de la **divergence** va être de le faire monter le plus haut possible, ce qui suppose de faire appel à des logiques associatives, subjectives, afin de favoriser le lâcher-prise et de formuler un maximum d'idées. Une fois en haut du grand huit, le retour au problème initial par la **convergence** peut s'avérer difficile. Les participants ont mobilisé beaucoup d'énergie pour grimper, ils ne sont pas sûrs de vouloir redescendre ! Il est recommandé, sur des séances complexes, de scinder le looping en 2 réunions (jusqu'à la fin de la divergence dans un premier temps, jusqu'à l'évaluation des solutions dans un second temps). Les débuts de l'étape de convergence sont toujours stressants, mais le groupe retrouve de l'énergie lorsqu'il atteint le bas du looping : les solutions commencent à se dessiner, les participants sont euphoriques. La dernière étape d'évaluation, sur la terre ferme, est essentielle pour ramener de la rationalité et un regard critique et apaisé sur les solutions.

Outils 9, 29,30, 62, 63, 64, 68

Avant de vous lancer...

- ✓ **Le looping de la créativité, s'il est bien expliqué aux participants d'une séance de créativité, leur permet de comprendre les différents états par lesquels ils vont passer et les énergies qu'ils vont mobiliser.**
- ✓ **Il met en évidence le fait que la créativité ne repose pas uniquement sur l'étape de divergence, la génération d'idées.**
- ✓ **Les participants peuvent juger que l'étape d'imprégnation n'est pas nécessaire lorsque le problème est clairement formulé. Il ne faut pas oublier sa fonction d'*energizer* pour lancer le bolide dans la rampe.**

Outil 9 La carte mentale

> “ Vous ne pouvez pas attendre après l'inspiration. Vous devez la poursuivre avec une massue.
>
> Jack London

En quelques mots

La **carte mentale** (ou schéma heuristique) est un formidable outil de productivité formalisé dans les années soixante-dix par le psychologue anglais Tony Buzan. Son principe repose sur la similarité entre le fonctionnement du cerveau et la représentation concrète des idées sur la feuille.

Habituellement, on procède de façon linéaire en commençant par écrire en haut de la page avec des phrases et des énumérations.

Or, il est beaucoup plus efficace de placer l'idée principale au centre, puis de laisser les autres idées se ramifier par association à partir du thème central en élaborant une sorte d'arbre.

OUVRIR DE NOUVELLES PISTES OU SYNTHÉTISER DES IDÉES AVEC UNE REPRÉSENTATION NEURONALE DES DONNÉES

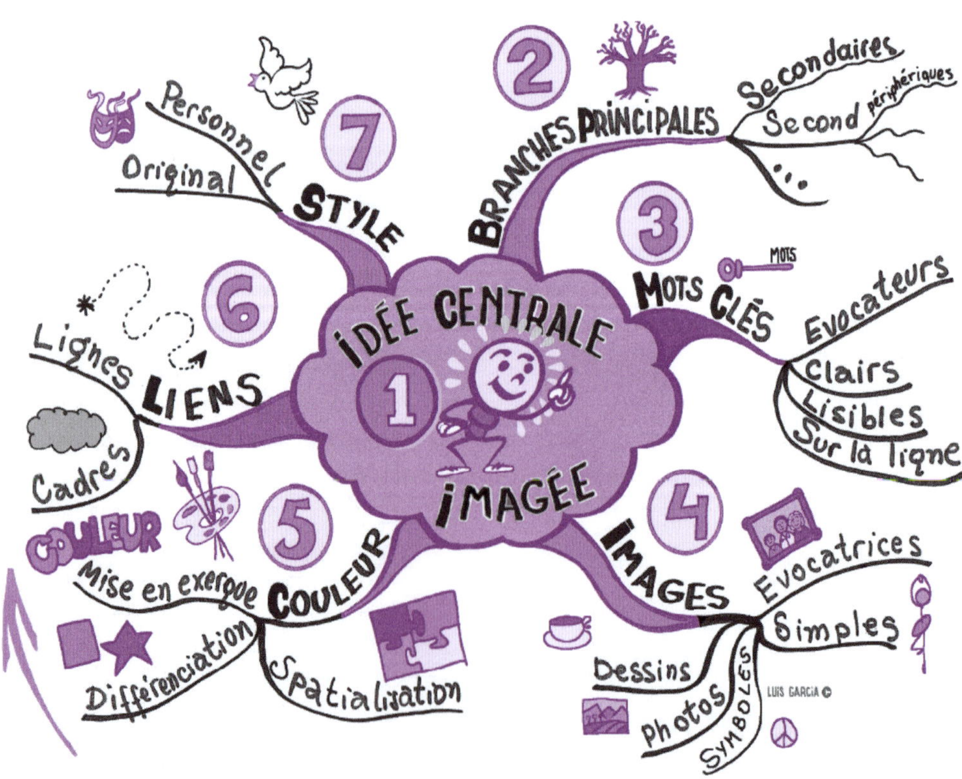

POURQUOI L'UTILISER ?

Objectif

La carte mentale permet de produire rapidement des idées en libérant le cerveau du carcan de la pensée linéaire.
Elle permet d'explorer un sujet de manière globale, ce qui facilite les associations libres.

Contexte

Elle peut s'utiliser seul ou à plusieurs. Ses domaines d'application sont infinis !
En voici un florilège :

- clarifier un problème complexe ;
- clarifier nos idées avant de créer un livrable ;
- explorer une situation nouvelle ;
- trouver le maximum d'idées ou de solutions ;
- classer les idées formulées par un groupe.

COMMENT L'UTILISER ?

Étapes

1. Placez le sujet au centre.
2. Prenez une feuille blanche (non quadrillée) en mode paysage, pour que votre cerveau puisse s'exprimer librement dans toutes les directions. Idéalement, utilisez une image. Elle stimulera mieux votre imagination et vous aidera à rester concentré sur votre thème pendant le processus.
3. Tracez les branches principales.
4. À partir du centre, tracez des courbes plutôt que des lignes : elles sont plus dynamiques pour le cerveau. Utilisez de la couleur, qui stimule elle aussi les neurones.
5. Écrivez sur chaque branche l'idée principale qu'elle porte, en vous limitant à un seul mot. Les idées secondaires en seront plus riches.
6. Tracez les branches secondaires et les brindilles. Utilisez la couleur de la branche à laquelle elle se rattache pour faciliter la lecture.
7. Établissez des connexions entre les branches (chaque rameau touche sa branche native). Le cerveau fonctionne par association : il produira de manière plus fluide si les liens sont clairs.
8. Utilisez un seul mot-clé pour décrire chaque branche, les formulations trop précises limitent la créativité.
9. Utilisez des images et pictogrammes, plus puissants visuellement et mentalement que les mots.

Méthodologie et conseils

Une feuille de papier, des feutres ou des crayons de couleur suffisent pour dessiner une carte mentale.
Plus votre carte mentale sera plaisante à regarder, plus votre cerveau sera stimulé : donnez à votre arbre une allure organique similaire à celle des neurones, amusez-vous avec les couleurs, les dessins, les symboles.
Dessinez quelques branches secondaires vides derrière chaque branche principale. Votre cerveau aura envie de les remplir !

Suite outil 9 →

Avant de vous lancer...

- ✓ **Le rapport « production d'idées »/« temps investi » est remarquable.**
- ✓ **La carte mentale donne une approche systémique des problèmes.**
- ✓ **Elle concourt à une meilleure exploitation des productions collectives, type brainstorming.**
- ✓ **Évitez de dépasser 3 niveaux de branches pour conserver une belle lisibilité.**
- ✓ **Séparez la phase de production d'idées libres avec la carte mentale de la phase de tri.**

La carte mentale

Exercices

Carte réalisée sur le logiciel libre en ligne http://framindmap.org

Exercice 1 : Réaliser une carte mentale de synthèse

Une manière de vous approprier la carte mentale est de vous en servir comme outil de synthèse suite à une première génération d'idées. Pour cela :

1. Prenez une feuille A3 et dessinez une carte mentale avec 6 branches principales.
2. Mettez-vous au défi de répondre à une question brûlante d'actualité, par exemple : « comment pourrais-je livrer ce dossier complexe demain, alors que je n'ai pas une minute à lui consacrer ? » Écrivez le mot-clé de cette question (dossier, complexe, demain ?) qui vous inspire le plus au centre de votre carte.
3. Lancez-vous dans une production créative individuelle, en notant sur des mini Post-it chacune de vos idées (une idée par Post-it), sans chercher à les détailler.
4. Donnez-vous 10 minutes, avec un minuteur, et arrêtez votre production d'idées seulement au bout de ce laps de temps.
5. Répartissez vos Post-it par catégories homogènes, à proximité de vos branches principales (vous pouvez donc avoir jusqu'à 6 catégories différentes).
6. Inscrivez un mot-clé correspondant à chaque branche principale au-dessus de chacune d'entre elles (ex : déléguer, décaler, réduire, annuler, m'amuser, aide…).
7. Vous pouvez maintenant balayer chacune des branches principales de la carte mentale et en associant le mot-clé de la branche avec ceux du défi pour faire émerger de nouvelles idées originales.

Exercice 2 : dessiner une carte mentale en ligne

Même si une feuille de papier et des feutres peuvent suffire pour réaliser une carte mentale, il est parfois utile d'utiliser un outil digital, qui facilitera l'enrichissement dans le temps et le partage.

Il existe de nombreux outils en ligne, gratuits ou payants. Vous retrouverez sur le site suivant un recensement malin et une analyse comparative de ces solutions : http://www.informatique-enseignant.com/outils-gratuits-pour-creer-cartes-mentales/.

Parmi les « coups de cœur » pour vos premières cartes mentales, Framindmap, totalement gratuit et non limité en termes de nombre de cartes produites, combine la simplicité d'utilisation et un rendu très professionnel.

1. Connectez-vous à https://framindmap.org/c/login
2. Cliquez sur Créer un compte et saisissez vos informations.
3. Pour vous aider dans la prise en main du logiciel, cliquez sur Tutoriel vidéo.
4. C'est maintenant à vous de jouer ! Le plus simple pour vous approprier l'outil peut être de reproduire une carte que vous avez déjà réalisée sur papier (par exemple, celle de l'exercice 1).
5. Vous pouvez maintenant publier votre carte, ou bien la partager avec d'autres personnes pour qu'elles puissent l'enrichir, si vous êtes dans une démarche de créativité collective.

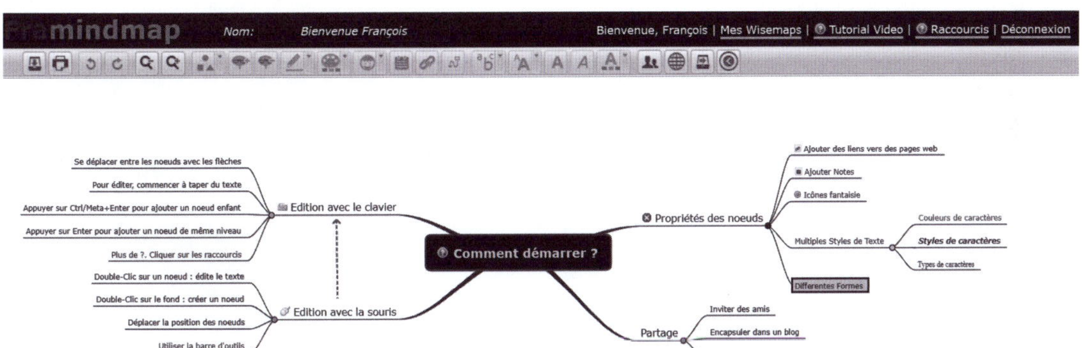

Outil 10

L'acronyme

> *Niiomtplaboparm-betzhelbetrabsbomo-nimonkonotdtekhstro-mont.*
>
> Acronyme russe le plus long du monde

En quelques mots

Un **acronyme** est un mot formé des initiales (par exemple, OVNI = Objet Volant Non Identifié) ou des premières lettres (par exemple, RADAR = *RAdio Detection And Ranging*) de plusieurs mots, et se prononçant comme un mot normal et non lettre par lettre.

Il permet de formuler des idées en se servant d'un mot-clé du problème initial (par exemple, dans la phrase « comment devenir plus créatif ? », on peut prendre le terme « créatif » comme point de départ).

Chaque lettre du mot-clé devient la première lettre soit d'un nouveau mot, soit d'une phrase complète, qui dans les 2 cas constitueront l'amorce d'une idée.

UNE LETTRE = UNE IDÉE !

- **C**larifier le problème
- **R**ebondir sur les idées des autres
- **É**mettre beaucoup d'idées
- **A**nalyser dans un second temps
- **T**ransgresser
- **I**mage, faire des petits dessins !
- **F**rotter les idées au problème initial pour voir celles qui y adhèrent

7 lettres = 7 idées !

http://dunod.link/baocrea23-003

POURQUOI L'UTILISER ?

Objectif

Utiliser un point de départ simple et rationnel pour une démarche créative rapide.

Contexte

- Pour favoriser l'échauffement du groupe avant de démarrer une séance de créativité.
- Pour résoudre un problème.
- Pour trouver un nom de marque ou de produit, ou un slogan.
- Pour se présenter de façon créative.
- L'acronyme peut être pratiqué seul ou en équipe.

COMMENT L'UTILISER ?

Étapes

1. Bien poser le problème à traiter et le rédiger sous forme d'une question.
2. Choisir au sein de cette phrase le mot qui servira de base à l'acronyme. Nous l'appellerons le « mot de rappel ».
3. Pour chaque lettre de ce mot de rappel, formuler plusieurs idées commençant par cette lettre. Ces idées peuvent être des mots isolés ou bien des expressions plus complètes et suggestives.
4. Choisir l'idée qui permet de répondre au problème initial.

Méthodologie et conseils

Certaines études en linguistique, confirmant l'intuition de Tony Buzan (créateur de la carte mentale en 1971), ont montré que seuls quelques mots-clés appelés « mots de rappel » apportent de la valeur ajoutée dans le cadre d'une réflexion créative. Ces mots ne représentent qu'environ 10 % des mots employés dans un texte.
Pour bien choisir le mot de rappel qui servira de base à l'acronyme, il peut donc être utile de réaliser une carte mentale (*cf.* outil 9) sur la base du problème initial.

Outils 9 et 12

Lors de l'étape de recherche d'idées, notre cerveau paresseux a souvent tendance à formuler des mots simples commençant par une lettre. Il est alors pertinent d'utiliser la technique de l'association (*cf.* outil 12), qui permettra, par rebonds successifs, de trouver l'idée la meilleure et la plus originale.
Dans le cadre d'un échauffement créatif, l'utilisation ludique de l'acronyme permettra de cimenter le groupe et de lui donner envie de s'engager dans la démarche. Exemple vécu :
Carotte râpée en chevrons
Raz de marée de soleil
Éjection d'une merguez
Autour du pot de chambre
Tétons flingueurs
Innovation chez les nains de jardin
Vifait binfait
Invertébré du bulbe
Tintin au pays de la choucroute
En fin de repas

Avant de vous lancer…

- ✓ **Très facile et rapide, c'est un excellent outil de créativité de coin de table, à utiliser seul ou en groupe.**
- ✓ **Le fait d'avoir un nombre limité de lettres à traiter a un côté très structurant et rassurant pour des personnes peu adeptes des méthodes de génération d'idées *via* l'imaginaire.**
- ✓ **Bien faire l'effort de trouver des idées en lien avec le problème initial.**
- ✓ **La maîtrise de la technique de l'association est un vrai plus pour utiliser l'acronyme à son plein potentiel.**

Outil 11

L'acrostiche

“

SALECUL

Acrostiche (peut-être involontaire !) de Pierre Corneille dans *Horace* (acte II, scène 3)

En quelques mots

Un peu plus complexe que l'acronyme, l'**acrostiche** est un poème fondé sur une figure de style selon laquelle les premières lettres ou premiers mots de chaque vers, lus verticalement de haut en bas, composent une phrase se rapportant au sujet du poème.

UNE PHRASE INCLUSE DANS UN POÈME

Quand je mets à vos pieds un éternel hommage
Voulez-vous qu'un instant je change de visage ?
Vous avez capturé les sentiments d'un cœur
Que pour vous adorer forma le Créateur.
Je vous chéris, amour, et ma plume en délire
Couche sur le papier ce que je n'ose dire.
Avec soin, de mes vers lisez les premiers mots
Vous saurez quel remède apporter à mes maux.

La réponse :
Cette insigne faveur que votre cœur réclame
Nuit à ma renommée et répugne à mon âme.
Ou :
Cette insigne faveur que votre cœur réclame
Nuit peut-être à l'honneur mais répond à ma flamme.

Extrait de la *correspondance entre Alfred de Musset et Georges Sand (vers 1834).*

POURQUOI L'UTILISER ?

Objectif

Construire un texte créatif, dans lequel l'acrostiche sera en résonance avec le message clé du texte.

Contexte

- Dans le cadre d'un travail d'écriture créative.
- Pour s'échauffer avant une séance de créativité.
- Pour définir l'identité d'une marque en écrivant un texte court sur celle-ci.

COMMENT L'UTILISER ?

Étapes

1. Écrire la phrase qui servira d'acrostiche (par exemple : « La *Boîte à outils de la créativité* est un livre fantastique. »).
2. Positionner chaque mot de l'acrostiche dans l'ordre de lecture, verticalement, de haut en bas.
3. Rédiger chaque vers ou phrase avec les mots de l'acrostiche comme point de départ.
Par exemple :
La *musique résonne.*
Boîte à rythmes et claviers.
À *tue-tête se déchaînent.*
Outils *de notre surdité future !*
De *mémoire, jamais on n'a entendu.*
Là, *dans cet endroit, un tel vacarme.*
Créativité *de sons, mêlés aux râles humains.*
Est-*il un enfer plus délicieux ?*
Un *silence se fait.*
Livre *ouvert sur le monde.*
Fantastique *sauveur.*
4. Valider que le sens du texte ainsi formé est en phase avec l'acrostiche.

Méthodologie et conseils

Utiliser l'acrostiche suppose de lâcher prise et d'utiliser les ressorts de la poésie : il convient donc d'apporter un soin majeur au signifiant pour qu'il démultiplie le signifié.
Dans l'exemple précédent, on peut se demander de quelle manière ce texte qui évoque une musique sourde va être en adéquation avec l'acrostiche qu'il intègre. Peut-être est-ce parce que cet ouvrage sur la créativité peut facilement être associé à une musique qui nous emporte, avec ses rythmes, ses temps forts et ses temps faibles ?
L'acrostiche peut également être utilisé selon les modalités du cadavre exquis, jeu collectif inventé par les surréalistes vers 1925, dans lequel les participants écrivent à tour de rôle une partie d'une phrase, sans savoir ce que le précédent a écrit. Dans ce cas de figure, chaque participant prend en charge un mot de l'acrostiche pour le développer, et les productions de chacun sont associées dans un second temps. Vous pouvez aussi vous servir de l'acrostiche juste après la pose d'un problème créatif pour favoriser l'échauffement et l'imprégnation. Pour cela, posez votre problème créatif sous forme d'une phrase. Voici un « exemple vécu » : comment faire pour augmenter la vitesse d'impression de mon imprimante industrielle ? Demandez au groupe de réaliser un acrostiche sur cette phrase. Les sources d'inspiration du poème seront autant de source de réflexion créative.

Avant de vous lancer...

- ✓ **Excellent pour stimuler son imaginaire et lâcher prise en jouant avec les mots.**
- ✓ **L'acrostiche permet de réveiller le poète qui est en chacun de nous.**
- ✓ **Il suppose une maîtrise de champs lexicaux suffisamment larges pour que le « terrain de jeu » soit le plus ouvert possible.**

Outil 12

L'association

> La beauté d'un mot ne réside pas dans l'harmonie phonétique de ses syllabes, mais dans les associations sémantiques que sa sonorité éveille.
>
> Milan Kundera

En quelques mots

L'**association** permet de formuler des idées par une mécanique de rebond, plutôt qu'en suivant une logique linéaire.

Elle consiste à associer des mots, des images ou des idées entre eux, jusqu'à en oublier l'objectif initial, pour ensuite y revenir progressivement et formuler une solution.

Plus qu'un outil, c'est un principe fondateur de la créativité, sur lequel il faut s'entraîner régulièrement.

ASSOCIER DES MOTS, DES IMAGES, DES IDÉES POUR CRÉER DE NOUVELLES IDÉES

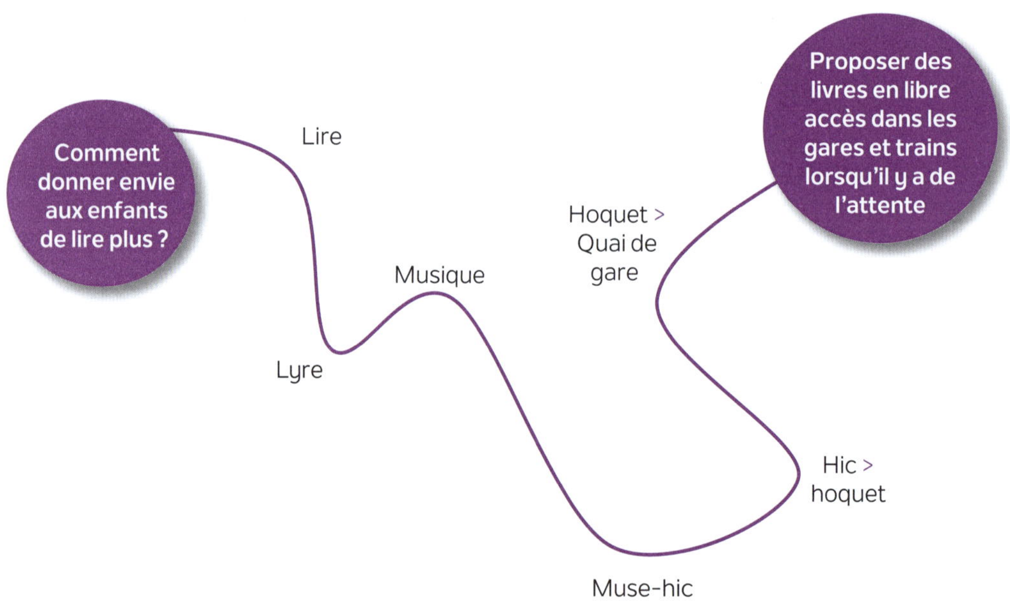

POURQUOI L'UTILISER ?

Objectif

Provoquer une série de réactions en chaîne au sein d'un groupe de créativité ou dans le cadre d'une créativité individuelle.

Contexte

L'association est particulièrement utile lors d'un travail de brainstorming, où les participants sont invités à rebondir sur les idées des autres.
Elle peut aussi servir d'échauffement, au début d'une séance de créativité.
Mais bien plus qu'un outil, l'association constitue un principe fondamental de la démarche créative. C'est pourquoi elle peut être utilisée comme outil d'entraînement créatif quotidien, car elle fait interagir notre cerveau gauche et notre cerveau droit et les amène à travailler encore plus efficacement ensemble.

COMMENT L'UTILISER ?

Étapes

1. Définir un point de départ : un mot, une idée, une image associée au problème initial.
2. Commencer à associer sur la base de ce point de départ.
3. Continuer les associations, à la manière d'une réaction en chaîne, jusqu'à épuisement !

Méthodologie et conseils

Voici différents types d'associations utilisables pour rebondir sur des idées et en produire de nouvelles :
- phonétique (s'attacher à la musicalité du mot, même assonance de la première ou de la dernière syllabe) ;
- sémantique : associer une idée relevant du même champ sémantique ;
- sérielle (chaise, banc, gradins...) ;
- de proximité (pain-beurre, Paris-Brest) ;
- subjectivité (référence à l'histoire personnelle) ;
- par opposition/contraire (chaud-froid) ;
- formules toutes faites (le roi est mort, vive le roi !) ;
- par homonyme (pain-pin des landes) ;
- contenant-contenu (bouteille-jus d'orange) ;
- métaphorique (« les poulets » = gendarmes) ;
- « dés-association » : déstructurer le mot pour générer de nouvelles idées (poulet-pou-se gratter la tête) ;
- sens (église-foi).

Vous pouvez mixer plusieurs types d'associations afin de continuer à ricocher le plus longtemps possible.
L'association suppose de lâcher prise pour que le cerveau puisse divaguer et rebondir à sa guise.
Il est conseillé de réaliser quelques échauffements créatifs avant de se lancer !

Avant de vous lancer...

✓ **Très ludique, l'association peut se pratiquer seul et tous les jours, afin de développer son potentiel créatif individuel.**

✓ **En groupe, l'association permet d'enrichir très fortement la production d'idées, et pousse à bien écouter les propositions des autres participants.**

✓ **À un moment donné, la succession d'associations nous entraîne tellement loin du sujet initial qu'on peut s'interroger sur la valeur de la démarche. C'est pourquoi il est intéressant alors de passer à la bissociation (*cf.* outil 2).**

Outil 13 Les syllabuses

> “
> *Un syllabuse de “boîte à outils de la créativité” est “boivité”, qui représente un verre bu très rapidement !*
>
> Paul Siboun

En quelques mots

Les **syllabuses** combinent les syllabes de deux mots-clés associés à une problématique. Les néologismes ainsi créés représentent des idées en lien avec cette problématique, mais dont le sens n'est pas une évidence : il faut donc trouver, par jeu d'associations, ce que signifient ces idées.
Élaboré par Paul Siboun, c'est l'un des outils les plus ludiques de la créativité.

CRÉER DES MOTS NOUVEAUX EN COMBINANT DES SYLLABES

Comment faire dévorer des légumes aux enfants ?

Matrice des syllabuses	Lé	Gumes
Dé	Lédé	Dégumes
Vo	Volé	Vogumes
Rer	Lérer	Rergumes

Idée : des légumes coupés en petits dés de couleurs différentes. On lance un vrai dé qui indique la couleur du légume à manger !

POURQUOI L'UTILISER ?

Objectifs

Se servir de mots-clés comme vecteurs de génération d'idées.
Jouer avec les mots et avec le sens qui leur est accordé.

Contexte

Les syllabuses peuvent s'utiliser dans un cadre individuel et collectif :

- pendant la phase de génération d'idées ;
- pendant la phase de tri : les syllabuses peuvent permettre de combiner deux idées fortes en nouvelles idées.

Les pratiquants des syllabuses doivent déjà être aguerris à la technique de l'association.
Les syllabuses peuvent être particulièrement adaptés pour la création d'une marque, pour un produit, un service ou un concept.

COMMENT L'UTILISER ?

Étapes

1. Exposer le problème au groupe de travail. Le groupe se met d'accord sur la formulation du problème : ce dernier doit au final être synthétisé dans une phrase commençant par « comment » (par exemple : comment empêcher que les copeaux s'introduisent dans le système de maintien de la pièce lors du fraisage ?).
2. Choisir deux mots inducteurs dans la formulation du problème (on entend par « inducteur » un terme qui sert de point de départ à une association d'idées). Par exemple, les mots Copeau et Fraisage.
3. Décomposer ces mots inducteurs en syllabes. Les syllabes sont alors CO, PEAU à croiser avec FRAI, SA et GE.
4. Construire la matrice des syllabuses, avec les syllabes d'un mot en abscisse, celles du deuxième mot en ordonnées.
5. Composer les syllabuses aux intersections des différentes syllabes. Par exemple, COFRAI, COSA, COGE, POFRAI, PEAUSA, POGE.
6. Chercher les différents sens de chaque syllabuse, jusqu'à trouver une idée en lien avec le problème initial. Par exemple, COFRAI fait penser à un coffret qui pourrait contenir les copeaux dans une espace confinée. Le syllabuse POGE évoque une poche souple autour de l'espace de fraisage. Un POFRAI pourrait être un système refroidi sur lequel les copeaux viendraient se coller, etc.

Méthodologie et conseils

Il peut s'avérer que les syllabes des mots inducteurs choisis ne soient pas suffisamment riches pour engendrer des syllabuses évocateurs. Il ne faut pas hésiter, dans ce cas, à trouver un synonyme du mot inducteur de base pour engendrer de nouveaux syllabuses.
Il est également possible, pour les plus expérimentés, de combiner les syllabes de toute une phrase : la matrice des syllabuses n'en sera que plus complexe, et le nombre d'idées potentielles plus important.

Avant de vous lancer...

- ✓ **Très ludique, pour ceux qui aiment jouer avec les mots.**
- ✓ **La matrice des syllabuses permet une créativité systématique, où chaque syllabuse peut donner au moins une idée originale.**
- ✓ **L'outil suppose une bonne maîtrise de la technique de l'association, car il faut parfois triturer un syllabuse pour trouver l'idée dont il est le porteur, et qui pourra répondre au problème initial.**

3

DOSSIER

PRÉPARER UNE SÉANCE DE CRÉATIVITÉ

“

L’humanité ne se pose jamais que les problèmes qu’elle peut résoudre, car, à regarder de plus près, il se trouvera toujours que le problème lui-même ne se présente que lorsque les conditions matérielles pour le résoudre existent ou du moins sont en voie de devenir.

Karl Marx

Préparer, c'est avant tout poser le problème !

L'une des erreurs courantes est de considérer que la créativité consiste à générer des idées. Or, nous préconisons plus l'approche de De Vinci et d'Einstein, qui considèrent un bon créatif comme un bon poseur de problèmes.
Le terme mathématique de problème bien posé provient d'une définition de Hadamard. Il pensait que les modèles mathématiques de phénomènes physiques devraient avoir les propriétés suivantes :

- une solution existe ;
- la solution est unique ;
- la solution dépend de façon continue des données, pour une topologie raisonnable.

Poser le problème permet de s'en imprégner

Poser le problème consiste à dessiner en nous une empreinte en creux, que la créativité va s'efforcer de combler. Poser le problème revient donc à mettre tout notre être sous tension pour mobiliser ses énergies dans la recherche d'idées.

Poser le problème aide à converger

Selon le looping de la créativité (*cf.* outil 8), l'imprégnation est une étape essentielle avant d'amorcer la phase de divergence. C'est également une étape essentielle pour permettre la convergence une fois qu'on a formulé plusieurs dizaines d'idées qu'il faut trier.

Deux approches essentielles pour bien poser un problème

1. **Examiner le problème sous des aspects variés, et trouver de perspectives inédites** (ou énoncées par personne). Pour mieux appréhender la forme d'un problème, Leonard de Vinci pensait qu'il fallait d'abord apprendre à le reformuler de plusieurs façons. Il s'était aperçu que la toute première approche d'un problème était par trop faussée. Souvent, le problème se reconstituait, devenant un nouveau problème.
2. **Visualiser !** Quand Albert Einstein examinait un problème, il constatait qu'il était toujours nécessaire de reformuler autant de fois que possible son objet, y compris en utilisant des diagrammes. Il visualisait ainsi les solutions, considérant que les nombres et les textes n'avaient pas de rôle significatif dans son système de pensée.

Les outils présentés dans ce dossier apportent une réponse concrète à ces deux approches.

Les outils

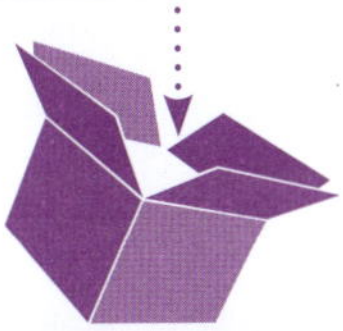

Outil 14 La tour de guet

“

Dehors alors dans le lointain,
Un chat sauvage grogna soudain
Les deux cavaliers approchaient
Et le vent se mit à hurler.

Bob Dylan
(All along the watchtower)

En quelques mots

Notre monde est vaste. Très vaste. Et bien souvent, d'autres personnes ont déjà réfléchi aux problématiques que nous nous posons.
En montant dans **la tour de guet**, nous élargissons notre regard et embrassons tout le champ de ce qui existe déjà, y compris dans des domaines qui sont complètement étrangers au nôtre.

ÉLARGIR NOTRE REGARD

POURQUOI L'UTILISER ?

Objectif

Identifier toutes les solutions disponibles dans notre environnement, de manière à focaliser le travail créatif sur d'autres solutions (il ne sert à rien de réinventer la « machine à courber les bananes »), ou alors de façon à s'inspirer de ces solutions.

Contexte

Il convient de monter dans la tour de guet en amont d'une séance de créativité, mais cette prise de hauteur peut également être réalisée avec les participants au tout démarrage d'une séance, comme un échauffement créatif.

COMMENT L'UTILISER ?

Étapes

Dessinez une carte mentale afin d'y agréger toutes les informations que vous allez collecter au cours des trois étapes suivantes.

1. **Prenez progressivement de la hauteur.** Préparez-vous à changer de posture physique au fur et à mesure que vous allez prendre de la hauteur dans la tour de guet.

- **Assis : regardez autour de nous.** Dans un premier temps, il s'agit de rassembler toutes les sources d'information dont vous disposez déjà dans votre organisation et pouvant vous aider à répondre à la problématique.
- **Debout : vos concurrents, vos clients, vos fournisseurs.** Levez-vous, et imaginez quelles pourraient être les sources d'information proches de votre organisation.
- **Debout sur une chaise :** montez encore d'un cran. Maintenant, quels pourraient être les domaines qui n'ont aucun rapport avec votre organisation ou votre marché, mais qui ont déjà été confrontés à une problématique analogue.

2. **Explorez le monde que vous avez découvert.** Redescendez et notez toutes les sources d'information à investiguer sur votre carte mentale. Vous pouvez ensuite collecter et sélectionner l'information pertinente.

3. **Dessinez la carte du monde pour les participants de la séance.** Préparez la synthèse et communiquez-la aux participants le plus en amont possible afin de stimuler des associations d'idées avant la séance.

Méthodologie et conseils

Essayez de compiler un maximum d'images, de photos, d'échantillons. Ceux-ci stimuleront l'imagination des participants avant et pendant la séance de créativité.

Dans le cadre d'un échauffement créatif avec le groupe, invitez chaque personne à passer de la station « assis » à la station « debout sur une chaise ». Éventuellement, vous pouvez leur demander s'ils sont capables d'aller « encore plus haut » (un participant sur les épaules d'un autre) afin de repérer des solutions qui sont encore plus éloignées.

Avant de vous lancer...

- ✓ **L'identification des idées existantes est une activité indispensable dans le cadre d'une démarche de créativité. La plupart des bonnes idées émises ne sont que l'expression et l'adaptation d'idées déjà existantes dans l'entreprise ou dans d'autres marchés.**
- ✓ **Cette approche kinesthésique, reposant sur un mouvement ascendant de notre corps, constitue un excellent stimulant pour notre cerveau, qui change concrètement de point de vue à chaque étape.**

Outil 15 Les questions paradoxales

> « Le paradoxe cache souvent, sous une formule ou une idée qui paraît étonnante, une vérité que l'on peut soutenir.
>
> H. Bénac

En quelques mots

Le **paradoxe** désigne une proposition qui contient ou semble contenir une contradiction logique, ou un raisonnement qui, bien que sans faille apparente, aboutit à une absurdité, ou encore une situation qui contredit l'intuition commune.
Le fait de formuler un problème sous forme de paradoxe est un puissant stimulant pour la réflexion créative.

STIMULER NOTRE CERVEAU EN LE CONFRONTANT À DES PARADOXES

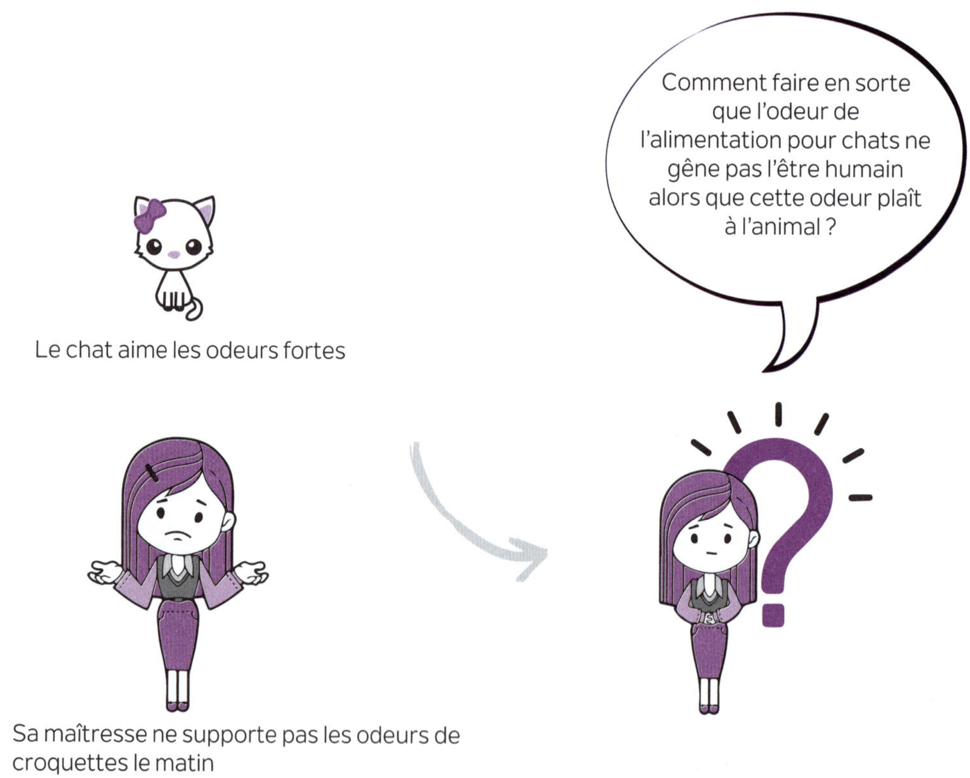

POURQUOI L'UTILISER ?

Objectif

Mettre les participants d'un groupe de créativité au défi en présentant le problème sous la forme d'une contradiction difficile à résoudre.

Contexte

Dans le cadre de séances de créativité collectives, avec des participants qui ont une vision étroite du problème à régler, et qui considèrent que la seule manière de gérer certaines contradictions inhérentes au problème est de faire un compromis.

COMMENT L'UTILISER ?

Étapes

1. **Procéder à une première formulation très objective du problème.** Par exemple : « comment obtenir la préférence des coiffeurs pour notre nouveau shampoing ? »
2. **Décomposer les mots les plus importants du problème initial en plusieurs mots** qui lui sont liés, par exemple à l'aide d'une carte mentale (cf. outil 9). Par exemple, « préférence » peut être décomposé en premier choix/favori/fiancé, « shampoing » peut être décomposé en soin préventif/brillance/...
3. **Assembler les éléments deux à deux.**
4. **Formuler des questions paradoxales en associant les éléments,** en utilisant des formulations telles que « tandis que » ou « alors que ». Par exemple : « Comment devenir le premier choix des coiffeurs alors que notre soin préventif réduit la nécessité de leurs clients de se rendre dans leur salon ? »
5. **Utiliser chaque question paradoxale comme point de départ pour une génération d'idées.** Par exemple avec le brainstorming.

Outil 9

Méthodologie et conseils

Une façon d'identifier le paradoxe qui se cache derrière le défi créatif posé est de poser le problème de la façon suivante : qu'est-ce qu'on cherche à améliorer et par quelle grandeur le caractériser (longueur, envie, efficacité...). Se poser alors la question : qu'est-ce qui risque de se dégrader lorsqu'on répond à la première question et comment le caractériser ? Les réponses à ces 2 questions forment le cœur de la question paradoxale. Dans l'exemple précédent, en améliorant l'efficacité du soin, on risque de dégrader le chiffre d'affaire.

L'utilisation de formulations telles que « alors que » permet de produire de vrais paradoxes, porteurs de contradictions internes.

Il n'est pas toujours évident d'aboutir tout de suite à une bonne formulation de question paradoxale. C'est pourquoi il est conseillé d'en formuler plusieurs, puis de faire le choix des plus provocatrices. Il faut également accepter d'avancer « à tâtons » et par itérations.

Certains participants peuvent refuser de s'engager dans la phase de génération d'idées tant la question paradoxale leur semble impossible à résoudre. C'est un excellent signe visible de la puissance transgressive de la question, et c'est donc sur celle-là qu'il faudra investir du temps et de l'énergie créative !

Avant de vous lancer...

- ✓ **Excellent travail préparatoire avant d'entamer une phase de génération d'idées.**
- ✓ **Parce qu'elles sont transgressives, les questions paradoxales permettent d'investiguer des territoires qu'un simple brainstorming n'aurait pas permis de découvrir.**
- ✓ **Parfois, les questions paradoxales sont difficiles à formuler. Il est conseillé d'en avoir préparé une ou deux en avance pour que le groupe puisse à son tour en formuler de nouvelles.**

Outil 16 Le futur idéal

> “
> *Le mieux est l'ennemi du bien.*

En quelques mots

Le **futur idéal** est un outil collaboratif qui permet de mettre en commun une vision globale de toutes les dimensions du problème, en l'abordant sous l'angle de la projection vers une solution idéale. Cette projection va nous permettre de déterminer tous les objectifs sous-jacents liés au problème posé.

SE POSITIONNER PHYSIQUEMENT PAR RAPPORT À UNE SOLUTION IDÉALE

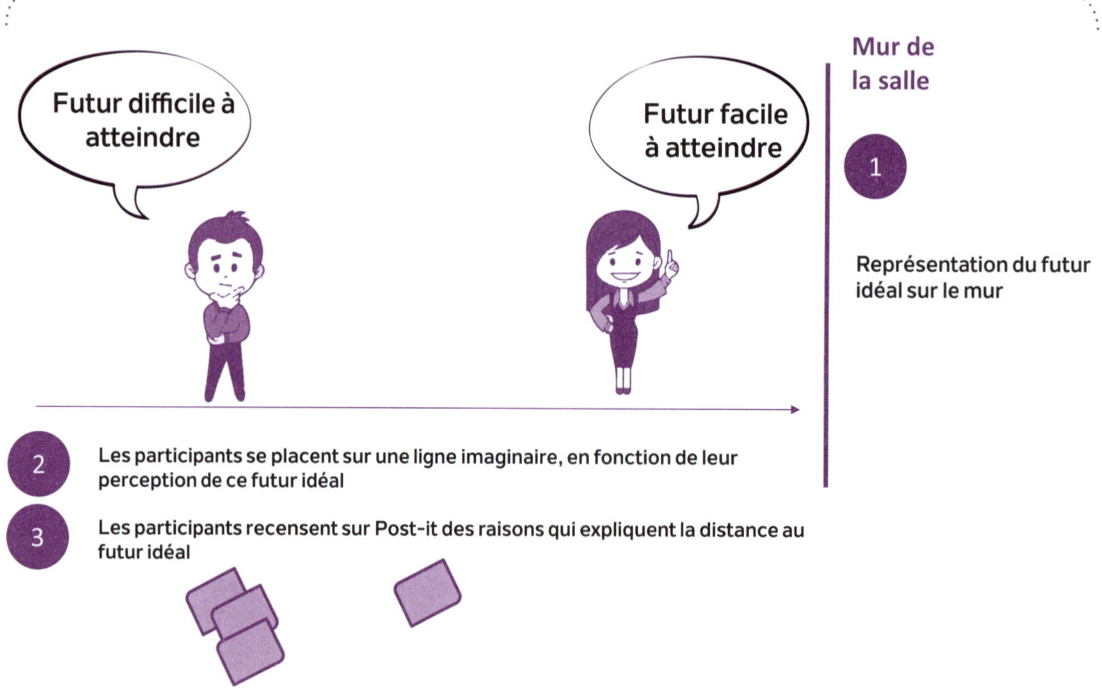

? POURQUOI L'UTILISER ?

Objectif

Partager au sein du groupe la vision sur la distance entre l'état actuel et la situation souhaitée à l'issue de la séance de créativité. L'analyse de l'écart entre les objectifs visés et les éléments de départ nous permettra de préciser rapidement et collégialement les enjeux et attentes en termes de solutions créatives.

Contexte

Le futur idéal est un outil de pose du problème. Il permet de facilement mettre en place une approche « systémique » de la problématique à traiter. De manière ludique, les participants vont travailler ensemble à la recherche d'**objectifs communs**, fédérateurs et motivants.

COMMENT L'UTILISER ?

Étapes

1. **Expliquer le contexte :** l'animateur assimile un des 4 murs de la salle de travail à la situation souhaitée par le groupe (exemple : être leader sur le marché X).
2. **Définir une ligne imaginaire** partant de ce mur et comprenant 10 niveaux (le niveau 10 étant la position le nez face au mur).
3. **Demander aux participants** de se placer individuellement sur cette ligne imaginaire selon leur perception de la distance restant à parcourir pour atteindre l'objectif idéal pour eux.
4. Une fois tous les participants en file indienne, **leur demander de recenser sur des Post-it**, individuellement, les raisons pour lesquelles ils ne se sont pas positionnés au niveau 10.
5. **Classer les réponses** avec 2 volontaires et les catégoriser sous forme de carte mentale (*cf.* outil 9).

Outil 9

Méthodologie et conseils

La mise en œuvre de l'outil futur idéal dure de 1 à 3 heures (suivant le nombre de participants). Un groupe de 4 à 8 personnes est conseillé. Si la salle ne permet pas de se lever tous ensemble, il existe une variante où une cible est dessinée au *paperboard*, et chaque participant vient positionner ses initiales, de façon plus ou moins proche du centre de la cible selon les mêmes règles que l'animation avec le mur.

Une manière originale d'exploiter le « futur idéal » est de demander aux participants, une fois qu'ils ont expliqué leur positionnement, de produire des idées permettant d'atteindre cet idéal : ils rédigent ces idées sur des Post-it qu'ils posent au sol devant eux, comme un chemin pavé qui va les conduire vers ce fameux futur idéal (et donc, plus ils seront loin, plus ils auront d'idées à fournir !).

Afin d'éviter les formulations négatives sur les raisons qui font qu'il sera difficile d'atteindre le futur idéal, vous pouvez demander aux participants d'expliciter ce que serait ce futur idéal et en quoi la situation actuelle en diffère.

Avant de vous lancer...

- ✓ **Cet outil contribue au team building dans la mesure où les gens se lèvent, se positionnent les uns par rapport aux autres...**
- ✓ **L'outil permet d'obtenir en très peu de temps une vision systémique du problème. Ce type de livrable va donc permettre de mieux structurer la phase de production d'idées et de découper l'action de créativité en « sous-séances ».**
- ✓ **Il permet de gérer le temps d'animation de la séquence.**
- ✓ **Il faut également faire attention aux côtés trop négatifs des productions sur les Post-it.**

Outil 17

La baguette magique

> “ *Le problème est résolu, il n'y a plus qu'à trouver les solutions !*

En quelques mots

La **baguette magique** permet de clarifier un problème donné en le décrivant comme s'il était résolu. C'est un excellent préliminaire à la production des idées.

Il repose sur l'intervention (possible mais pas indispensable) du fantastique, comme moyen de lever des difficultés *a priori* insurmontables.

SE REPRÉSENTER LE PROBLÈME COMME S'IL ÉTAIT RÉSOLU

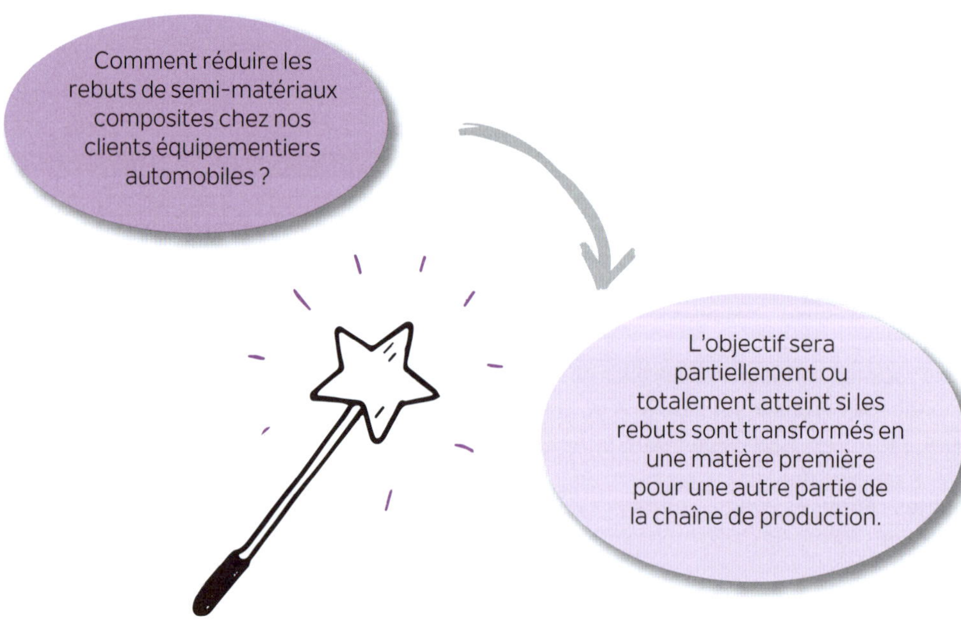

POURQUOI L'UTILISER ?

Objectif

Détailler et clarifier un problème en le décrivant comme s'il était résolu. C'est donc un excellent outil d'imprégnation, dans la mesure où il permet d'exprimer les différentes perceptions que peuvent avoir les participants d'un même problème.

Contexte

La baguette magique peut être utilisée au début d'une séance de créativité pour bien expliciter la cible à atteindre. Elle permet aux participants de se projeter dans l'univers du problème résolu, et les met sous tension positive, dans une logique de défi, pour trouver les solutions qui permettront de faire de cet univers une réalité. C'est donc un préalable à une génération d'idées.

COMMENT L'UTILISER ?

Étapes

1. **Écrire sur une feuille** de *paperboard* au données principales du problème à résoudre (par exemple : « comment réduire les rebuts de semi-matériaux composites chez nos clients équipementiers automobiles ? »).
2. **Expliquer la consigne aux participants.** Ils devront compléter la phrase suivante : « L'objectif sera partiellement ou totalement atteint si... ». Préciser que les participants peuvent faire appel au fantastique (une petite fée, un magicien, une sorcière, au choix !) pour les aider à imaginer le nouvel objectif.
3. **Chaque participant réfléchit à une ou plusieurs « idées magiques »,** qui peuvent compléter la phrase, et les note sur Post-it.
4. **Demander à chaque participant de lire ses idées** (par exemple : « l'objectif sera atteint si les rebuts sont transformés en une matière première pour une autre partie de la chaîne de production », « si le moule récupère automatiquement avec des petites ventouses les rebuts qui tombent à terre », etc.).
5. **Regrouper les Post-it** par thématiques homogènes.
6. **En cas de désaccord,** inviter les participants à préciser leurs idées.

Méthodologie et conseils

En règle générale, les idées qui sont formulées lors de l'utilisation de la baguette magique sont de deux ordres :

- qualification du résultat final, de l'objectif atteint (par exemple : les rebuts sont récupérés ou transformés) ;
- solutions pour atteindre le résultat final (par exemple : un système de bras à ventouses ou aspirateurs pour récupérer les rebuts).

Il est important de garder les solutions pour la phase suivante de la séance de créativité (la génération de solutions), mais il faut bien revenir à chaque fois sur la qualification du résultat final (par exemple : « À quoi te serviraient les ventouses, que feraient-elles des rebuts ? À quelle situation finale vont-elles contribuer ? »).

Avant de vous lancer...

- ✓ Cet outil crée tout de suite un climat positif, de succès, car le problème initial est présenté comme ayant été résolu.
- ✓ Il permet de s'assurer que tout le monde est sur la même longueur d'onde concernant le problème à résoudre.
- ✓ L'utilisation d'une « baguette magique » peut déstabiliser certains participants lors d'une séance de créativité. Il faut leur expliquer que la séance continuera avec une recherche de propositions réalisables.

Outil 18 Dessine-moi un problème

> Ils ne savaient pas que c'était impossible, alors ils l'ont fait.
>
> Mark Twain

En quelques mots

Dessine-moi un problème est un outil de créativité dédié à l'analyse d'une problématique par une mise en situation d'un « curieux et ignorant ».
Il permet aux experts de limiter l'impact des *fixation effects* qui souvent les font passer à côté de choses évidentes.

SE METTRE EN POSTURE DE CANDIDE POUR ABORDER LE PROBLÈME AVEC UN ŒIL FRAIS

POURQUOI L'UTILISER ?

Objectif

Préciser et reformuler la plupart des problèmes, en se forçant à les exprimer à un profane, ou à un enfant de huit ans, jusqu'à ce qu'il ait compris de quoi il retourne.

Contexte

À utiliser en amont d'une recherche de solutions. Particulièrement adapté lorsque le problème est très technique et que des participants néophytes sont sollicités dans le cadre de la séance de créativité.

COMMENT L'UTILISER ?

Étapes

1. Une fois la première formulation du problème produite par des experts, **identifier un profane,** complètement extérieur à la situation.
2. **Confronter l'expert et le profane** et inviter l'expert à expliquer la problématique de la façon la plus simple et explicite possible. L'utilisation d'images et de dessins est fortement encouragée.
Voici un exemple vécu : le groupe de travail ne parvenait pas à comprendre quelle était la limite technique qui ne permettait pas à une machine d'impression à jet d'encre d'augmenter le rendement. En utilisant l'outil, un participant a utilisé l'image du tour de France et le fait que les coureurs du peloton ont moins de résistance au vent que les premiers et de ce fait peuvent les rattraper à moindre effort. Cette image a immédiatement facilité la compréhension et la recherche de solutions.
3. L'utilisation de cet outil en groupe de créativité doit se faire *via* **des échanges et des allers-retours entre l'expert** qui doit expliquer le problème **et le profane** qui pose des questions lui permettant d'avoir une compréhension complète de ce problème. L'animateur peut alors se positionner en soutien du « professeur » et annoter sur Post-it les éléments caractérisant le problème exposé par l'expert. Les participants peuvent interpeller l'expert et les réponses notées sont elles aussi ajoutées aux autres. À la fin de la séquence, l'animateur invite le profane à reformuler la problématique telle qu'il l'a comprise et fait valider cette restitution par l'expert.

Méthodologie et conseils

L'utilisation en séance de créativité peut durer de 5 à 15 minutes. L'animateur doit être à l'écoute pour noter tous les éléments et il doit jouer le rôle de médiateur pour favoriser les échanges et encourager l'expert dans sa démarche pédagogique.
Il doit notamment veiller à ce que chaque élément de vocabulaire d'expert (acronymes, sigles…) soit explicité.
Certains établiront un parallèle avec les pratiques de thérapie de groupe où l'on doit trouver nos solutions en exprimant nos problèmes à un candide, et en s'appuyant sur les zones d'incompréhension de ce dernier.
Dans le cas où le problème est complexe, il est conseillé de le décomposer en sous-problèmes, qui feront chacun l'objet de cet échange entre l'expert et le candide.

Avant de vous lancer…

- ✓ **Cet outil permet aux experts de remettre en question leur propre paradigme.**
Et parfois en pratiquant cet outil, l'expert lui-même s'ouvre de nouvelles pistes de créativité.
- ✓ **Il convient de porter une attention particulière à la gestion du timing et la mise en difficulté de l'expert qui n'arrive pas à sortir de ses *a priori*.**

Outil 19 Les TI (tendances influentes)

> “ Tout influe sur tout, enfin presque…

En quelques mots

Le **TI**, qui signifie **tendances influentes,** est un outil issu des travaux du Dr Carole Bouchard sur l'analyse des tendances conjointes.
Il vise à identifier les tendances des secteurs influant sur votre marché et à orienter la production d'idées prospectives en intégrant ces paramètres dès le début de vos démarches de créativité.

ORIENTER LA PRODUCTION D'IDÉES EN INTÉGRANT LES TENDANCES SUR VOTRE MARCHÉ

POURQUOI L'UTILISER ?

Objectif

Produire des planches de tendances qui nous permettront d'identifier des éléments de formes, de textures ou de couleurs qui serviront pour influencer la phase de production d'idées.

Contexte

Orienter la recherche de solutions créatives, ou améliorer et compléter des idées dans la phase de sélection et implémentation des idées.

COMMENT L'UTILISER ?

Étapes

Le TI se déroule en quatre étapes :

1. **Reformulation du cahier des charges : on reprend et réexplique le besoin du projet (ou de l'entreprise) en termes de :**
- population d'utilisateurs visés ;
- valeur et style de vie associé à ce groupe ;
- positionnement vis-à-vis de la concurrence ;
- gamme ;
- spécification produit, etc.

2. **Détermination des marchés influents :**
Un marché influent intègre des attributs de formes, de couleurs, d'usages et de textures pouvant être transférés comme nouvelle référence dans celui que vous étudiez. Il existe 2 principales méthodes d'identification des secteurs influents :
- méthode d'extraction d'expertise auprès de designers (long mais qualitativement très fiable) ;
- analyse sémantique des termes les plus influents du marché (bon équilibre durée/résultat).

3. **Identification et formulation des tendances :**
Le but de cette étape est de réaliser des planches de tendances qui respectent certaines règles de constructions qui assurent une cohérence à cette dernière. On pourra alors extraire de ces planches :
- une palette de couleur de votre marché de demain ;
- une palette de mots-clés (valeurs) ;
- une palette de textures ;
- une palette de formes.

4. **Intégration dans la démarche de créativité :**
Les planches de tendances peuvent être ainsi présentées en début de séance de créativité pour créer les conditions « orientées » de la créativité auprès du groupe. Ces mêmes planches peuvent également servir en fin de séance de créativité pour affiner et compléter certaines fiches idées.

Méthodologie et conseils

Pour déployer le TI, il faut être au moins quatre et de différents profils métiers. Cette pluridisciplinarité trouve son unité dans le respect strict des quatre étapes.

Il ne faut pas « penser » à l'étape $n + 1$ quand on réalise la n.

Pour la réalisation des étapes 2 et 3, il est nécessaire de vérifier la « qualité » des informations que vous allez chercher, notamment si vous réalisez vous-même votre *mapping* sémantique *via* Internet.

Les outils et sites Internet tels que Pinterest sont d'une grande utilité pour réaliser des planches de tendances. En choisissant les mots-clés et rubriques adéquates, vous pouvez les réaliser facilement et rapidement. En faisant varier les paramètres, vous serez capable d'identifier ceux qui sont le plus influents par rapport au sujet étudié.

Suite outil 19 →

Avant de vous lancer...

- ✓ **L'outil TI permet d'anticiper les tendances de votre marché et ainsi orienter votre démarche de créativité.**
- ✓ **Il convient de réaliser 2 à 5 planches de tendances, pour minimiser le risque de « mauvaise » orientation de votre démarche de créativité.**

Suite outil 19

Les TI (tendances influentes)

COMMENT ÊTRE PLUS EFFICACE ?

Identifier soi-même les secteurs influents : le mapping sémantique

Afin d'identifier les secteurs influents sur votre activité, il convient de :

1. Réaliser une veille de tous les produits plus ou moins concurrents du vôtre.
2. Récupérer les illustrations de tous ces produits (toutes les illustrations de véhicules ci-dessous ont été récupérées dans les revues, site internet à jour).
3. Les imprimer et les découper « individuellement ».
4. Les étaler sur un vaste plan de travail.
5. Commencer à effectuer des regroupements « transversaux » (vous ne tenez plus compte des origines des produits).
6. Identifier 2 axes sémantiques qui permettent de répartir de manière discriminante les différents produits (ici les axes individuel/collectif et harmonieux/agressif).
7. Une fois les grappes de produits (les cercles) identifiées sur ce mapping sémantique, vous essayez de leur donner un nom représentatif de ce qu'ils représentent (par analogie).
8. La liste des noms de toutes les grappes de produits concurrents correspond à la liste des secteurs influents sur votre marché (ici jeux/jouet et aussi appareil photo, lunaire, etc.).

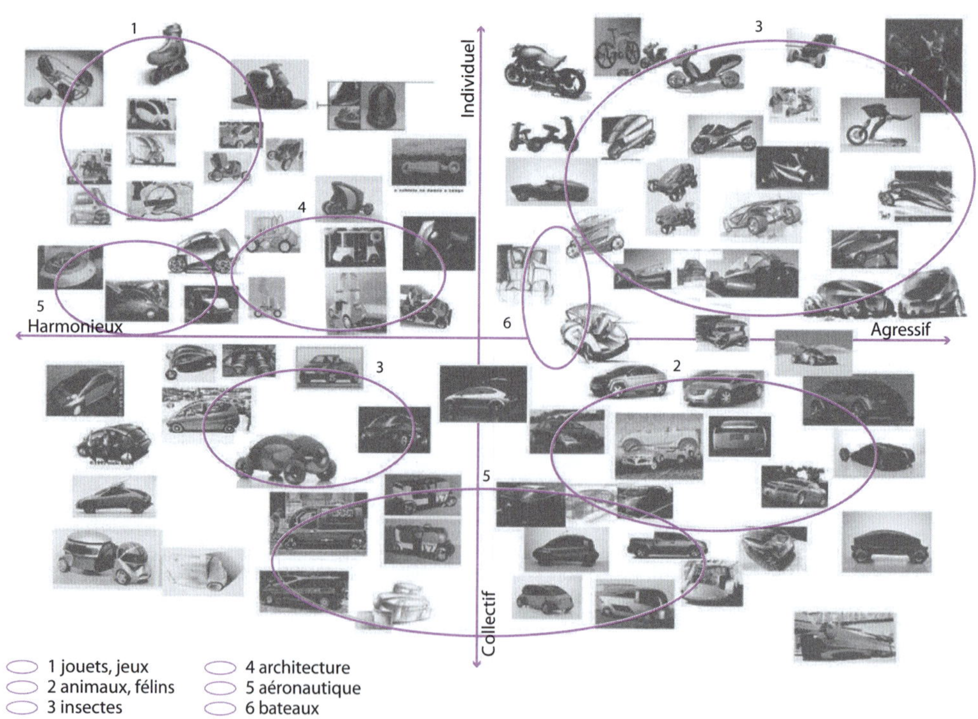

Exercice

Réaliser une planche de tendances

> Cette étape est la plus délicate. Elle nécessite une pratique régulière. Il s'agit d'un acte de créativité à part entière dont les résultats seront très précieux en conception innovante :

1. Reprendre la liste des secteurs influents de l'étape précédente.
2. Rechercher des illustrations de ces mêmes secteurs influents (actualisé, du moment !).
3. Mélanger toutes ces illustrations.
4. Procéder à nouveau à des regroupements (souvent par type de couleur, ou ambiance, etc.).
5. Composer alors votre planche, selon les règles :

- composition iconique 3D ;
- intégration d'une dimension humaine ;
- création d'une ambiance cohérente ;
- exploitation des palettes de couleur, texture, forme et mots, sur la droite.

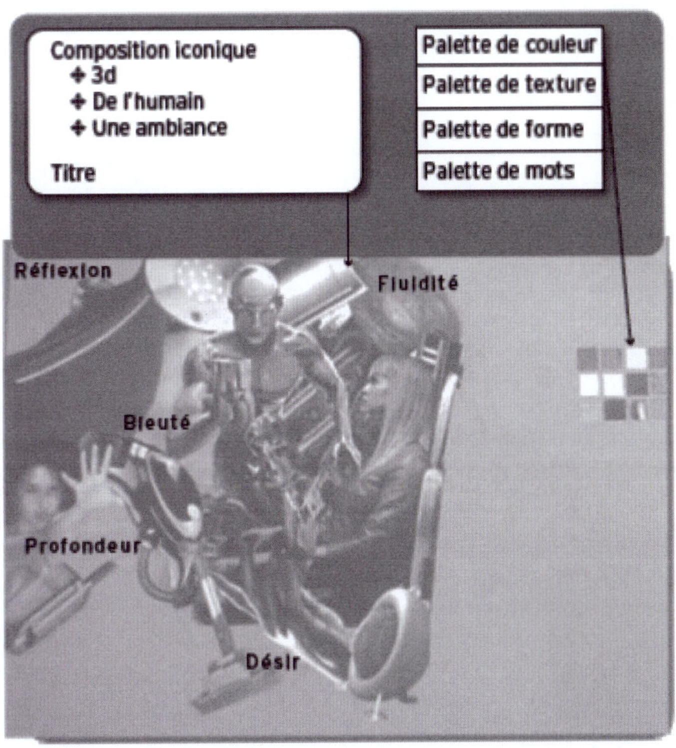

Outil 20 Les 3H (head, hands, heart)

> « Les 3H jouent le rôle de poil à gratter de notre cerveau, et le poussent à se « réactiver » pour mettre fin à la démangeaison !

En quelques mots

Les **3H** permettent de bien s'imprégner du problème à résoudre dans le cadre d'une démarche créative, en le scannant sous trois angles différents :

- un angle rationnel (head) ;
- un angle expérientiel (hands) ;
- un angle émotionnel (heart).

Ces 3 angles d'approche se complètent et permettent de créer une empreinte en creux chez les participants et de susciter chez eux un vrai désir de résoudre le problème.

RADIOGRAPHIER LE PROBLÈME SOUS 3 ANGLES DIFFÉRENTS

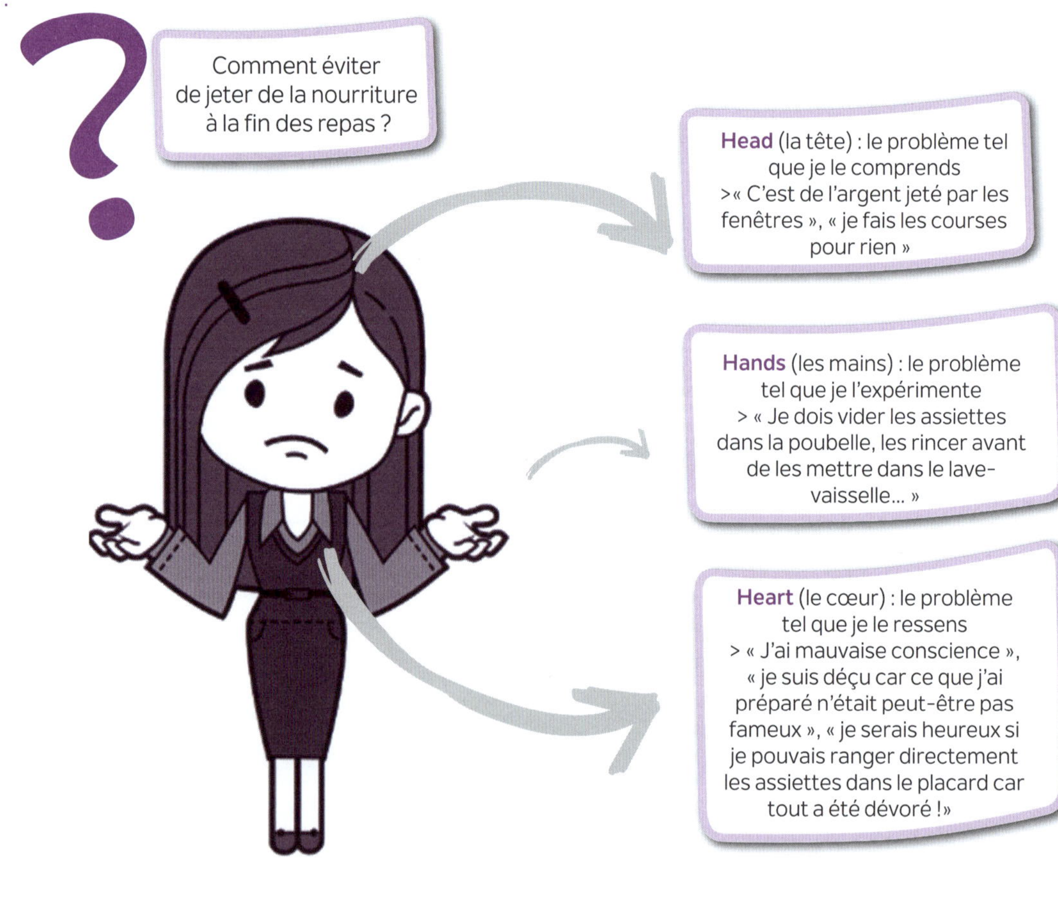

POURQUOI L'UTILISER ?

Objectif

Radiographier le problème à résoudre en trois étapes successives et complémentaires permet de bien s'en imprégner.
Lorsque les participants d'un groupe sont mis sous « tension créative », face à un problème qui va les « démanger », ils n'ont qu'un objectif : y apporter des solutions !

Contexte

Cet outil s'insère dans le cadre de séances de créativité collectives, avec des participants qui viennent d'horizons différents et qui peuvent avoir une lecture peu homogène du problème à traiter.

COMMENT L'UTILISER ?

Étapes

***Head* (la tête)**

1. Procéder à une première formulation très objective du problème (par exemple : « comment simplifier notre système de réservation de salles de réunion ? »).
2. Lister au moins 5 indicateurs quantitatifs relatifs au problème (par exemple : nombre de salles disponibles, nombre de demandes quotidiennes, nombre moyen de participants à chaque réunion, durée des réunions, temps pour réaliser la réservation).

***Hands* (les mains)**

3. Expérimenter le problème tel qu'il se présente aujourd'hui (par exemple : demander aux participants de procéder à 10 réservations successives de salles de réunion).
4. Se mettre dans la peau du problème par la technique de l'identification (par exemple : les participants d'un groupe créatif jouent le rôle d'une salle de réunion. Ils décident entre eux de qui jouera le rôle de la seule salle libre. Un participant qui n'est pas dans le secret doit retrouver la salle libre le plus vite possible en jouant à « chaud » et « froid »).

***Heart* (le cœur)**

5. Demander à chaque participant d'exprimer le ressenti qu'il a par rapport au problème, tel qu'il a été formulé et expérimenté (par exemple : « j'étais exaspéré de ne pas trouver la salle rapidement »).
6. Si l'émotion exprimée est négative, lui demander de compléter par une émotion positive, et inversement (par exemple : « je serais euphorique si le système me réservait tout de suite la salle disponible dès que j'en formule la demande »).

Méthodologie et conseils

La démarche des 3H entraîne une ouverture de plus en plus forte des participants. Il faut donc bien prendre le temps de franchir les deux premières étapes avant d'introduire la troisième.
L'expérimentation du problème dans l'étape Hands doit avoir été soigneusement préparée pour éviter que ce moment d'imprégnation ne devienne un moment purement et gratuitement ludique.

Outil 24

Avant de vous lancer...

- ✓ **La décomposition du problème sous trois angles successifs (la raison, l'expérience et l'émotion) s'appuie sur les mêmes principes que ceux utilisés dans la méthode des 6 chapeaux d'Edward de Bono (*cf.* outil 24).**
- ✓ **Bien franchir les trois étapes dans l'ordre pour assurer une montée en confiance et en puissance du groupe.**
- ✓ **Bien préparer l'étape *Hands* pour éviter la dérive ludique.**

Outil 21

La synectique

> “
> *Rendre le familier insolite et l'insolite familier.*

En quelques mots

William Gordon et Georges Prince, respectivement ingénieur et psychologue, ont inventé la **synectique**, basée sur la logique analogique, en 1994. Composé du préfixe « syn » (ensemble) et du suffixe « ectos » (externe), le mot « synectique » désigne la réunion d'éléments hétérogènes. On parlera aussi de bissociation.

Cet outil consiste donc à mettre ensemble des éléments hétérogènes, dans le but de « rendre l'insolite familier », c'est-à-dire d'aller chercher des idées dans des domaines déjà explorés pour résoudre des problèmes.

TROUVER DES IDÉES DANS DES DOMAINES DÉJÀ EXPLORÉS

POURQUOI L'UTILISER ?

Objectif

Nous nous donnons plus le « droit » d'être créatifs en dehors de notre domaine d'expertise, c'est pourquoi, en imaginant le même type de problème dans un autre contexte, nous trouverons plus facilement une solution créative à celui-ci.

L'outil synectique consiste à imaginer des solutions innovantes en faisant des analogies avec d'autres problèmes résolus dans différents domaines. Il repose sur deux principes :

- rendre le nouveau familier ;
- considérer le familier comme étrange. Il s'agit de retrouver la faculté d'étonnement d'un enfant.

Contexte

À la différence du brainstorming, l'application de la synectique suppose une sélection préalable des participants et une formation prolongée. Les participants doivent disposer d'une bonne aptitude métaphorique, une attitude de curiosité à l'égard de tout phénomène, une envie de « jouer le jeu », une capacité d'échange et d'écoute, etc.

COMMENT L'UTILISER ?

Étapes

Cet outil s'anime en mode brainstorming, une fois le problème parfaitement identifié, en utilisant 4 catégories d'analogies proposées par Gordon :

- Analogies directes : on met le problème en rapport avec des phénomènes connus, puisés dans le monde animal, végétal, minéral, technique, etc.
- Analogies symboliques : le problème est comparé à des symboles, des légendes, etc.
- Analogies fantastiques : le groupe va essayer de prendre ses rêves pour des réalités.
- Analogies personnelles : un (ou plusieurs) membre du groupe doit s'identifier au produit ou au problème. C'est le cas le plus spectaculaire.

L'animateur aura préalablement une liste de mots inducteurs servant à relancer les participants avec une phrase du type « Et si notre problème était un papillon… ». Ces mots inducteurs étant issus d'une des 4 catégories de classe analogique de Gordon.

Le problème reformulé est exposé brièvement (sans trop de détails) aux participants qui doivent se poser une des questions analogiques : « Et si le problème que l'on cherche à résoudre était une légende ? », etc.

Les participants imaginent alors ce que pourrait signifier le même type de problèmes dans ce domaine d'analogie et peuvent proposer leurs solutions qui seront formalisées idéalement sous forme de Post-it (ils peuvent combiner plusieurs situations analogiques).

Méthodologie et conseils

La mise en œuvre de l'outil synectique en séance de créativité nécessite 1 à 3 heures (suivant le nombre d'analogies traitées), avec un groupe de 4 à 8 personnes entraînées à l'utilisation de cet outil, et un animateur expérimenté.

Les productions sont synthétisées sous forme de carte mentale (*cf.* outil 9).

Outil 9

Avant de vous lancer…

- ✓ **Parfois spectaculaire, le rendement peut aussi s'avérer très décevant. Dans ce cas, il ne faut pas hésiter à changer de mot révélateur. L'avantage est véritablement de permettre aux experts du domaine d'être contributeurs du sujet, mais également à titre personnel de faire évoluer leur vision globale et leur expertise.**
- ✓ **Assez long à mettre en œuvre, cet outil ne convient pas aux projets nécessitant une « réponse créative » rapide.**

Outil 22

La théorie C-K

> “
> *L'art naît de contraintes et meurt de libertés*
> Michel-Ange

En quelques mots

La **théorie C-K** est une théorie du raisonnement de conception qui modélise la conception comme la coévolution de deux espaces : l'espace des Concepts (C) et l'espace des Connaissances (K pour *Knowledge*).

Elle permet de progresser stratégiquement en conception innovante. Bien outillée, cette théorie permet plus facilement de générer à terme des innovations de rupture.

TROUVER DES IDÉES EN PASSANT ALTERNATIVEMENT DES CONCEPTS AUX CONNAISSANCES

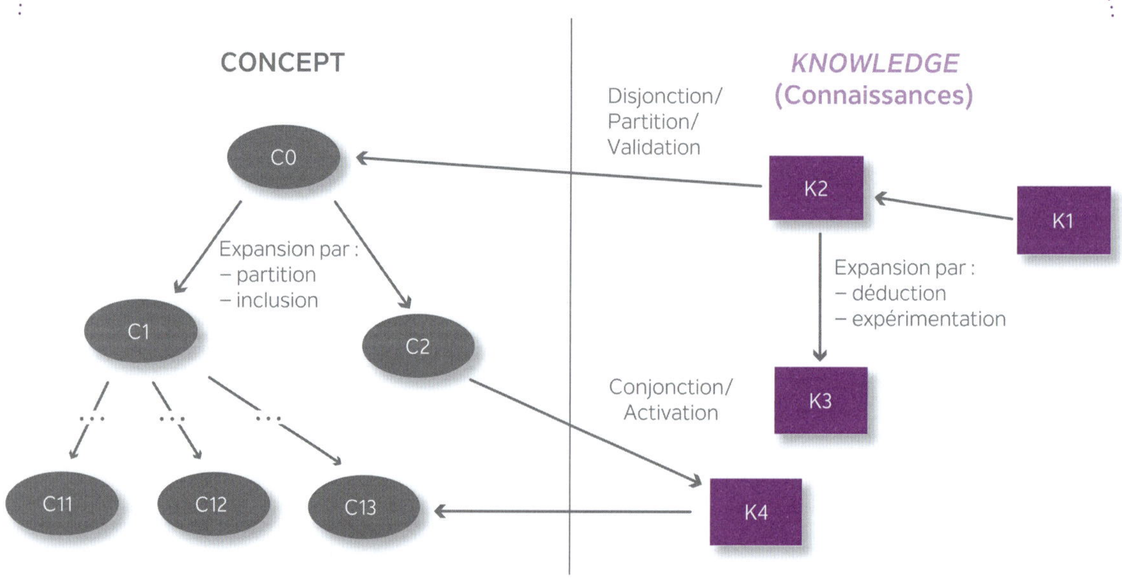

POURQUOI L'UTILISER ?

Objectifs

Reformuler et transformer une problématique de créativité en une forme plus favorable à la rupture. Cet outil peut aussi permettre de trouver des solutions directement liées au problème de départ.

Contexte

Selon la théorie C-K, la conception est le processus cognitif par lequel un concept va générer d'autres concepts et se transformer en connaissance et *vice versa*.

Armand Hatchuel définit l'espace K comme un espace où les propositions ont un statut logique pour le concepteur. Il inclut toutes les connaissances disponibles du concepteur : techniques (lois mécaniques, réactions chimiques...), marché (étude de marché, produits concurrents, business model...), usages. L'espace C est un espace où les propositions n'ont pas de statut logique dans K : lorsqu'une telle proposition est formulée, il est impossible de prouver que cette proposition est vraie ou fausse dans K. Par exemple, « une voiture sans roue » ou « une valise à clé » sont deux concepts, car nous ne savons pas ce qu'ils sont.

La théorie C-K consiste à animer et à piloter les transitions au sein du domaine de K et de C, et les interactions entre les deux domaines, en utilisant divers outils de créativité et les opérateurs C-K.

COMMENT L'UTILISER ?

Étapes

En partant du domaine des connaissances :

1. Faire l'état des lieux de l'existant sur le domaine considéré (K).
2. Préciser le besoin à l'aide des connaissances et des outils de préparation d'une séance de créativité de cet ouvrage (K → K).
3. Passer dans l'espace des concepts en utilisant les outils d'animation d'une séance de créativité (K → C).
4. Enrichir, développer les concepts de solution (C → C).
5. Définir comment les concepts innovants peuvent être réalisés à partir des connaissances existantes (C → K).
6. Lorsque l'état des connaissances existantes ne permet pas de définir totalement une conception, repasser dans l'espace des concepts par une démarche de recherche d'idées sur une partie de la conception (K → C).
7. Réitérer ces étapes autant que nécessaire.

Méthodologie et conseils

La théorie C-K permet à l'organisateur et animateur d'une démarche de créativité de se poser la question, à tout moment de la démarche, de l'espace dans lequel il évolue. Lorsqu'il l'estime nécessaire, une évolution dans l'espace C ou K ou une transition est assurée par l'un des opérateurs suivants :

- K → C : créer de l'inconnu à partir du connu.
- C → K : donner un statut logique à un concept.
- C → C : créer des concepts à partir d'autres concepts (ce que l'on fait en créativité lorsque l'on rebondit sur des idées).
- K → K : produire des connaissances (nouvelles ou non pour le concepteur) à partir d'autres connaissances.

L'innovation par les usages ouvre beaucoup plus de perspectives que l'unique vision technologique de celle-ci.

Avant de vous lancer...

- ✓ **La théorie C-K permet de solliciter les experts et d'étaler la démarche dans le temps et l'espace.**
- ✓ **C'est un outil très conceptuel. Les différents passages de K à C ou inversement nécessitent de bien maîtriser les outils de créativité et de les utiliser au bon moment.**

Outil 23 Les 7 clés de la préparation d'une séance de créativité

> "
> *L'essentiel du succès d'une séance de créativité réside dans sa préparation.*

En quelques mots

Comme pour un voyage au long cours vers des contrées inconnues, **les 7 clés de la préparation d'une séance de créativité** :

- **Planifier :** les séances et en informer les participants.
- **Choisir l'équipage** (les participants) avec soin.
- **Préparer le plan de route :** faire un agenda détaillé de chacune des séquences et préparer les outils.
- **Rechercher un navire :** rechercher un lieu adéquat.
- **Travailler l'inclusion de l'équipage :** prévoir un temps d'inclusion du groupe lors de la première séance.
- **Apporter un maximum de vivres :** demander aux participants de se préparer par des actions de veille.
- **Faire rêver.**

PRÉPARER LE VOYAGE VERS DES CONTRÉES INCONNUES

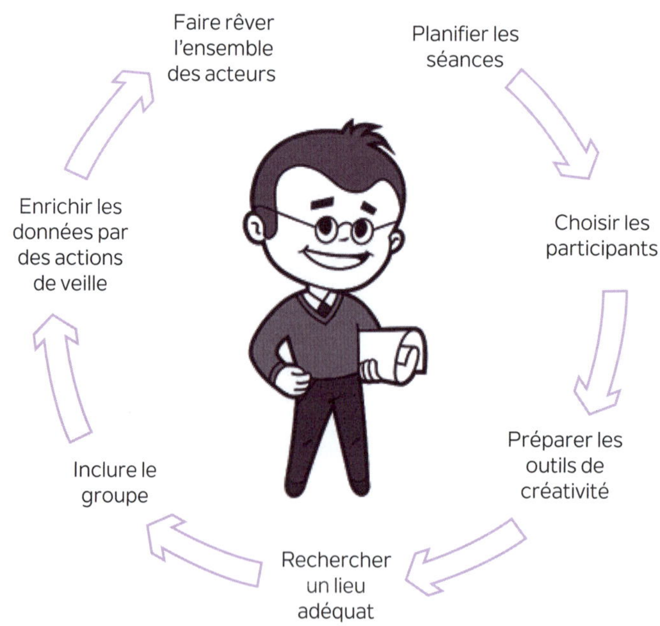

POURQUOI L'UTILISER ?

Objectif

Une séance de créativité ne s'improvise pas. Une bonne préparation va contribuer à son succès et à la richesse des idées émises. On estime que 80 % du succès sera garanti par l'application de ces bonnes pratiques.

Contexte

Dès le début de toute démarche créative, un objectif doit être fixé, par exemple : identifier et évaluer au moins 3 concepts innovants dans le domaine du sujet traité. Celui-ci vous permettra de fédérer le groupe et d'en vérifier la complétude. Vous prendrez soin également de définir ce qui ne fera pas partie de la séance, comme par exemple les analyses de faisabilité, afin de ne pas générer de frustrations.

COMMENT L'UTILISER ?

Étapes

1. **Planifier les séances et en informer les participants :** trop éloignées, la dynamique n'est pas suffisante, trop proches, les temps de réflexion et de recherche sont insuffisants. Choisir idéalement un rythme d'une réunion toutes les deux semaines.
2. **Choisir les participants avec soin :** 8 personnes idéalement choisies pour leur capacité et leur désir de fournir des points de vue ou options prometteurs, provenant des fonctions amont, aval et support du processus d'activité et combinant des spécialistes mais aussi des candides.
3. **Faire un agenda détaillé de chacune des séquences et préparer les outils.**
4. **Rechercher un lieu adéquat :** neutre, agréable, propice à la réflexion, générateur de *stimuli*. Éloigner les participants de leur environnement proche (un étage peut suffire) leur permet de sortir des cadres de pensée.
5. **Prévoir un exercice créatif d'inclusion du groupe au démarrage de la première séance :** un groupe de travail nécessite du temps pour travailler en confiance.
6. **Demander aux participants de se préparer par des actions de veille :** la somme des informations apportées par le groupe est un capital considérable pour la démarche.
7. **Faire rêver :** rappeler que la démarche doit permettre à l'entreprise comme à chacun des participants de découvrir les nouveaux horizons qui feront l'activité du futur de l'entreprise. Utiliser pour cela des métaphores : la chasse au trésor, l'exploration, les étoiles et les planètes, etc.

Méthodologie et conseils

Impliquez au maximum les participants dans la préparation. Cela leur donnera l'opportunité d'être en éveil relativement au sujet traité et de réaliser des actions de veille.

Intégrez également des « hostiles » qui ne sont pas dans le groupe en prenant le temps de leur expliquer l'intérêt de la démarche et surtout de leur participation à cette démarche.

Avant de vous lancer...

- ✓ **Les enjeux d'une séance de créativité sont tels que la préparation est fondamentale pour en assurer le succès.**
- ✓ **Être réaliste dans les objectifs attendus de la démarche, afin de ne pas générer d'attentes que vous ne pourrez satisfaire.**
- ✓ **Préciser également aux participants que même si la démarche est structurée et planifiée, vous ne vous interdirez pas d'ajuster le programme en fonction de l'avancement et des opportunités identifiées.**

4

DOSSIER

ANIMER VOS SÉANCES DE CRÉATIVITÉ

NIVEAU « JE ME LANCE »

“

La créativité consiste juste à relier des choses entre elles. Si vous demandez à des gens créatifs comment ils ont fait quelque chose, ils se sentent un peu coupables parce qu'ils ne l'ont pas vraiment fait, ils ont juste vu quelque chose. Qui leur a semblé évident au bout d'un moment. Ils ont fait ou créé des choses nouvelles parce qu'ils ont su relier des expériences entre elles. Et la raison pour laquelle ils l'ont su, c'est qu'ils ont eu plus d'expériences, ou qu'ils ont plus réfléchi à leurs expériences que les autres.

Steve Jobs

Les séances de créativité servent-elles vraiment à quelque chose ?

C'est la question que l'on est en droit de se poser tant certaines séances se résument à un grand délire plus ou moins joyeux, qui ne laissera pas un souvenir désagréable aux participants, mais ne laissera pas non plus une marque indélébile dans l'histoire de l'entreprise.
Oui, mais cela suppose de prendre conscience de 3 facteurs clés de succès.

Une séance de créativité se bâtit sur un cadre et des règles de fonctionnement

C'est l'un des paradoxes de la créativité collective : afin de favoriser la fluidité du groupe (sa capacité à produire un grand nombre d'idées), sa flexibilité (sa capacité à explorer des registres variés) et son originalité (sa capacité à trouver des idées rares), ce dernier a besoin de partager des règles communes de bienveillance et d'ouverture.

Laisser le temps aux idées !

Très souvent, en créant des rencontres insolites entre des experts qui d'habitude se côtoient assez peu, les séances de créativité permettent d'irriguer les participants avec des idées, mais aussi une meilleure prise de conscience de l'état de l'art existant sur un sujet. C'est l'incubation, et donc la combinaison souvent inconsciente et individuelle de ces « choses entre elles », comme dirait Steve Jobs, qui va donner naissance à des pépites.

Respecter les préférences créatives individuelles

Nous avons tous nos préférences créatives. Si certains d'entre nous apprécient les techniques proches du brainstorming, d'autres préféreront les techniques de rencontre forcée, et d'autres encore les techniques projectives…

Les outils

Outil 24 Les 6 chapeaux d'Edward de Bono

> “ La logique ne changera jamais l'émotion ou la perception.
>
> Edward de Bono

En quelques mots

Edward de Bono nous invite à adopter successivement, au travers de **6 couleurs de chapeaux**, des attitudes différentes lors d'une séance de créativité : la neutralité, l'émotion, la critique négative, la critique positive, la créativité, l'organisation.

CONDUIRE UNE SÉANCE DE CRÉATIVITÉ EFFICACE EN LEVANT NOS INHIBITIONS

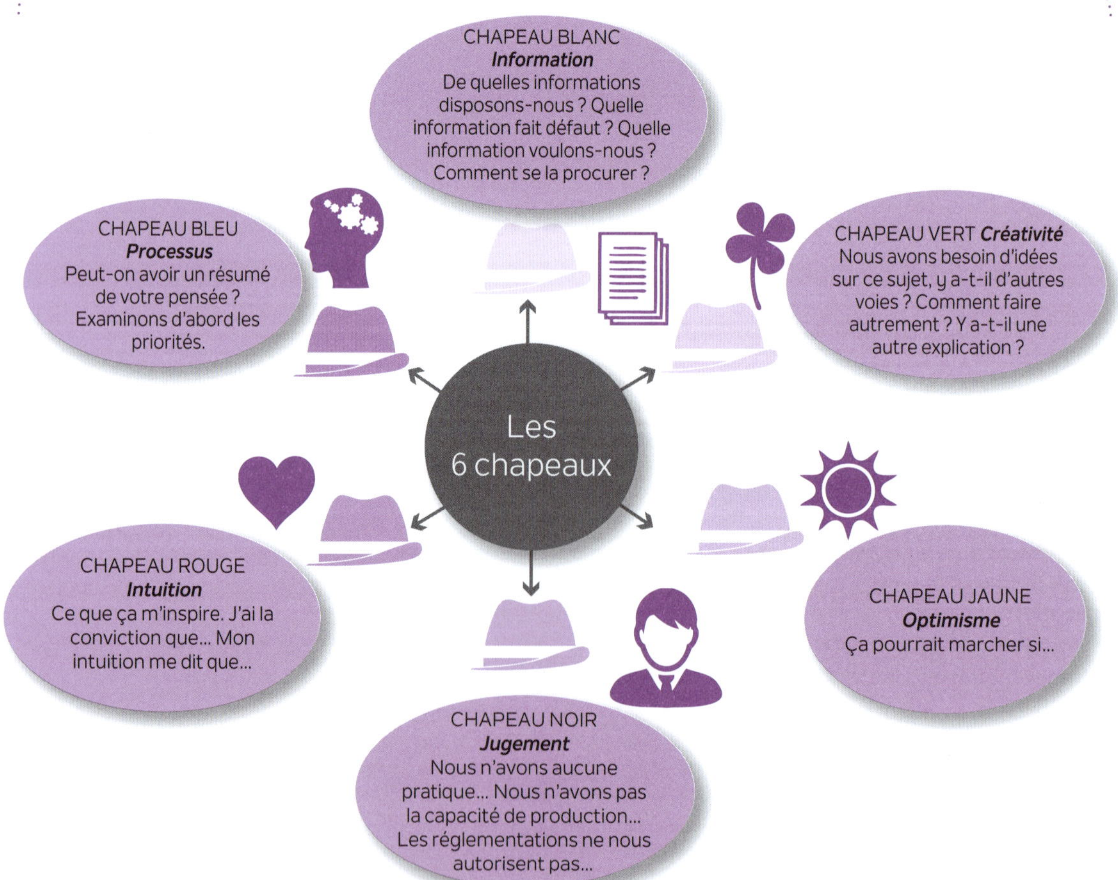

POURQUOI L'UTILISER ?

Objectif

Selon E. de Bono, le plus grand obstacle à la réflexion est la confusion. Nous mélangeons dans notre réflexion émotions, informations, enthousiasme, logique, critique et créativité. Edward de Bono vous propose donc de ne faire qu'une chose à la fois, en portant successivement 6 chapeaux de couleurs différentes qui correspondent à une façon spécifique de penser.

Contexte

Deux modalités sont possibles pour l'utilisation des chapeaux :

- Les participants portent des chapeaux de couleurs différentes. Le comportement de chaque participant est conforme au chapeau porté.
- Faire porter à l'ensemble du groupe de réflexion successivement chacune des couleurs de chapeau.

COMMENT L'UTILISER ?

Étapes

L'animateur de la séance définit l'ordre des séquences et des chapeaux portés par le groupe. Cet ordre peut être adapté à tout moment en fonction du déroulement de la séance.

Par exemple :

- **Chapeau bleu :** présenter et faire approuver par le groupe le déroulement de la séance.
- **Chapeau blanc :** rassembler et partager avec le groupe un maximum d'éléments relatifs au problème posé (faits, données, plans, photos, tableaux chiffrés).
- **Chapeau rouge :** chacun explique ce qu'il ressent par rapport au problème. Ceci peut susciter des explications internes, des remarques intuitives et des avis subjectifs.
- **Chapeau bleu :** formuler le problème posé de manière simple et concrète. S'il est trop vaste, le reformuler à partir d'une analyse des causes du problème.
- **Chapeau vert :** émettre des idées sur le problème posé. Les noter sur des Post-it.
- **Chapeau bleu :** regrouper les idées au sein de concepts homogènes (3 à 6) qui répondent au problème posé. Décrire les concepts.
- **Chapeau jaune/noir :** quels sont les aspects positifs/négatifs des concepts proposés (pourquoi les utiliser, les conséquences intéressantes) ?
- **Chapeau bleu :** présenter la suite de la démarche et allouer les actions à venir.

Méthodologie et conseils

La couleur du chapeau peut être représentée par n'importe quel accessoire.

Afin d'accélérer la démarche, des chapeaux de couleurs différentes peuvent être portés au même moment par différents participants. Par exemple, séparer le groupe en deux lors de l'émission des critiques positives (chapeau jaune) et des critiques négatives (chapeau noir) et les confronter.

Avant de vous lancer...

- ✓ **L'animateur de la séance est le garant du respect de la démarche. C'est lui qui décide des changements de couleur.**
- ✓ **En cas de dérive et de mode de réflexion d'un participant non conformes à la couleur en cours, ne pas hésiter à le recadrer et à lui proposer de s'exprimer lorsque la couleur adéquate sera en vigueur.**

Outil 25 Creative Problem Solving (CPS)

> « La discipline, c'est la clé. »
>
> Tomi Ungerer

En quelques mots

Le *Creative problem solving* associe le processus créatif scientifique d'Henri Poincaré et le processus créatif artistique de Graham Wallas et Richard Smith.

Le CPS permet de résoudre des situations problématiques en adoptant une démarche outillée et structurée en 8 grandes étapes.

Chacune de ces 8 étapes contient alternativement :

- un moment de « divergence » avec des stimulations ludiques pour débrider la créativité et ouvrir le champ des options le plus largement possible ;
- un moment de « convergence » avec des approches logiques pour filtrer les options soulevées pendant la divergence et faire des choix pertinents.

Le CPS est aujourd'hui l'une des démarches de créativité les plus répandues dans le monde !

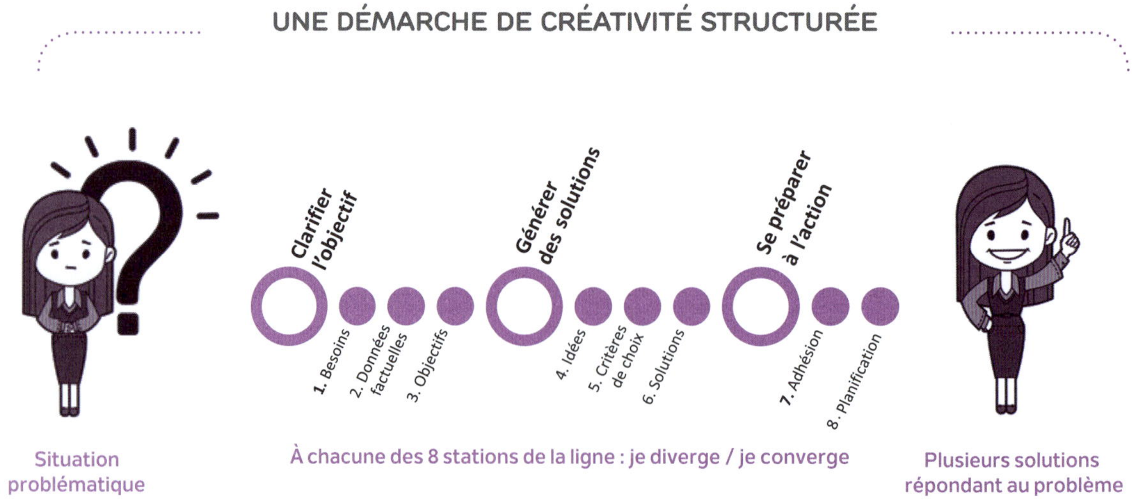

POURQUOI L'UTILISER ?

Objectif

Structurer sa démarche de créativité en étapes, et suivre un cheminement logique et progressif, afin de passer d'une situation problématique à la mise en œuvre d'actions originales et opérationnelles.

Contexte

Élaboré à l'origine en 1939 par Alex Osborn (créateur du brainstorming) pour réduire le gaspillage de temps en réunion faute d'organisation, le *Creative Problem Solving* a été enrichi à partir de 1955 par Sidney Parnes, qui y voyait une « méthode de changement positif ».

Le CPS peut aujourd'hui être utilisé :

- pour la résolution de problèmes ;
- pour l'innovation ;
- pour fédérer une équipe dans le cadre d'un changement ;
- comme méthode de travail pour débloquer des situations de crise ;
- comme check-list pour ne pas négliger les étapes que nos tendances personnelles et culturelles nous font « zapper ».

La souplesse du CPS permet de l'utiliser aussi bien dans un cadre individuel que collectif.

COMMENT L'UTILISER ?

Étapes

Le modèle du CPS étant dans le domaine public, il est aujourd'hui difficile de livrer une description normative et officielle de la démarche. Nous vous en proposons ici une version en 8 étapes, elles-mêmes réparties en trois temps forts :

- **Clarifier l'objectif de la recherche**

1. **Besoins :** trouver le problème.
2. Données : collecter les informations factuelles sur le problème.
3. **Objectifs :** définir le problème.

- **Générer des solutions originales et réalistes**

4. **Idées :** produire un maximum de propositions.
5. **Critères :** évaluer et sélectionner les idées.
6. **Solutions :** formuler des solutions complètes sur la base des idées proposées.

- **Préparer l'action : accord et plan d'action**

7. **Adhésion :** préparer la vente des solutions et les manières d'obtenir l'adhésion.
8. **Planification :** identifier et planifier les actions à mettre en œuvre.

Méthodologie et conseils

Chaque étape est systématiquement scindée en deux respirations :

- à l'inspiration (**divergence**), on suspend le jugement, on vise la qualité par la quantité, on cherche les idées inédites, on combine les idées entre elles, et enfin, on note tout ;
- à l'expiration (**convergence**), on se réfère aux objectifs, on améliore les idées, on juge constructivement, on cherche l'inédit et on est déterminé.

Il est important que ces deux temps ne soient pas mélangés : cela permet de s'obliger à explorer le champ des possibilités et permet de mieux fonctionner en groupe.

Avant de vous lancer...

- ✓ **Les étapes du CPS rassurent, mais le côté didactique et linéaire de la démarche peut brider la créativité de certaines personnes.**
- ✓ **Le CPS a été tellement réadapté, qu'il convient de bien se mettre d'accord en amont avec les participants sur le sens accordé à chacune des étapes.**

Outil 26 Les 7 clés de l'animation d'une séance de créativité

> *La créativité, c'est l'intelligence qui s'amuse.*
>
> Albert Einstein

En quelques mots

Élaboré par Alex Osborn en 1935, alors qu'il étudiait les comportements de groupe, cet outil est constitué de **7 bonnes pratiques** qui permettent de garantir l'efficacité de la séance de production d'idées, mais également de dynamiser le potentiel créatif des participants.

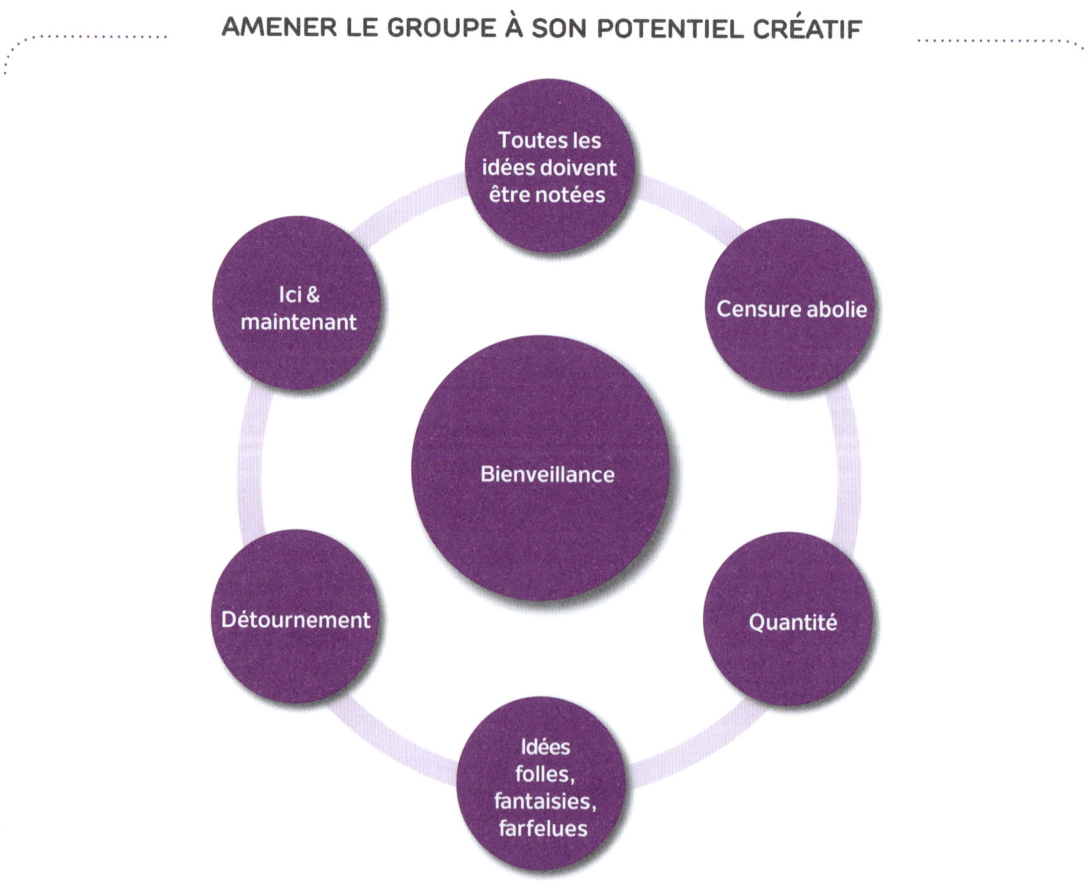

POURQUOI L'UTILISER ?

Objectif

Préserver et solliciter le potentiel créatif individuel, tout en garantissant une synergie qui valorise et exploite la créativité collective.
Il s'agit de catalyser la production d'idées et d'améliorer l'efficience des séances de production.

Contexte

Au début de toute séance de créativité en groupe, l'animateur affiche clairement les 7 clés de l'animation de la séance.

COMMENT L'UTILISER ?

Étapes

Écrire les règles sur une feuille de *paperboard* en amont de la séance, puis les présenter aux participants et les expliciter si nécessaire.
Si c'est la première fois que les participants sont réunis, **leur demander individuellement** s'ils sont prêts à s'engager à respecter ces règles.
Si l'une des règles est transgressée pendant la séance, revenir au *paperboard* et rappeler la règle et l'engagement commun de départ.
Voici les 7 clés de l'animation d'une séance de créativité :

- **B** comme Bienveillance.
- **T** comme « Toutes les idées doivent être notées » ; éviter les sélections *a priori* !
- **C** comme Censure abolie. Chaque critique, du type « Ça ne marchera jamais », bloque le rebondissement des idées et dévalorise son auteur. Censure abolie comprend non seulement la critique des idées des autres, mais aussi celle de ses propres idées (autocensure).
- **Q** comme Quantité. Une production importante favorise la génération de « bonnes idées ».
- **F** comme Folles, Fantaisies, Farfelues. Toutes les idées, même les plus extravagantes, sont les bienvenues.
- **D** comme Détournement. Il faut jouer avec les idées, les reprendre, les déformer, les associer avec d'autres. Par conséquent, une idée n'appartient pas à son auteur mais à son groupe.
- « **Ici & maintenant** ». Tout ce qui est dit durant une séance n'est valable que durant la séance. Le respect de cette règle favorise la libre expression des participants.

Méthodologie et conseils

Ces règles peuvent apparaître comme doctrinaires, mais elles conditionnent fortement la réussite d'une séance. C'est pourquoi l'engagement initial des participants est essentiel.
Une manière de dédramatiser cet engagement est de définir avec le groupe le gage qui sera donné à celui qui enfreindra l'une des règles (chanter une chanson d'Eddy Mitchell, imiter un animal, etc.).

Avant de vous lancer...

✓ **Cet outil permet à l'animateur de réguler le groupe en s'appuyant sur les règles du jeu partagées par tous. Cela permet donc à l'animateur de diriger sans être trop directif.**

✓ **Laisser un peu de flexibilité sur l'axe censure. En effet, certaines réflexions humoristiques à l'égard des idées des autres permettent de mettre en place une ambiance favorable à la créativité. Toute la difficulté est d'ajuster le curseur de régulation des « critiques » lors de la séance de créativité.**

Outil 27 Les échauffements créatifs

> *Un échauffement bien conduit permettra de provoquer la plupart des accidents créatifs bénins et même sérieux !*
>
> Farnuel Gronebois

En quelques mots

Nous ne possédons pas de bouton « ON » sur le côté de la tête pour générer des idées par centaines dans la minute. De la même manière que dans une activité sportive, il est nécessaire de se mettre en condition et de s'échauffer pour atteindre une zone d'efficacité maximale. Que ce soit dans un cadre individuel ou collectif, les **échauffements créatifs** permettent d'installer un climat « créatigène », de pratiquer quelques premières attitudes créatives, et de repérer les différents profils de participants.

SE METTRE EN ÉNERGIE POUR ÊTRE EFFICACE EN SITUATION CRÉATIVE

Citez 30 manières d'utiliser cet objet

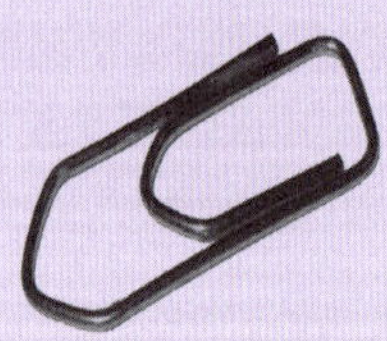

Dessinez votre relation avec votre client (pas de mots !)

Quels sont les points communs entre un citron et une autruche ?

Que voyez-vous ?

Que signifient les mots suivants ?
Persoptitude
Ginographe
Kinéracte
Jolinuss
Stalactoc

Que voyez-vous ?

http://dunod.link/baocrea23-004

POURQUOI L'UTILISER ?

Objectifs

Contribuer à mettre en place un climat propice au lâcher-prise. Les échauffements génèrent une dynamique de groupe constructive et permissive, en brisant la glace entre les différentes personnes en présence.
Se familiariser avec différentes habiletés mentales : capacité à s'exprimer sans censure, à changer de point de vue, à rebondir sur les idées des autres, à tolérer les idées farfelues.
Excellent moyen pour l'animateur de repérer au sein du groupe les « forts en gueule » et les personnes plus réservées.

Contexte

Il est nécessaire de s'échauffer avant tout travail créatif intensif. L'échauffement se déroule donc au tout début de la séance.

COMMENT L'UTILISER ?

Étapes

En amont de la séance de créativité, **choisir plusieurs échauffements** (tous ne seront pas utilisés, mais il peut être utile d'en avoir en réserve si le premier échauffement utilisé ne livre pas les résultats attendus). Voici quelques suggestions dans différents registres :

- Quels sont les différents usages d'un crocodile ?
- Donner la consigne suivante à voix haute : Comment écrire en vert avec un feutre rouge ?
- Vous vous retrouvez sur une île déserte avec 7 777 soutiens-gorge, que pouvez-vous en faire pour sortir de là ?
- Quelle est la moitié de 8 ?

Au début de la séance, expliquer à l'équipe l'enjeu de l'échauffement avant de se lancer dans la résolution du problème, et présenter le premier échauffement.
Dans chaque cas, des dizaines, des centaines, voire des milliers de réponses possibles existent !
Mais il est possible qu'au démarrage, la machine créative soit lente à mettre en place.

Le premier échauffement permet de jauger les talents du groupe sur 3 critères :

- **Fluidité :** c'est la capacité à produire rapidement un grand nombre d'idées dans un même registre.
- **Flexibilité :** c'est la capacité à changer de registre, à varier les catégories.
- **Originalité :** c'est la rareté de l'idée (par rapport à un existant…).

Si le groupe a fait preuve d'une grande fluidité (beaucoup d'idées ont été émises, mais d'une faible originalité), il peut être intéressant de le soumettre à un **deuxième échauffement** plus centré sur ce critère.
Féliciter l'équipe pour son énergie créative avant de passer à l'étape suivante de votre séance.

Méthodologie et conseils

L'analogie sportive peut être un bon moyen de sensibiliser les participants à l'utilité de ces échauffements : les footballeurs font souvent plusieurs tours de terrain avant de taper dans un ballon !
Il est également conseillé de ne pas réaliser plus de 2 échauffements.

Avant de vous lancer…

- ✓ **Un échauffement installe dès le démarrage d'une séance de créativité un climat permissif.**
- ✓ **Il permet de travailler les premiers réflexes créatifs clés.**
- ✓ **Attention à ce que les échauffements ne durent pas trop longtemps, au risque d'épuiser toute l'énergie créative du groupe avant d'attaquer le vrai sujet de la séance.**

Outil 28 La purge

> “
> *Il faut vider la première cuvée créative pour ouvrir de meilleures bouteilles par la suite !*
>
> Farnuel Gronebois

En quelques mots

Qui n'a pas passé une réunion de créativité à attendre le « bon » moment pour donner son avis, faire passer un message ou partager une idée géniale ruminée depuis des semaines avec le reste du groupe ?
Cette activité cérébrale réduit votre potentiel créatif.
La **purge** est un outil de créativité permettant de libérer les participants de leurs idées préconçues et de toute autre idée leur tenant à cœur. Il se pratique au début de toute démarche de créativité.

EXPRIMER IMMÉDIATEMENT LES IDÉES QUI NOUS HABITENT POUR MIEUX FORMULER LES IDÉES ORIGINALES PAR LA SUITE

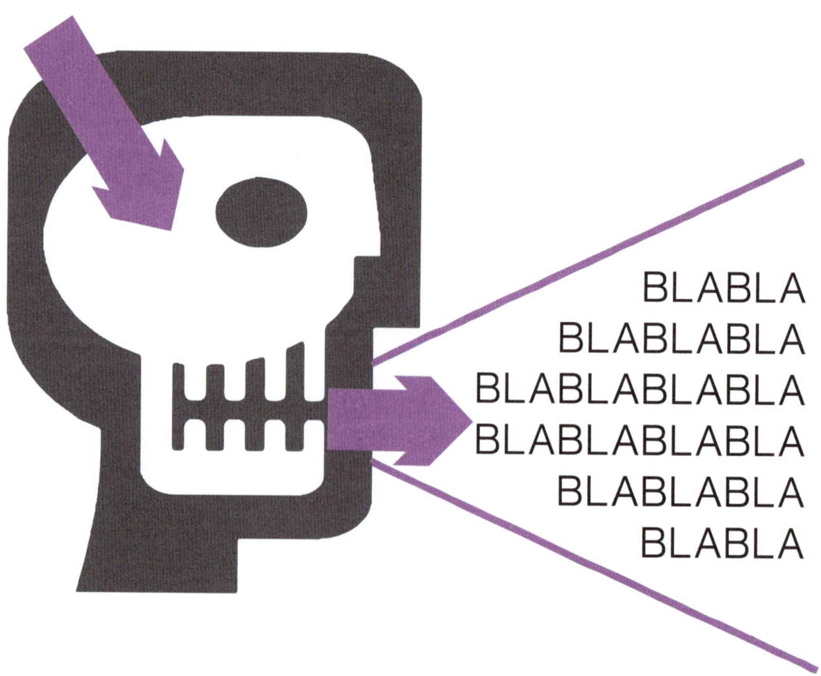

POURQUOI L'UTILISER ?

Objectifs

Mettre les participants d'un groupe en conditions pour créer, en leur permettant de se débarrasser le plus vite possible des idées qu'ils ont déjà sur le sujet.
Rassurer le groupe sur sa capacité à produire des idées et éviter le syndrome de la feuille blanche.

Contexte

Utilisé systématiquement lors de toute séance de créativité, entre l'exposé de la problématique et la production collective d'idées nouvelles, cet outil est un maillon fondamental de toute recherche créative et s'applique à tout type de problèmes.

COMMENT L'UTILISER ?

Étapes

Le principe de la purge est de recenser toutes les idées déjà existantes sur un sujet et donc de disposer d'un premier stock d'idées dont certaines pourront être approfondies ultérieurement.

1. L'animateur propose à chacun des participants de formuler ses idées sur le problème posé.
2. Il distribue à chaque participant autant de Post-it qu'ils le souhaitent.
3. Pendant 10 minutes, les participants notent individuellement tout ce qui leur passe par la tête avant de commencer cette séance de créativité (idées, questions, remarques, produits concurrents, etc.).
4. Au bout de 10 minutes, chaque participant va positionner ses Post-it au paperboard en les commentant.
5. Une fois ce travail terminé, l'animateur, accompagné de 2 ou 3 participants, regroupe les Post-it par affinité (*cf.* l'outil 62, le diagramme d'affinité).
6. Les productions sont alors accrochées au mur et seront réutilisées en fin de séance de créativité.

Outil 62

Méthodologie et conseils

Plus les participants sont experts du problème à traiter et plus ils ont de choses à « purger » (idées évaluées et abandonnées, connaissances personnelles, informations techniques, concurrence...).
Il ne faut pas hésiter dans ce cas à prolonger la durée de la purge. Afin de s'assurer que tous les participants à la séance de créativité puissent « purger » leurs idées, il est conseillé que celle-ci se fasse en silence dans un premier temps. Chacun écrit ses idées sur des Post-it avant de les partager avec le reste du groupe. Peu importe si les mêmes idées sont émises par plusieurs membres du groupe.
L'animateur doit éviter d'encourager les associations sur les idées émises, et même d'être directif.

Remarque : il est courant d'obtenir dès le départ des solutions exploitables mais le jeu est d'essayer quand même d'en trouver d'autres grâce aux outils de créativité que vous avez prévu de déployer.
Certains experts peuvent être tentés de trop détailler leurs idées. Il peut être alors intéressant de poser une règle complémentaire : « soyez brefs ! »

Avant de vous lancer...

- ✓ **Cet outil permet de libérer la créativité des participants et trouver « un accord » tacite avec les participants pour suivre tout le programme à partir du moment où ils ont livré leurs *a priori*.**
- ✓ **Attention à bien maîtriser le timing et éviter des débats qui remettraient en question la légitimité de cette séance de créativité. Il faut plutôt préciser que ces questions sont légitimes et qu'elles seront traitées en dehors de la séance.**

Outil 29 Le brainstorming

> “ La créativité est une fleur qui s'épanouit dans les encouragements mais que le découragement, souvent, empêche d'éclore.
>
> Alex Osborn

En quelques mots

Le **brainstorming** est utilisé en groupe afin de produire un grand nombre d'idées en un temps limité, en suivant une logique associative. Le respect des règles favorise la créativité de groupe selon Alex Osborn, inventeur de la technique brainstorming.

Ces quatre règles sont synthétisées par l'acronyme CQFD :
- Censure interdite (y compris l'autocensure) ;
- Quantité d'idées exigée ;
- idées Farfelues accueillies avec bienveillance ;
- Démultiplication (rebondir sur les idées des autres, les combiner entre elles).

Le brainstorming s'opère en deux temps distincts :
- production d'idées sans jugement de valeur ;
- critique, évaluation et sélection des idées proposées.

FORMULER UNE GRANDE QUANTITÉ D'IDÉES EN UN TEMPS RÉDUIT

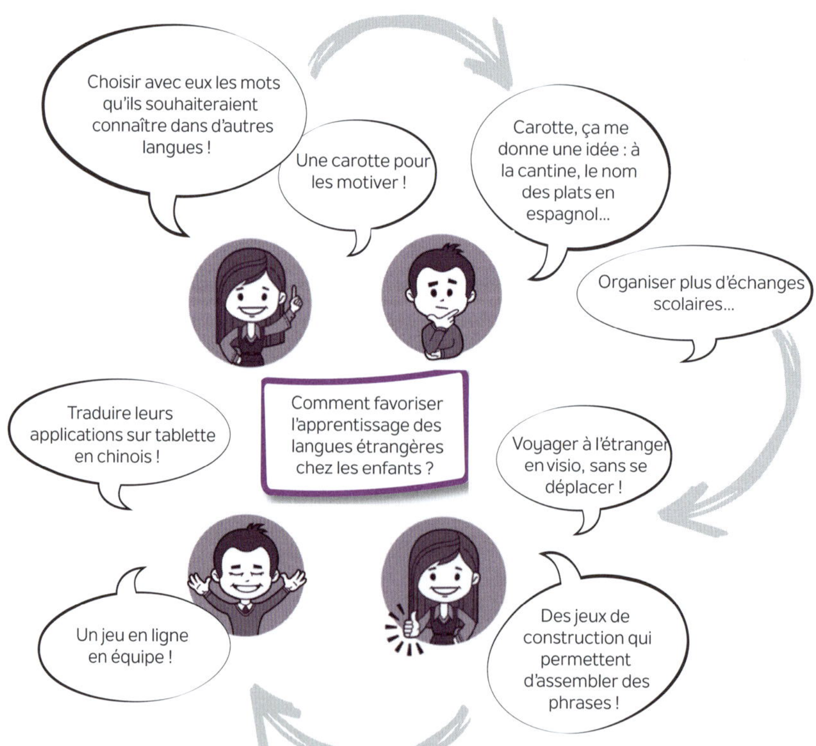

http://dunod.link/baocrea23-005

POURQUOI L'UTILISER ?

Objectif

Formuler des solutions à un problème donné, quelle qu'en soit la nature. Cet outil permet aux participants d'un groupe de proposer un maximum d'idées et de construire ensemble la solution au problème.

Contexte

Le brainstorming peut être utilisé pour imaginer un nouveau produit ou service, résoudre une difficulté technique, résoudre un désaccord, trouver un nom de marque. Il peut aussi permettre aux participants d'un groupe de se « purger » de leurs premières propositions spontanées (et idées préconçues), avant d'utiliser un autre outil de créativité.

COMMENT L'UTILISER ?

Étapes

1. Clarifier le problème posé aux participants, par exemple sous la forme d'une question : « Comment faire pour... alors que... ? » (cf. outil 15, les questions paradoxales).
2. Identifier les participants et l'animateur (entre 5 et 8 personnes, aussi différentes que possible et motivées par la problématique à traiter).
3. Rappeler et afficher les règles CQFD dès le début de la séance et s'assurer que tous les participants les ont bien comprises.
4. Limiter le temps de production : 5 à 45 minutes en fonction du problème à traiter.
5. Noter toutes les idées sur un support visible afin que les participants les aient en permanence sous les yeux. Idéalement noter les idées sur des Post-it et les coller sur un *paperboard* visible de tous, ou faire noter les idées par les participants eux-mêmes et les coller sur le *paperboard* au fur et à mesure.
6. Trier les idées lorsque la production de ces dernières est terminée.
7. Sélectionner et approfondir quelques idées : les enrichir et les préciser, tout en conservant ce qui fait leur originalité.
8. Choisir les idées qui feront l'objet d'une exploitation après la séance.

Méthodologie et conseils

Préparer l'espace créatif en amont, afin que les participants s'imprègnent bien du problème à résoudre : écrire le problème sur une feuille de *paperboard*, afficher des images en lien avec le problème.
Restituer les idées des participants dans leur forme exacte, même si certaines idées peuvent être transgressives : cela garantit aux participants qu'il n'y a aucune forme de censure.
En cas de ralentissement, lors de la production d'idées, relancer les participants par des formules telles que : « quoi d'autre ? », « à quoi cette première idée vous fait-elle penser ? », « qu'est-ce que l'on pourrait faire de plus avec... ? ».
En cas de commentaire créaticide (« ça ne marchera jamais », « c'est trop cher ! »), rappeler les règles du jeu.
Ne pas amorcer de tri ou de sélection d'idées tant que la génération d'idées n'est pas terminée, car cela bride les participants.

Outil 15

Avant de vous lancer...

✓ **Le brainstorming dispose d'une grande notoriété : il est donc bien accepté et facile à utiliser en groupe.**

✓ **Il permet de générer beaucoup d'idées en un minimum de temps.**

✓ **Bien formuler le problème et les contraintes initiales pour polariser la production d'idées sur les bons enjeux.**

✓ **Limiter le temps de production d'idées permet de stimuler le groupe.**

Outil 30

Le brainwriting

> Écrivez ! Noircir le papier est idéal pour s'éclaircir l'esprit.
>
> Aldous Huxley

En quelques mots

Le **brainwriting** est un outil de créativité dérivé du brainstorming dont la mise en œuvre se fait uniquement par écrit. À partir d'une première idée émise par écrit par un participant et transmise à un autre participant, chacun rebondit, toujours par écrit, sur l'idée précédemment émise jusqu'à épuisement des idées. Les idées sont ensuite listées à tous les participants.

ÉMETTRE DES IDÉES PAR ÉCRIT

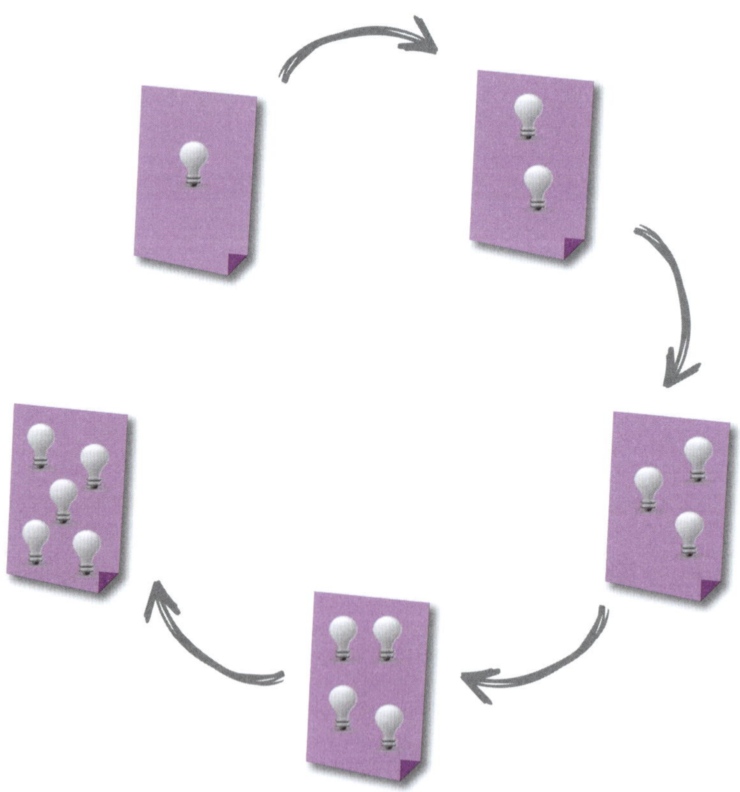

POURQUOI L'UTILISER ?

Objectif

Contrairement au brainstorming, le brainwriting est une séance de réflexion silencieuse où les idées sont écrites et non dictées par les participants. Ainsi, cet outil est plus propice à la réflexion personnelle. Le brainwriting conserve certains avantages du brainstorming dans la mesure où le rebond sur les idées est forcé par l'échange des idées. L'animation du brainwriting est plus simple pour l'animateur de la séance que le brainstorming.

Contexte

Cet outil est conseillé dans toute séance de créativité pour permettre aux individus les plus timides de s'exprimer dans la mesure où l'expression écrite ne fait peur à aucun des membres.

COMMENT L'UTILISER ?

Étapes

1. Chaque membre du groupe écrit sur sa feuille une première idée.
2. Au signal de l'animateur, chaque participant passe sa feuille à son voisin de droite.
3. Chaque participant rebondit sur la dernière idée inscrite sur la feuille que lui présente son voisin de gauche.
4. Cette rotation des feuilles est réitérée jusqu'à ce que les feuilles aient réalisé un tour de table.
5. La synthèse du contenu des différentes feuilles est réalisée et affichée.

Méthodologie et conseils

La mise en œuvre du brainwriting est plus longue que pour un brainstorming, elle nécessite en moyenne de 20 à 30 minutes, avec un groupe de 5 à 8 personnes.
Pour faciliter le débriefing des idées, utilisez des Post-it collés sur une feuille A4. Chaque participant ajoute un Post-it par idée sur la feuille correspondante. À la fin de la séquence vous reportez tous les Post-it sur le mur de la salle.
Il est important que l'animateur précise que ce n'est pas un exercice d'orthographe, de manière à lever les inhibitions de ceux qui craignent de faire des fautes.
Les dessins et représentations schématiques sont également acceptés, voire fortement recommandés, car certains participants seront plus à l'aise avec ce mode d'expression de leurs idées.
Il est important que ce travail se passe dans le silence, afin que le brainwriting ne se transforme pas en brainstorming. Le cas échéant, un participant peut renvoyer sa feuille à son voisin en lui indiquant par écrit de préciser son idée.
Conseillez à chaque participant lorsqu'il reçoit l'idée de son voisin de faire attention à la première image qui lui vient à l'esprit. Cette image est un excellent tremplin pour un rebond. Rappelez que l'idée générée par rebond peut être totalement différente de l'idée initiale.

Avant de vous lancer...

- ✓ **Le brainwriting force tous les membres du groupe à s'exprimer.**
- ✓ **Cette méthode est plus propice à la réflexion personnelle.**
- ✓ **Comme pour le brainstorming, vous veillerez à assurer un certain rythme à la production des idées en cadençant l'échange des feuilles, même si aucune idée n'a été émise en rebond sur une idée précédente. Deux tours peuvent être assurés.**

Outil 31 L'inversion

> *L'inversion d'idées qui répondent à l'inverse du problème initial est d'une inutilité inversée.*
>
> Emarois Degrovier

En quelques mots

L'**inversion** consiste à rechercher, par analogie, des solutions qui visent l'objectif inverse du problème initial. Dans un deuxième temps, l'inversion de ces solutions permet de compléter une liste de premières idées ou d'en formuler de nouvelles.

CHERCHER DES SOLUTIONS POUR LE CONTRAIRE DE L'OBJECTIF INITIAL

Quel est mon problème initial ?
Améliorer le confort des sièges de voiture

Quel est mon objectif inverse ?
Garantir que le conducteur ne supportera plus son siège au bout de 5 minutes

Quelles solutions pour atteindre l'objectif inverse ?
- Des pointes émergent du siège pour piquer le postérieur du conducteur
- Le siège refroidit pour glacer le conducteur
- ...

Quelles idées nouvelles sur la base de ces solutions ?
- Reliefs qui épousent la forme du conducteur ou le massent
- Refroidissement lors des chaleurs d'été
- ...

http://dunod.link/baocrea23-006

POURQUOI L'UTILISER ?

Objectif

Aider un groupe de créativité à dépasser des points de blocages techniques ou psychologiques, en les amenant à viser le contraire de l'objectif visé.

Contexte

L'inversion est particulièrement utile pour compléter une première liste d'idées, et trouver quelques « pépites » additionnelles.

Elle permet de redonner du souffle à un groupe de créativité quand celui-ci commence à fatiguer mais également d'identifier les critères qui seront jugés rédhibitoires lors de la sélection des idées en fin de séance de créativité.

COMMENT L'UTILISER ?

Étapes

1. **Décrire** dans le détail le problème d'origine à régler.
Par exemple : comment réussir une réunion de lancement dans le cadre d'un projet ?
2. **Inviter les participants** à formuler toutes leurs premières idées spontanées par rapport au problème.
3. **Reformuler le problème** en inversant l'objectif.
Par exemple : comment être certain de faire échouer une réunion de lancement ?
4. **Rechercher des idées qui répondront à ce nouvel objectif,** en utilisant les règles du brainstorming.
Par exemple : organiser la réunion à 2 heures du matin, démotiver les équipiers du projet en montrant à quel point le projet est sans intérêt....
5. **Revenir au problème initial,** et inverser les idées qui ont été formulées lors de la phase précédente.
Par exemple : choisir le créneau horaire qui permettra à tous les équipiers d'être présents, préparer 3 arguments pour vendre l'intérêt du projet...
6. **Approfondir les idées clés.**

Méthodologie et conseils

Lorsque les participants recherchent des idées dans le cadre du problème inversé, il est important qu'ils les détaillent suffisamment. Par exemple, si un participant propose de prévoir une durée très longue afin de faire échouer une réunion de lancement, il faut lui demander de préciser ce qu'il entend par « longue » et en quoi cela va garantir l'échec de la réunion.

Il existe toujours un risque de dérapage dans le registre de la dérision lors d'une inversion (par exemple : « des extraterrestres débarquent au cœur de notre réunion ! »). Plutôt que de recadrer les participants, invitez-les, là encore, à préciser leur idée (« qui sont les extraterrestres au sein de notre entreprise selon toi ? », « à quel moment de la réunion leur irruption causerait-elle le plus de dégâts ? »).

Bien souvent, lorsqu'on revient sur le territoire du problème initial, les idées qui vont être formulées seront redondantes avec la liste des premières idées. Il convient alors de déterminer à chaque fois en quoi elles viennent les compléter ou les détailler.

Avant de vous lancer...

- ✓ **Chercher l'opposé de ce qui est réellement voulu est libérateur pour les participants, et génère très souvent une grande quantité d'énergie créative.**
- ✓ **L'inversion permet parfois de réaliser qu'une solution inversée est tout à fait intéressante.**
- ✓ **Après la phase désinhibante d'inversion, les participants d'une séance de créativité trouvent souvent le retour au problème d'origine fastidieux. Or, il est important pour la réussite de la démarche d'y consacrer le temps nécessaire.**

Outil 32 La matrice de découverte

> “ *L'heure de la fin des découvertes ne sonne jamais.*
>
> Colette

En quelques mots

Inventée et mise au point par Abraham Moles, la **matrice de découverte** est basée sur une exploitation de la logique combinatoire.
La plupart des innovations correspondent, en effet, à des combinaisons originales de solutions existantes.
Son principe de fonctionnement consiste en une analyse systématique des combinaisons possibles entre éléments, fonctions, caractéristiques d'un produit ou d'un service existant, pour identifier de nouvelles façons de le réaliser.

CRÉER DES COMBINAISONS

	Baignoire	Armoire	Lavabo	Miroir
Baignoire		Une baignoire avec des rangements latéraux pour les savons	Une baignoire avec une vasque permettant de se laver les dents	Une baignoire-miroir dans laquelle on se reflète entièrement
Armoire			Une armoire avec un lavabo qui se déploie quand on l'ouvre	Un grand miroir qui cache en réalité plusieurs tiroirs
Lavabo				Un lavabo miroir déformant pour donner envie aux enfants de se laver les dents
Miroir				

Par exemple, on veut inventer un nouveau meuble de salle de bains.

http://dunod.link/baocrea23-007

POURQUOI L'UTILISER ?

Objectif

Décortiquer un problème, un produit, un service et créer des combinaisons originales, sources d'idées nouvelles.
La matrice de découverte s'appuie sur le constat que la plupart des innovations correspondent à l'utilisation originale de solutions déjà éprouvées au sein de l'entreprise ou dans d'autres secteurs d'activité. Ainsi, en forçant l'analyse de combinaisons, des idées originales peuvent être générées. Si certaines des combinaisons identifiées correspondent à un état de l'art, d'autres beaucoup plus surprenantes vous inviteront à imaginer des solutions qui sortent des sentiers battus.

Contexte

La matrice de découverte est fréquemment utilisée pour la recherche de nouveaux produits ou services (en combinant les différents savoir-faire de l'entreprise), mais également dans des domaines tels que la veille technologique multisectorielle, la détermination de nouveaux débouchés…

COMMENT L'UTILISER ?

Étapes

1. Décomposer le problème ou l'objet en éléments et/ou fonctions et/ou caractéristiques (par exemple composants, matières, fonctions).
Par exemple, on souhaite inventer un nouveau meuble de salle de bains. On liste les éléments de la pièce : baignoire, lavabo, miroir et armoire.
2. Rajouter un intrus qui va nous aider à sortir du cadre (rose dans notre exemple).
3. Recombiner les éléments de façon systématique (lavabo/baignoire : le lavabo sert de baignoire pour bébé… Miroir/rose : un miroir qui donne bonne mine, avec des pétales de rose, customisable avec des fleurs…, etc.).

Méthodologie et conseils

La qualité et l'efficacité d'une matrice de découverte résident dans le choix des caractéristiques identifiées. L'étape de constitution de la matrice est donc très importante et constitue une difficulté de cette approche. La phase d'analyse et de pose du problème est une excellente opportunité pour « décortiquer » la question en éléments simples. Ces éléments sont des candidats pour la constitution de la matrice de découverte. Rechercher les éléments de la matrice est donc un bon moyen d'analyser le défi créatif et de s'en imprégner.
La matrice de découverte est une opporunité pour favoriser la rencontre de paramètres apparemment non pertinents entre eux, susceptibles de provoquer la surprise novatrice.
Ne pas hésiter à croiser des caractéristiques issues d'autres domaines pour favoriser la sortie du cadre et les idées originales.
Aucune combinaison ne doit être ignorée au risque de favoriser une paresse mentale. Plus les combinaisons sont farfelues, plus elles sont porteuses en germe d'idées originales. Afin de favoriser l'envie du groupe de remplir toutes les cases, n'hésitez pas à les y inviter sous forme de challenge !

Avant de vous lancer…

- ✓ **La matrice de découverte permet de limiter le nombre de cases du tableau (problème de temps d'exploration) en globalisant les caractéristiques et éléments étudiés au sein de concepts.**
- ✓ **Pensez à préparer à l'avance les axes de la matrice de découverte en posant le problème et en l'analysant dans toutes ses dimensions.**

Outil 33

Le SPIDER©

En quelques mots

Le **SPIDER©** (Système de production d'idées divergentes et réalistes) permet de formuler des idées originales de manière systématique, en suivant une logique en trois étapes :

1. Décrire les différentes dimensions rationnelles du problème initial (1er cercle).

2. Associer des images à ces premières dimensions (2e cercle).

3. Transformer ces images en idées répondant au problème initial (3e cercle).

Le nom de SPIDER© provient de la similitude entre la représentation en trois cercles et une toile d'araignée.

PASSER DU RÉEL À L'IMAGINAIRE, PUIS DE L'IMAGINAIRE AU RÉEL

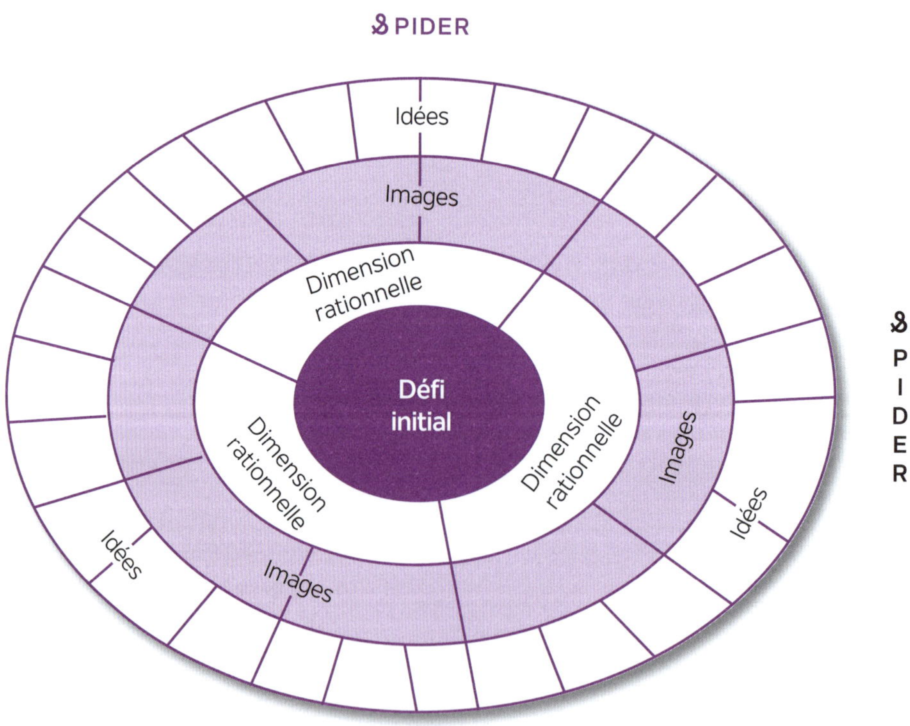

http://dunod.link/baocrea23-008

POURQUOI L'UTILISER ?

Objectifs

Formuler très rapidement des idées originales, seul ou en groupe.
Forcer des connexions de pensées inhabituelles et surprenantes.
Organiser la production créative de manière visuelle, synthétique et structurée.

Contexte

Le SPIDER est à utiliser une fois que le problème à traiter par la créativité a été clairement identifié, et qu'une première purge d'idées a été réalisée (cf. outil 28, la purge).

COMMENT L'UTILISER ?

Étapes

1. **Formuler le problème initial** (ex. : « Quel pourrait être le nom de notre nouveau shampoing ? ») et l'écrire au centre d'une feuille A3 (ou d'un *paper-board* dans le cadre d'une créativité de groupe).
2. **Décliner le problème sous plusieurs (au moins trois) dimensions rationnelles,** rédigées sous forme de verbes d'action. Inscrire ces derniers dans le premier cercle (ex. : laver, peigner, rincer).
3. **Associer au moins 3 images à chacune de ces premières dimensions** (les images ne sont pas forcément en lien direct avec le problème initial) et les écrire dans le deuxième cercle (ou alors coller des photos ou des dessins qui stimuleront encore plus le cerveau droit). Cette étape doit faire appel aux ressources du cerveau droit, et ces images éveiller l'imaginaire (ex. : laver se décline en « Kärcher, la mère Denis, serpillière »).
4. **Transformer chaque image en au moins trois idées répondant au problème initial** et les écrire dans le troisième cercle (ex. : « Kärcher » se transforme en noms de shampoing suivants : « Care-hair », qui devient « HairCare »).

Outil 28

Méthodologie et conseils

Le SPIDER fait appel à la pratique du mouvement, également utilisée par Edward de Bono dans sa démarche de pensée latérale. Il suppose en effet une gymnastique d'esprit pour passer du cerveau gauche au cerveau droit, puis pour revenir du cerveau droit au cerveau gauche.
Le passage du deuxième au troisième cercle peut s'avérer très difficile pour une personne qui a peu l'habitude de ce mouvement.
Dans le cadre d'une démarche créative de groupe, inviter chaque participant à formuler au moins une dimension (1er cercle), une image (2e cercle) et une idée (3e cercle).
On peut challenger le groupe créatif en demandant systématiquement 3 idées originales par images du 3e cercle. Ainsi, lorsqu'une idée est trouvée, le groupe rebondit sur l'idée et il n'est pas rare que plusieurs idées émergent avant de passer à l'image suivante. La promesse faite est alors que le SPIDER permet de générer au moins 27 idées originales.
Attention à ce que les images choisies dans le 3e cercle correspondent à des objets ou des concepts qui soient les plus évocateurs et concrets possibles afin que ceux-ci stimulent l'imagination.

Suite outil 33 →

Avant de vous lancer...

- ✓ **Le SPIDER© peut être utilisé dans une démarche créative individuelle. Il ne nécessite pas de préparation lourde ni de matériels particuliers.**
- ✓ **Le côté systématique garantit la production d'au moins neuf idées originales [trois dimensions (1er cercle) × trois images (2e cercle) × au moins une idée par image (3e cercle)].**
- ✓ **Le problème central doit être le plus ciblé possible pour garantir la pertinence des idées du 3e cercle.**

Suite outil 33 Le SPIDER©

COMMENT ÊTRE PLUS EFFICACE ?

Formuler la problématique initiale

L'efficacité du SPIDER© repose d'abord sur le fait que la problématique initiale soit clairement formulée. Cela suppose d'utiliser certains outils de créativité préalable (analyse fonctionnelle, veille, mots inducteurs, etc.).

Utiliser des supports visuels

Le SPIDER© individuel peut être utilisé sur une feuille A4, mais il arrive souvent que plusieurs idées naissent d'une même image au moment du passage au 3e cercle. Il est donc recommandé de travailler sur une feuille A3 pour s'autoriser à produire beaucoup plus.
Dans le cadre d'un SPIDER© collectif, il est conseillé d'utiliser au moins une page de *paperboard*, sur laquelle la toile aura été prédessinée.

Choisir les images les plus évocatrices dans le 2e cercle

Les images du 2e cercle jouent le rôle de tremplin pour trouver des idées originales dans le 3e cercle. Plus ces images seront évocatrices, plus elles aideront notre cerveau à sortir des sentiers battus et à formuler des idées Disruptives (le D du SPIDER©).
Si, par exemple, on cherche le slogan de la créativité, et qu'il faut trouver une image pour « suspendre son jugement », l'image « décoration » sera moins évocatrice que « guirlandes de Noël ». Ces « guirlandes » serviront donc de base à une idée du 3e cercle (par exemple : « la créativité, c'est produire des guirlandes d'idées qui décorent notre cerveau ! »).

Consigne

- Préparer la toile du SPIDER© sur une feuille de *paperboard*.
- Se forcer à trouver des images de 2e cercle très évocatrices.
- Accepter de tâtonner pendant les sauts discontinus entre le 2e et le 3e cercle.

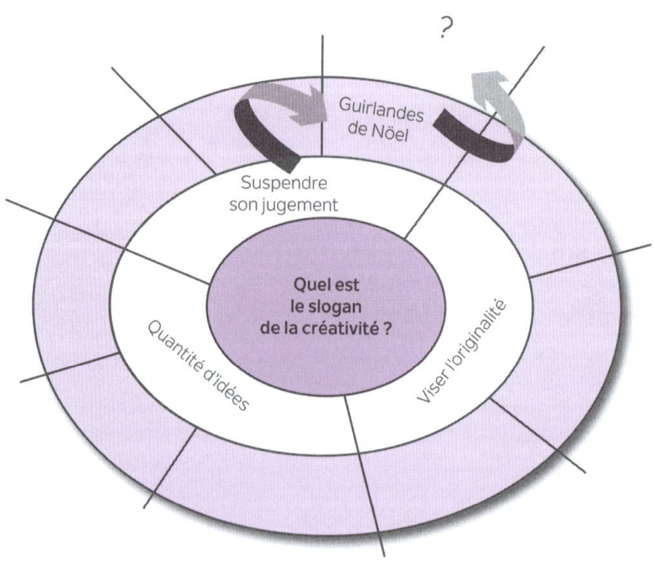

Une entreprise cherche à mobiliser ses collaborateurs autour de l'innovation

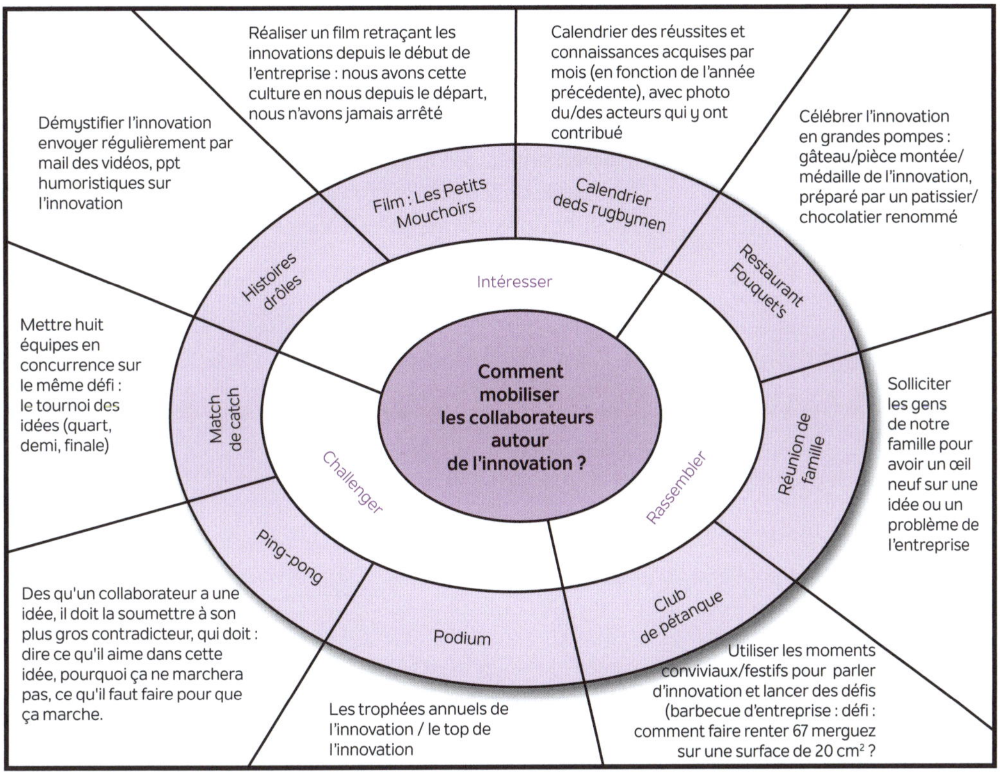

Une entreprise d'imprimerie cherchait à mobiliser ses collaborateurs autour de l'innovation afin de se différencier de ses concurrents, de plus en plus agressifs sur les prix.

Une séance de créativité a été organisée avec trois directeurs de cette entreprise.

Les trois dimensions rationnelles, en lien avec la problématique initiale, évoquées par ces trois directeurs ont été : le fait de *challenger* les collaborateurs sur le thème de l'innovation, de les *rassembler* et enfin de les *intéresser*.

Les trois images associées à chaque dimension rationnelle ont été au début assez « neutres » ; il a fallu pousser chaque directeur à aller un cran plus loin pour que ces images deviennent réellement évocatrices (par exemple, un des directeurs proposant « match sportif » pour « challenger », l'animateur lui a demandé quel était pour lui le sport le plus porteur de challenge : sa réponse a été beaucoup plus évocatrice : « un match de catch ! »).

Chaque image a ensuite été transformée en idée(s) répondant à la problématique initiale (par exemple, le match de catch est devenu un tournoi des idées, avec mise en concurrence de huit équipes).

Sur les neuf idées proposées, quatre ont été mises en œuvre.

Outil 34

Le portrait chinois

> Si j'étais un livre, je serais La Boîte à outils de la créativité.
>
> Les auteurs

En quelques mots

Le portait chinois permet de cerner des goûts, des préférences ou des perceptions concernant un produit ou service. Il se base sur un questionnaire qui amène chacun à s'identifier à des objets, des éléments ou des personnes, selon le principe suivant :
« Si la marque/le produit/le problème/était un personnage historique/une destination de voyage/..., ce serait... »

COMMENT PERMETTRE À UN COUPLE DE SPECTATEURS DE TROUVER 2 PLACES LIBRES DANS UNE SALLE DE CINÉMA BONDÉE ?

Si ces 2 places libres étaient...

POURQUOI L'UTILISER ?

Objectifs

Transposer le sujet de la démarche de créativité dans un autre univers en l'identifiant à des objets, des éléments ou des personnes.
Cerner les nuances, les perceptions collectives et individuelles par rapport à la façon dont un produit ou service est perçu.

Contexte

Le portrait chinois est souvent utilisé pour étudier les images de marques, en invitant un groupe de personnes à associer la marque à des personnages célèbres.
C'est donc un outil de créativité particulièrement utilisé dans le cadre de réunions de marketing, au moment de la création ou du repositionnement d'une offre.

COMMENT L'UTILISER ?

Étapes

1. **Préparer en amont** plusieurs thèmes ou domaines qui serviront de base au portrait chinois (par exemple : une destination de vacances, un appareil électroménager, une vedette de la chanson, un film américain, un événement historique, etc.).
2. **Bien présenter l'objet** sur lequel doit porter le travail de portrait chinois.
3. **Poser la question associée à chaque thème** : « si l'objet était un personnage historique, ce serait... ».
4. À tour de rôle, **chaque participant exprime et explique son choix.** Noter chacune des idées formulées (par exemple, dans le cas d'un catalogue de vente par correspondance : « si j'étais un animal, je serai un éléphant. Lourd, tellement lourd que personne ne peut le porter ».)
5. **Regrouper par thème les raisons de choix invoquées** par les participants pour mettre en évidence les perceptions convergentes ou divergentes concernant le sujet.

Méthodologie et conseils

Le portrait chinois peut être plus ou moins assisté. Par exemple, la question « si la marque était une destination de voyage, ce serait... » peut être assortie d'une liste de choix dans laquelle les participants seront contraints de piocher, ou bien les participants peuvent choisir eux-mêmes la réponse qu'ils souhaitent apporter.
Il est possible de concilier les deux approches avec un portrait chinois assisté dans un premier temps, puis libre dans un second temps.
Le choix des thèmes est essentiel, par la pluralité et les nuances des réponses qu'ils peuvent entraîner. Il est conseillé de pré-tester le questionnaire Portrait chinois avec un petit nombre de personnes avant de l'utiliser à grande échelle ou dans le cadre d'une séance de créativité.

Avant de vous lancer...

- ✓ **Même si l'observation en direct du répondant est essentielle, afin de percevoir les nuances de ses commentaires, le portrait chinois peut être rempli individuellement à distance.**
- ✓ **Il peut éventuellement donner des clés pour concevoir les actions de communication autour d'une offre, en se basant sur les idées de personnages, de lieux ou de situations formulées par les participants.**
- ✓ **Il faut éviter d'avoir plus de dix domaines de comparaison. Il vaut mieux en avoir moins et prendre le temps de les traiter chacun dans le détail.**

5

DOSSIER

ANIMER VOS SÉANCES DE CRÉATIVITÉ

NIVEAU « CHAMPION » !

“

L’homme ne peut découvrir de nouveaux océans tant qu’il n’a pas le courage de perdre de vue la côte.

André Gide

Pourquoi des outils de créativité niveau « champion » ?

Certaines séances de créativité peuvent laisser un sentiment de « tout ça pour ça ! » dans la tête des participants et une forme de déception face aux attentes qu'ils avaient vis-à-vis de cette séance. Les outils de niveau « champion » permettent de pallier ce manque d'originalité et d'aller chercher plus profondément des ressources créatives chez les participants.

Qu'est-ce que ces outils ont en commun ?

Tous les outils de ce dossier ont en commun de provoquer des connexions forcées entre le problème ou le défi à résoudre et des sources d'inspiration qui n'ont *a priori* rien à voir avec le problème. En forçant la coupure des modes de pensée automatique et l'activation des ressources cérébrales de notre cortex, ces outils nous permettent de générer des idées ou des amorces d'idées ayant un niveau d'originalité bien supérieur à celui d'outils créatifs faisant plus appel à la spontanéité.

En quoi ces outils peuvent-ils être déstabilisants pour les participants ?

Lors d'une séance de créativité, en forçant les participants à couper leurs modes de pensée habituels, à évoquer des images qui n'ont rien à voir avec leur milieu professionnel et à dévoiler certains aspects de leur personnalité, nous pouvons générer chez ceux-ci un sentiment d'insécurité. Ceci est vrai pour l'ensemble des outils présentés dans cet ouvrage mais les outils de niveau champion, en allant chercher des ressources et des pensées plus « intimes » sont potentiellement plus générateurs d'appréhension ou de peur.

Précautions à prendre pour utiliser ces outils en séance de créativité

- La première précaution est de rappeler lors de l'utilisation de ces outils les règles qui vont permettre au groupe de s'exprimer sans appréhension.
- La deuxième précaution est de prévenir les participants que les outils que vous allez utiliser vont faire appel à des ressources créatives qu'ils n'ont, pour la plupart, pas l'habitude d'exploiter. Proposez aux participants de partager toutes les idées, images, intuitions qui vont leur venir à l'esprit lors de l'utilisation de ces outils car celles-ci seront une formidable matière première pour le groupe pour trouver une solution originale au problème posé.
- Une troisième précaution est de laisser suffisamment de temps et particulièrement de temps de silence et de concentration pour faire émerger les idées. Le silence n'est pas l'ennemi de la créativité, bien au contraire.

Les outils

Outil 35 L'analogie

> “ Rien ne se crée, rien ne se perd, tout se transforme.
>
> Lavoisier

En quelques mots

L'utilisation de l'**approche analogique** comme « moyen privilégié de la création » a été mise en évidence par William Gordon dans le but de rendre « l'insolite familier », c'est-à-dire d'aller chercher des idées dans des domaines déjà explorés pour résoudre des problèmes. Beaucoup d'analogies sont possibles avec la nature aussi bien sur les aspects « techniques » que « sociaux ».

COMMENT FIXER DEUX ÉLÉMENTS ?

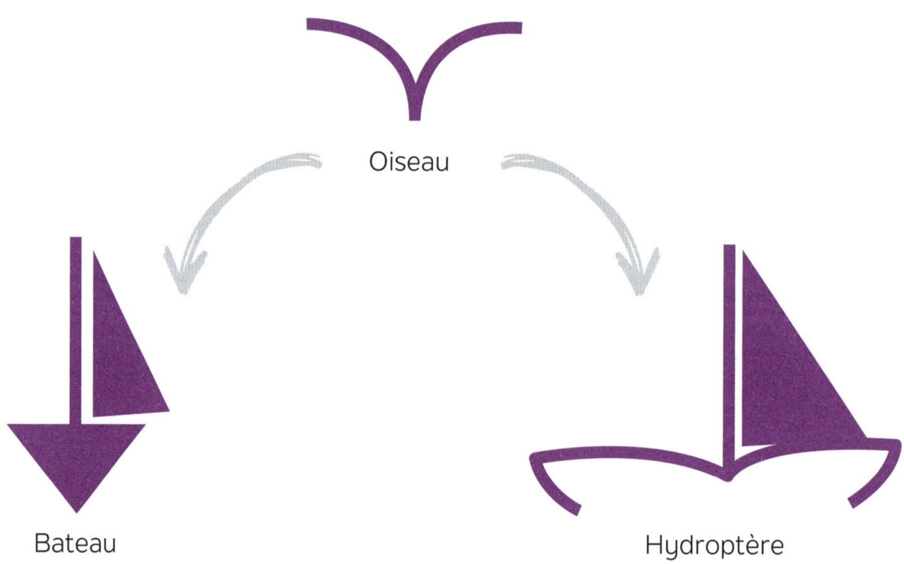

POURQUOI L'UTILISER ?

Objectif

Mettre au jour des solutions à un problème donné. Il permet d'obtenir des résultats spectaculaires dont l'exemple le plus connu est le Velcro, fruit d'une analogie entre le mécanisme d'accrochage des vêtements et la teigne de Bardane.

Contexte

Le principe de la démarche analogique consiste à établir des ressemblances entre divers domaines pour en déduire des lois, des phénomènes, des idées... L'analogie peut aller du concret à l'abstrait (symbole) ou de l'abstrait au concret (métaphore). Il existe 5 procédés d'analogie répertoriés [Jaoui, 1994] :

- la ressemblance ;
- la comparaison ;
- la parabole ;
- le schéma ;
- l'identification.

COMMENT L'UTILISER ?

Étapes

1. **Poser le problème.**
2. **Généraliser le problème** (recherche d'analogie). Il s'agit de définir le problème de la façon la plus générale, la plus abstraite possible. Cette phase d'incubation permet à chaque participant de s'approprier le problème. Par exemple, « souder deux métaux » devient « unir deux corps étrangers ».
3. **Transposer le problème** (éloignement). Il s'agit de chercher la correspondance du problème dans tous les domaines de la réalité et de l'imagination. Par exemple, « unir deux corps étrangers » est la formulation de problèmes tels que « la fixation de la moule à un rocher », « le mélange du miel dans le yaourt », « la belle et la bête »...
4. **Sélectionner quelques analogies.** On choisira de préférence les plus éloignées du problème de départ.
5. **Décoder chacune des analogies retenues.** Il s'agit d'explorer l'analogie pour en comprendre le mécanisme, le fonctionnement et traduire chaque élément du problème de départ dans le domaine analogique.
6. **Croiser les analogies et leur fonctionnement avec le problème.** Cette phase consiste à mettre en relation les pistes issues du décodage avec le problème de départ pour l'élaboration des idées.
7. **Retour au problème.** Il convient de traduire chaque idée obtenue dans le domaine du problème de départ. La traduction devra être précise, complète et concrète.

Méthodologie et conseils

L'analogie est une méthode efficace pour permettre à un groupe de travail de sortir du cadre du problème.

Dans la vie courante, l'analogie joue un rôle considérable car, de tous les modes de raisonnement, c'est le plus facile, le plus spontané.

Le raisonnement analogique stimule l'imagination et la découverte.

L'approche analogique nécessite une capacité inventive et de conceptualisation permettant de transposer les idées en solutions.

Avant de vous lancer...

- ✓ **Préparez avec soin la formulation du problème posé et les analogies associées afin de stimuler l'imagination du groupe créatif.**
- ✓ **Plus les analogies seront nombreuses et variées, plus vous aurez de chances de favoriser l'émergence d'idées nouvelles.**

Outil 36 La projection

> “
> *La photographie est la littérature de l'œil.*
> Rémy Donnadieu

En quelques mots

La **projection** permet, en stimulant l'imagination par des images photographiques concrètes ou abstraites (projection sur un support), ou par des situations réelles (projection externe), de stimuler la créativité.

Les idées jaillissent à partir du croisement entre les pensées suggérées par l'image et le problème à résoudre. Deux modalités sont possibles pour la mise en œuvre de l'outil, des images prédéfinies ou des images réalisées à partir de photos, collages ou dessins par les participants eux-mêmes.

STIMULER L'IMAGINATION PAR L'IMAGE

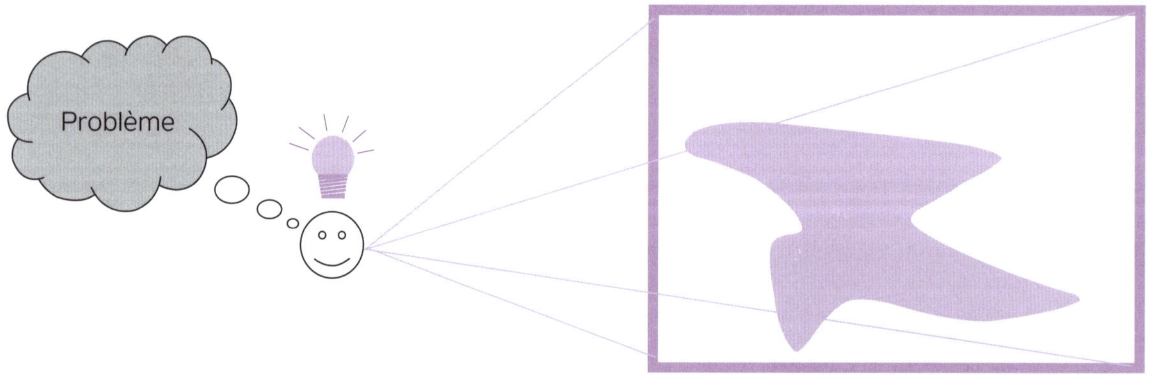

POURQUOI L'UTILISER ?

Objectif

Permettre à l'esprit créatif « d'imaginer » des solutions ou des amorces de solutions à un problème donné, en travaillant à partir de représentations réelles ou imagées.

Contexte

La projection peut être utilisée à tout moment dans une séance de créativité individuelle ou collective.
Le langage, particulièrement dans un contexte professionnel, véhicule de très nombreux codes sociaux qui peuvent être autant de freins à la libre parole et, de ce fait, à la libre-pensée, utiles à la création.
L'utilisation de l'image permet de contourner cette difficulté et d'imaginer des concepts en 2 ou 3 dimensions qui demanderaient de longs développements narratifs.
Ne dit-on pas qu'*une image vaut dix mille mots* ?

Méthodologie et conseils

Choisir des thèmes qui permettront au cerveau de s'éloigner du problème posé et de rechercher des analogies. Par exemple, pour réaménager une cabine d'avion, on pourra présenter des images d'îles paradisiaques, d'ambiances feutrées d'un club de jazz, ou toute ambiance qui évoque le bien-être et la sérénité.
Penser à alterner les thèmes proposés, des images figuratives ou non figuratives, des images en noir et blanc et des images en couleur pour ne pas focaliser l'esprit des participants.
Surprendre en présentant parfois des images qui s'éloignent très fortement du sujet ou du thème traité.
Dans le cas où les images sont remplacées par des situations réelles, on veillera également à utiliser des lieux propices à l'analogie. Par exemple, pour imaginer des moyens de transport originaux, les magasins de jouets et la nature peuvent être propices à la pensée créative.

COMMENT L'UTILISER ?

Étapes

1. **Identifier le problème à résoudre.**
2. À partir du problème posé, **préparer une série d'images** qui seront projetées ou présentées aux participants à la séance de créativité pour susciter des idées.
3. Dans une variante de la démarche, **préparer les supports**, images, photos, qui serviront aux participants à construire eux-mêmes une représentation du problème posé.
4. **Présenter chaque image** et laisser les participants exprimer ce qu'ils ressentent par rapport à ces images (éloignement au problème posé).
5. **Demander** en quoi le ressenti, les émotions éprouvées peuvent apporter des réponses au problème posé (croisement avec le problème posé).
6. **Noter les idées émises.**

Avant de vous lancer...

- ✓ **En s'affranchissant du langage des mots et des codes sociaux qui y sont attachés, la méthode de la projection permet à une pensée libre de contraintes de s'exprimer.**
- ✓ **Par son pouvoir d'évocation fort, l'image suscite des émotions immédiates qui vont favoriser l'émission d'idées.**
- ✓ **Ne pas hésiter à recadrer la pensée vers le problème posé par des phrases du type « en quoi cette idée rejoint-elle le problème posé ? ».**
- ✓ **La démarche demande une ambiance propice à l'imagination. Attention à tous les parasites qui peuvent ramener l'individu dans son environnement professionnel immédiat (salle de réunion, téléphones...). Sortir de cet environnement pour rendre la démarche plus efficace.**

Outil 37 Le consultant virtuel

> “
> *Et alors, Zorro m’a dit : “Tu n’as qu’à mettre un masque à ton idée !”*
>
> Bernardo

En quelques mots

Le **consultant virtuel** permet de se mettre dans la peau d’un personnage illustre réel ou imaginaire afin de résoudre le problème créatif posé. Comment le personnage résoudrait-il le problème et en quoi cela m’inspire-t-il des idées originales ? Le choix potentiel des personnages historiques, de bande dessinée, de littérature… est très grand et laissé libre à l’animateur de la séance créative.

SOLLICITER UNE PERSONNE EXTÉRIEURE AU PROBLÈME POUR LE RÉSOUDRE AVEC UN NOUVEAU POINT DE VUE

http://dunod.link/baocrea23-009

POURQUOI L'UTILISER ?

Objectif

Permettre aux participants d'une séance de créativité de sortir de leur logique propre et de se mettre dans la peau d'un personnage illustre réel ou imaginaire pour résoudre un problème. Les traits, attitudes et faits marquants de ce personnage sont source d'inspiration pour trouver, par analogie, des idées originales au problème posé.

Contexte

La technique du consultant virtuel peut être utilisée à l'issue d'une première phase d'émission d'idées par brainstorming par exemple. Elle permet de manière simple de relancer l'émission d'idées avec des points de vue nouveaux et sortant du cadre des participants.

COMMENT L'UTILISER ?

Étapes

1. **Préparer une liste** de 10 personnages illustres sur des petits papiers. Exemple de liste pouvant être utilisée : Charles de Gaulle, Marie Curie, Astérix, Mère Thérèsa, Obélix, Harry Potter, Einstein, Zorro, Gandhi, Gaston Lagaffe, Napoléon, Luke Skywalker.
2. **Annoncer** au groupe qu'un consultant illustre va venir les aider à résoudre leur problème.
3. **En faire tirer un au hasard** par le groupe.
4. **Poser la question :** « Comment le personnage résoudrait-il votre problème ? »
5. **Puis une deuxième question :** « Quelles idées nouvelles par analogie vous viennent-elles suite à vos propositions ? »
6. **Noter les idées émises.**

Vous pouvez ainsi recommencer une ou deux fois avec 2 autres personnages.

Méthodologie et conseils

L'outil peut être utilisé en faisant travailler le groupe sur 2 ou 3 personnages. Au-delà, une lassitude du groupe peut survenir.

Une variante de la méthode consiste à faire tirer au sort un personnage par chaque membre du groupe. Chacun répond alors aux questions individuellement et propose au moins une ou deux idées nouvelles. Ces idées sont ensuite partagées avec le groupe, qui peut rebondir sur les idées et les personnages des autres participants.

Le choix des personnages proposés doit être réalisé avec soin. Pourquoi ne pas proposer aux participants de lister eux-mêmes 10 personnages illustres avant de leur en expliquer l'utilisation ?

Ne pas hésiter à encourager le groupe à exagérer les traits des personnages pour susciter des idées décalées. L'humour dans l'exagération des traits des personnages est un excellent facteur de créativité.

Ne pas chercher à coller à la réalité historique du personnage. C'est l'image que l'on se fait du personnage qui compte. N'oublions pas que l'objectif est de faire travailler l'imaginaire des participants.

Avant de vous lancer...

- ✓ **En permettant à des personnages autres qu'eux-mêmes de s'exprimer à leur place, les participants ont plus de facilités à émettre des idées décalées.**
- ✓ **La liste des personnages à prendre en compte n'est pas limitée ou figée et peut être renouvelée en permanence en fonction de vos inspirations et du contexte.**
- ✓ **Les personnages choisis ne doivent pas être sujets à polémique ou sujets à débat politique ou religieux.**
- ✓ **S'assurer que les personnages choisis sont suffisamment connus de l'ensemble des participants. Cela est particulièrement vrai en contexte international, où les références culturelles sont très différentes.**

Outil 38 Le rêve éveillé

> Un phénomène est certain et j'en garantis la certitude absolue : l'apparition soudaine et immédiate d'une solution au moment même d'un réveil brusque.
>
> Jacques Hadamard

En quelques mots

Le **rêve éveillé** est un voyage individuel ou collectif dans le monde onirique, dans le but d'y trouver des idées nouvelles.
Il s'appuie sur les ressorts fantasmatiques des participants, et repose sur la construction d'une histoire imaginaire, dont le point de départ sera un objet ou une situation problématique.

UN RÊVE ÉVEILLÉ APPLIQUÉ À LA RECHERCHE DE JOUETS MUSICAUX POUR ENFANTS

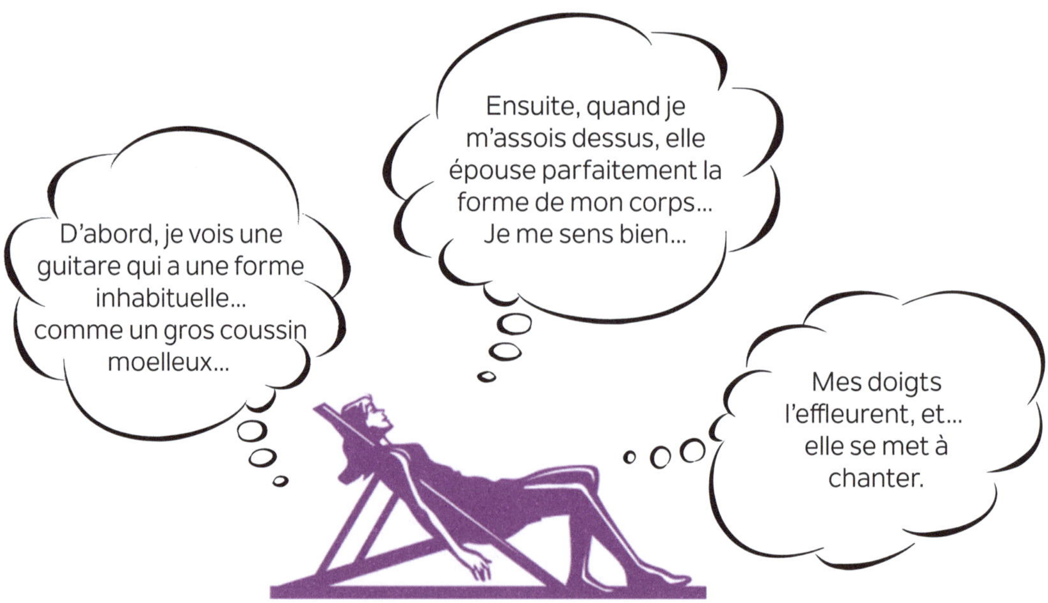

Exemple de rêve éveillé appliqué à la recherche de jouets musicaux pour les enfants

POURQUOI L'UTILISER ?

Objectifs

Exploiter des processus inconscients du rêve pour brouiller les cadres de référence normatifs.
Passer par une étape symbolique avant de formuler des idées en lien avec le monde réel.

Contexte

Le rêve éveillé est particulièrement adapté quand on est dans une logique exploratoire, à contre-courant des codes classiques : révéler l'univers d'une marque, d'un nom, d'un produit ou d'un service.

COMMENT L'UTILISER ?

Étapes

Cette approche a été décrite par Guy Aznar, sur la base des travaux d'Arthur Koestler.

1. **Allonger les participants en étoile**, la tête au centre, et les inviter à se détendre, les yeux fermés.
2. **Expliquer que la dimension fantastique est autorisée, mais n'est pas une fin en soi** (éviter le syndrome de la transgression pour la transgression, qui transforme le rêve en aventure à vocation purement comique).
3. **Prendre un objet ou une situation réelle, en lien avec le problème à résoudre,** et demander à un participant de le décrire, de la manière la plus imagée possible. Par exemple, si un participant évoque « un canapé confortable », lui demander de quelle couleur il est, s'il est recouvert d'un tissu, combien il y a de coussins… afin que tous les participants puissent se représenter une image commune de ce canapé et partager plus facilement le rêve.
4. **Inviter un autre participant à démarrer une histoire** à partir de cet objet ou de cette situation, en utilisant un personnage imaginaire, puis demander à son voisin de la continuer. Une fois que la vitesse de croisière est atteinte, chacun peut intervenir quand il le souhaite.
5. **Noter** en parallèle toutes les idées qui sont formulées lors du récit.

Méthodologie et conseils

Un rêve éveillé peut se dérouler seul ou avec un groupe de 6 ou 7 personnes, pendant 30 minutes et jusqu'à 2 heures environ.
Afin de créer les conditions qui vont favoriser le voyage onirique, il est recommandé d'utiliser une lumière tamisée, une musique douce et de s'assurer que le sol est suffisamment confortable (ou alors prévoir des matelas).
Il peut y avoir deux manières de prolonger l'expérience du groupe :

- Demander aux participants de se projeter à la place du personnage imaginaire qui servait de guide à l'histoire : ils passent donc de spectateurs à acteurs.
- Introduire progressivement une dimension fantastique dans le récit : « soudain, alors que nous sommes allongés sur le canapé, quelque chose d'étrange se produit… »

Avant de vous lancer…

✓ **Le fait que la dimension fantastique soit autorisée permet aux participants de formuler plus facilement des idées qui sortent du réel.**

✓ **Le rêve éveillé peut cimenter un groupe ou développer son potentiel créatif, car il lui permet de créer collectivement une histoire commune.**

✓ **Il est recommandé de maîtriser des notions de psychologie, car certaines réactions de participants peuvent être surprenantes.**

✓ **Passer de la dimension symbolique à la dimension réelle demande de l'expérience. Il est donc conseillé de pratiquer le rêve éveillé dans un cadre individuel dans un premier temps.**

Outil 39

Les mots inducteurs

> Les mots donnent, en moyenne, autant d'idées que les idées donnent de mots.
>
> Paul Valéry

En quelques mots

L'outil des **mots inducteurs** vise à suggérer des reformulations du problème surprenantes, en jouant sur des associations de mots qui stimulent l'imaginaire. Il est souvent utilisé pour relancer une séance de créativité.
On pourrait l'appeler l'outil « stimuli ».

STIMULER DES ANGLES D'APPROCHE NOUVEAUX EN SE FORÇANT À UTILISER DES MOTS INSOLITES

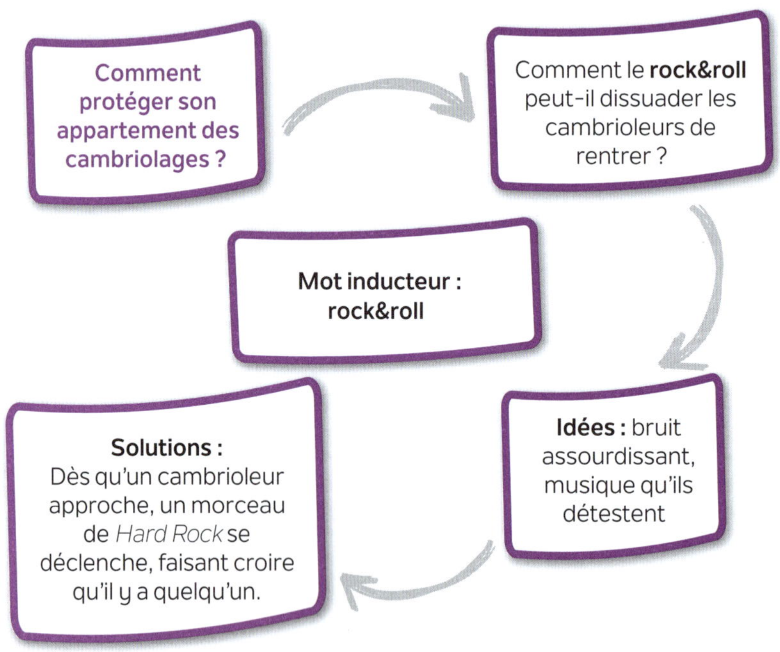

POURQUOI L'UTILISER ?

Objectifs

Mettre les participants d'un groupe créatif sur le chemin du détour (démarche qui consiste à « penser à côté »).
Proposer des angles d'approches très différents du problème initial pour favoriser la phase de production d'idées.

Contexte

Les mots inducteurs sont particulièrement adaptés quand on pense qu'un groupe a une vision très étroite du problème et qu'il risque de s'enfermer dans ses contraintes existantes.
Ils sont souvent utilisés pour relancer une séance de créativité, et jouer le rôle de « stimuli ».

COMMENT L'UTILISER ?

Étapes

1. **Exposer le problème** au groupe de travail et se mettre d'accord sur une formulation synthétique par une phrase commençant par « comment » (exemple : comment empêcher à la poussière de blé de s'introduire dans le système de refroidissement par air de la moissonneuse-batteuse ?).
2. **Choisir des mots inducteurs** (on entend par inducteur un terme qui sert de point de départ à une association d'idées). Ce choix peut être fait soit à partir de mots « particulièrement évocateurs », soit à partir de mots dérivés du problème, ce qui est le procédé le plus efficace (par exemple : poussière de blé évoque poux-scie, pousser...).
3. **Mettre en relation** le problème avec une liste de mots inducteurs :
• externes au problème : religion, nature, soleil... poussière/soleil : comment faire s'évaporer la poussière de blé avant qu'elle ne s'introduise dans le système de refroidissement par air ? Ou comment rendre la poussière de blé chaude et collante ?
• issus du problème : comment se débarrasser des poussières de blé qui s'accrochent dans les conduits d'aération (comme les poux) ? Comment pousser les poussières à l'extérieur du système de refroidissement des machines ?
4. **Noter les idées** et les évaluer.

Méthodologie et conseils

Une mise en œuvre des mots inducteurs nécessite en moyenne entre 10 et 15 minutes pour la production d'idées.
La liste de Kent et Rozanoff constituée de mots particulièrement évocateurs pourra être utilisée : table, sombre, musique, mal au cœur, homme, profond, mou, affamé, montagne, maison, noir, mouton, confort, main, court, fruit, papillon, moelleux, commandement, chaise, sifflement, femme, froid, lent, souhait, rivière, blanc, beau, fenêtre, rugueux, citoyen, pied, araignée, aiguille, rouge, sommeil, colère, tapis, fille, haut, travailleur, aigre, estomac, tige, lampe, rêve, jaune, pain, justice, garçon, lumière, santé, bible, souvenir, troupeau, bain, chaumière, rapide, bleu, affamé, prêtre, océan, tête, poète, long, religion, whisky, enfant, amer, marteau, assoiffé, cible, square, beurre, docteur, fort, voleur, lion, joie, lit, lourd, tabac, bébé, lune, ciseaux, calme, vert, sel, roi, fromage, fleur, effrayé.

Avant de vous lancer...

✓ **Il s'agit d'un outil de relance et d'animation efficace quelle que soit la phase de créativité (pose du problème, production, sélection des idées).**

✓ **Ne pas abuser de « mots inducteurs » trop en décalage, qui risqueraient de décrédibiliser la démarche et de bloquer les participants ou de les emmener sur un terrain trop ludique.**

Outil 40 Le portrait en creux

> “
> *Toute chose énoncée veut aussi dire son contraire et autre chose.*
>
> Jim Morrison

En quelques mots

Le **portrait en creux** ou antiportrait est un outil de créativité visant à préciser une problématique par la définition de ce qu'elle n'est pas. En effet, le cerveau humain détermine plus facilement ce qui n'est pas que ce qui est.
Par contraposée, la détermination de ce qui n'est pas, permettra d'identifier ce qui est sous un angle nouveau et de susciter des idées de solution au problème posé.

IDENTIFIER « CE QUI N'EST PAS »
POUR IMAGINER « CE QUE ÇA PEUT ÊTRE »

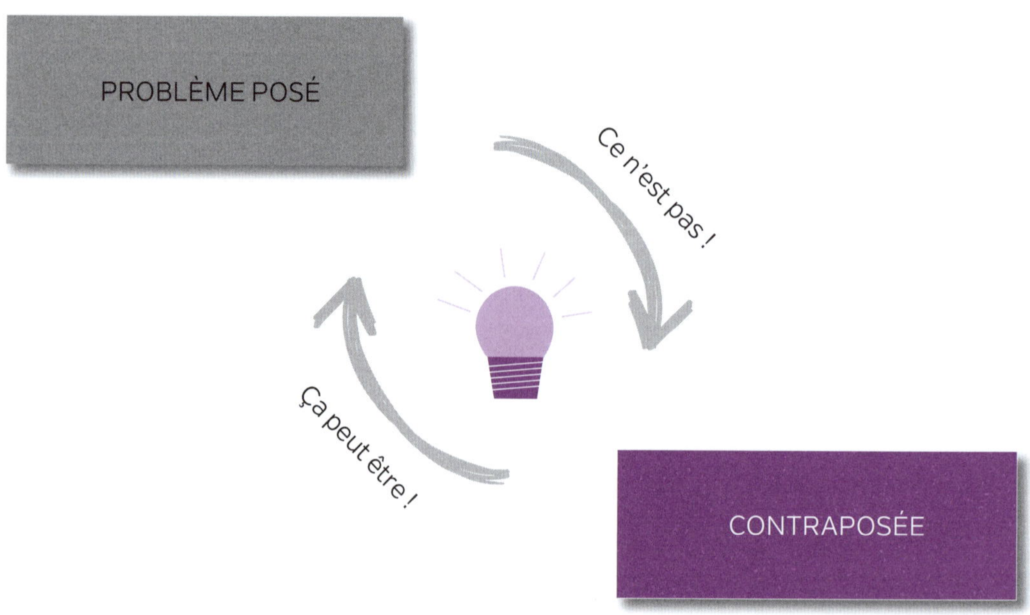

POURQUOI L'UTILISER ?

Objectif

Jouer sur la capacité du cerveau humain à déterminer plus aisément le contraire d'une problématique que la problématique elle-même.
Ainsi, en déterminant simplement tout ce que n'est pas le problème posé, vous sortez du cadre strict de ce problème et explorez de nouveaux horizons.

Contexte

Le portrait en creux peut être utilisé à tout moment dans le cadre d'une séance de créativité soit pour préciser le problème posé au début de la séance, soit pour générer de nouvelles idées à l'issue d'un brainstorming ou d'un brainwriting par exemple. L'identification de ce que « le problème n'est pas » peut également permettre de mieux sélectionner, en fin de séance, les idées qui ont été formulées.

COMMENT L'UTILISER ?

Étapes

1. **Définir la situation, le produit, le problème par ce qu'il n'est pas.** Noter tous les éléments au tableau. Par exemple, vous cherchez des idées pour l'organisation d'un événement d'entreprise.
Vous définissez « tout ce que le séminaire n'est pas » : une fête de charité, un meeting syndical, le festival de Cannes, le salon de l'agriculture...
2. **Reprendre chaque élément négatif un par un** et demander à un participant de décrire cet élément en plein, en rapport avec le thème exploré.
Pourquoi notre événement n'est-il pas le festival de Cannes ? – Notre événement n'est pas une compétition.
En revanche, le thème du cinéma est universel et peut rassembler des populations internationales.
3. **Recueillir les idées suscitées par ce nouvel éclairage du problème posé.**
Par exemple, pourquoi ne pas prendre le thème du cinéma pour votre séminaire.

Méthodologie et conseils

Lors de la première étape, rester si possible en proximité de l'univers initial. Par exemple, dire que le séminaire n'est pas un animal de compagnie peut être très stimulant pour certains (chiens > croquettes > proposer des aliments faciles à manger sans couverts), il risque d'en déstabiliser beaucoup d'autres !
Laisser le temps aux participants d'explorer et de synthétiser la deuxième étape de l'outil (l'écriture en plein) car de la qualité de cette expression dépendra l'émission des idées.
Ne pas hésiter à provoquer les participants en soumettant l'idée : pourquoi pas ? Dans bien des cas, le « ce n'est pas » pourra devenir un « c'est possible moyennant... ».
On peut former des équipes et leur demander de tourner un film sur smartphone avec les monuments marquants de l'année. Tous voteraient pour les films des autres et plusieurs prix seraient attribués.

Avant de vous lancer...

- ✓ **Cette méthode permet de sortir des sentiers battus et du strict problème posé. En explorant d'autres mondes connexes au problème posé, des nouveaux éclairages sont apportés.**
- ✓ **Ne vous éloignez pas trop du problème initial dans l'expression de « ce n'est pas ». Veiller à ce que ces éléments aient un rapport avec le sujet.**
- ✓ **Forcez les participants à connecter le « ce n'est pas » avec la problématique initiale.**

Outil 41 La pensée latérale

> « Réfléchir, c'est déranger ses pensées.
> Jean Rostand

En quelques mots

La **pensée latérale** est une méthode de production d'idées, développée par Edward de Bono, afin d'explorer des possibilités et des approches multiples qui se substituent à une vision unique.
Elle consiste à formuler les perceptions que nous avons sur une problématique, à utiliser des « provocations » qui vont bousculer ces perceptions, et une mécanique de « sauts discontinus » pour imaginer des solutions originales et réalistes.

MODIFIER NOS PERCEPTIONS ET EN CRÉER DE NOUVELLES

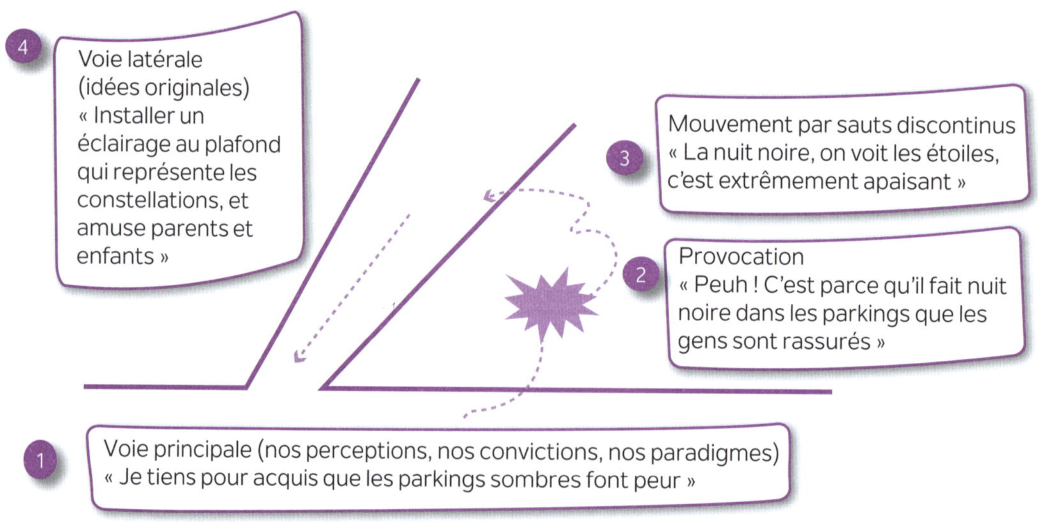

http://dunod.link/baocrea23-010

POURQUOI L'UTILISER ?

Objectifs

Prendre conscience de ses blocages individuels et les dépasser.
Sortir des sentiers battus en utilisant des processus cognitifs conscients, partant de la réalité, à l'inverse (ou en complément) des techniques de détour par l'inconscient comme le brainstorming.

Contexte

La pensée latérale peut être utilisée dans un cadre individuel et collectif. Elle ne nécessite pas de « contexte créatif » lourd (on peut pratiquer la pensée latérale en « gardant sa cravate ») et le fait qu'elle démarre sur des bases rationnelles peut rassurer les personnes peu adeptes des outils de créativité qui font appel au subconscient.

COMMENT L'UTILISER ?

Étapes

1. **Exprimer les convictions que nous pouvons avoir en nous par rapport à une problématique :** ce sont les « voies principales » qui sillonnent notre cerveau. Ces voies représentent les *patterns* personnels ou culturels préconstruits que notre cerveau utilise naturellement car ils ne lui demandent pas beaucoup d'efforts (ex. : « je tiens pour acquis que les parkings sombres sont inquiétants pour les clients »).
2. **Formuler et affirmer une « provocation »,** qui a pour principal bénéfice de permettre au penseur d'affirmer quelque chose qui trouvera sa raison d'être *a posteriori*. La provocation peut être tellement absurde que de Bono suggère de la précéder par l'abréviation « PO » (Provocation Operation), afin de forcer notre cerveau à l'accepter (ex. : « PO, plus le parking est sombre, plus les clients sont heureux de venir et se sentent en confiance »).
3. **Identifier les bénéfices de cette provocation par rapport à la problématique initiale** (ex. : « un parking qui évoque une nuit étoilée et nous donne l'impression de voyager entre les galaxies »).
4. **Chercher des solutions concrètes pour exploiter ces bénéfices** (ex. : « installer un jeu de lumières qui évoque des constellations »).

Méthodologie et conseils

Si un animateur souhaite l'utiliser dans le cadre d'une séance de créativité, il est recommandé de préparer et de présenter plusieurs exemples, afin de familiariser les participants avec les aspects surprenants de la méthode (le « PO », les sauts discontinus).
Lors de la deuxième étape, la provocation peut être très difficile à admettre par les participants. Une manière de la rendre acceptable est de leur raconter une histoire en imaginant que vous êtes 3 ans dans le futur : « à une époque, nous pensions que [*notre conviction actuelle*] était la bonne chose à faire, que c'était normal. Vous vous en souvenez ? Heureusement que nous avons changé d'avis, car, aujourd'hui, en ayant adopté [*la provocation*], notre vie est bien meilleure ».
Dans la mesure où la pensée latérale oblige le cerveau à quitter ses « zones de confort » et ses schémas préconstruits, elle fatigue rapidement les participants. Par conséquent, il vaut mieux l'utiliser quand les participants sont encore en forme.

Suite outil 41 →

Avant de vous lancer...

- ✓ **La pensée latérale est particulièrement adaptée pour les personnes qui souhaitent évoluer dans la créativité pas à pas, et ne croient pas au brainstorming.**
- ✓ **La pensée latérale suppose une gymnastique mentale, que de Bono appelle le « mouvement », qui va faciliter les sauts discontinus entre le réel, l'absurde et le retour au réel.**

La pensée latérale

COMMENT ÊTRE PLUS EFFICACE ?

Formuler la problématique initiale

L'efficacité de la pensée latérale repose tout d'abord sur le fait que la problématique initiale soit clairement formulée. Cela suppose d'utiliser certains outils de créativité préalable (analyse fonctionnelle, veille, questions paradoxales, etc.).

Oser des provocations provocatrices

La provocation s'opère par l'intermédiaire d'une technique appelée « pierre de gué ». Elle consiste à introduire des distorsions, à exagérer ou inverser certains éléments du paradigme initial.

Elle sera d'autant plus efficace qu'elle remettra en question les fondements du système ou de l'approche visée. De fait, la provocation apparaîtra souvent, dans un premier temps, comme fantaisiste, parfois irréaliste, voire transgressive. En tout cas, elle ne semble pas acceptable *a priori*.

C'est une sorte d'expérimentation qu'on fait dans la pensée, afin de nous faire dévier de la voie principale.

Rester en mouvement

Le challenge va consister à rendre cette « parenthèse de folie » réaliste et acceptable *a posteriori*.

C'est l'objectif du « mouvement », cette mécanique de sauts discontinus qui visent à remonter au point de partance, à la voie principale, en ouvrant la route à une nouvelle idée.

Dans la mesure où notre cerveau a du mal à quitter ses zones de confort, il risque de revenir rapidement à la voie principale, rationnelle, sans avoir glané d'idées originales au passage. C'est pourquoi il faut souvent s'y prendre à plusieurs reprises pour trouver des idées nouvelles.

Valider la provocation *a posteriori*

Il est essentiel de s'assurer que les idées que nous avons trouvées dans notre phase de mouvement nous permettent de cautionner la provocation initiale.

C'est d'une part un moyen de rendre ces idées encore plus robustes, et d'autre part une clé pour « déverrouiller » notre cerveau en lui montrant que les voies latérales sont tout aussi acceptables que les voies principales.

Pour cela, il est utile de bien choisir la provocation, d'accepter de tâtonner pendant les sauts discontinus et de se forcer à revenir au réel et à trouver des solutions vraisemblables.

Par exemple, imaginons que pour réduire le temps passé devant les écrans par nos enfants, nous tenons pour acquis l'affirmation suivante : « je dois interdire l'usage du smartphone à table ». Attention, cela va faire PO : « PO, mes enfants n'ont pas le droit de se mettre à table s'ils n'ont pas leur smartphone en main. » Si cette formulation est dure à accepter, c'est qu'elle est bonne !

Exemple

La promotion d'un ouvrage sur la créativité

Étape 1 Mes paradigmes sur le sujet	**Étape 2** Génération de propositions totalement contraires aux paradigmes de l'étape 1	**Étape 3** Recherche des effets avantageux apportés par les idées générées à l'étape 2	**Étape 4** Génération d'idées de solutions présentant les effets avantageux de l'étape 3
Qu'est-ce que je tiens pour acquis, quelles sont mes certitudes par rapport au sujet ?	Je prends un contre-pied total de mes certitudes. Cela peut être tellement absurde que je précède ce contre-pied du mot « PO », qui signifie *Provocation Operation*.	Je recherche en quoi ma proposition absurde pourrait avoir de l'intérêt, de véritables bénéfices par rapport au sujet.	J'imagine maintenant quelles solutions je pourrais mettre en œuvre pour profiter de ces bénéfices.
Je tiens pour acquis qu'il faut donner un résumé de l'ouvrage aux futurs lecteurs pour leur donner envie de l'acheter.	PO, il faut donner l'ouvrage complet aux lecteurs pour leur donner envie d'acheter le résumé.	La version complète de l'ouvrage, bien plus qu'un simple résumé, permet aux lecteurs potentiels de se rendre compte de l'intérêt de ce dernier pour eux. Le résumé peut être moins cher à imprimer, dans la mesure où il comporte moins de pages que l'ouvrage complet.	Proposer une version digitale de l'ouvrage très complète (500 pages, avec une multitude de références et de schémas qui rendent sa lecture intéressante mais complexe). Proposer aux lecteurs qui ont téléchargé cette version d'acheter une version imprimée « allégée » et beaucoup plus facile à lire, car se concentrant sur les messages clés.
Je tiens pour acquis que la couverture de l'ouvrage (titre, auteur et image) doit représenter clairement le contenu de ce dernier.	PO, j'utilise la couverture d'un autre ouvrage, avec une thématique complètement différente, pour faire la promotion de mon ouvrage.	La couverture peut être tellement surprenante qu'elle va donner envie aux lecteurs qui ne seraient pas naturellement intéressés par un ouvrage sur la créativité de le prendre et de l'ouvrir.	Utiliser les codes du roman noir ou de la science-fiction pour attirer le regard. Proposer une sur-couverture très surprenante, avec la couverture « normale » juste en dessous.

6 DOSSIER

LE DESIGN THINKING

« Ne pensez pas. La pensée est l'ennemie de la créativité. C'est conscient, et tout ce qui est conscient est mauvais. Vous ne pouvez pas essayer de faire des choses. Vous devez simplement faire ces choses.

Ray Bradbury

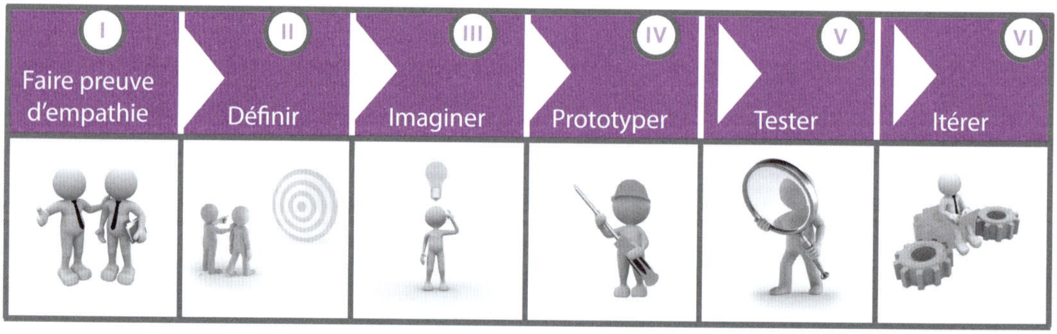

Qu'est-ce que le design thinking ?

Le design thinking est une approche d'origine californienne qui consiste à s'inspirer du mode de pensée des designers pour innover dans tous les domaines.

C'est une approche de « faiseurs », où tout est concentré vers l'action, la mise en œuvre opérationnelle et le test des idées, dans le but d'apporter la meilleure valeur possible à des utilisateurs.

Comment expliquer l'essor du design thinking ?

L'essor du design thinking est étroitement lié à un changement de paradigme dans notre économie. Les produits et les services s'étant standardisés, l'enjeu est d'obtenir un engagement plus fort de la part des utilisateurs, au travers du design d'expériences centrées sur eux.

Quelles sont les différentes étapes d'une démarche de design thinking ?

- **Faire preuve d'empathie :** l'objectif de cette étape est de s'immerger dans l'identité, les besoins et les contraintes des utilisateurs de la solution développée. Il s'agit de se mettre au maximum à leur place, d'établir ce que les utilisateurs font (*do*), pensent (*think*), ressentent (*feel*) et disent (*say*), avec une démarche qui s'approche de l'observation ethnologique.
- **Définir :** après cette phase d'immersion, il est possible de définir explicitement la question à traiter dans le cadre de la démarche de design thinking. Cette étape peut notamment faire appel aux outils de pose du problème de cet ouvrage.
- **Imaginer :** lors de cette étape, l'équipe déploie les outils de génération d'idées qui se trouvent également dans cet ouvrage, afin d'imaginer une palette de solutions répondant au problème défini.
- **Prototyper :** c'est dans cette étape que le design thinking révèle tout son potentiel, avec sa culture du faire, du concret, du visuel. L'objectif est ici de donner une forme à l'idée, de la matérialiser, avec le coût le plus faible possible.
- **Tester :** la démarche de test consiste à collecter un maximum de *feedbacks* des utilisateurs, sur la base des prototypes qu'on leur soumet, afin d'enclencher des boucles d'amélioration.
- **Itérer :** les erreurs sont fortement tolérées, voire recommandées, dans une logique de *fail often, fail sooner* (les coûts de prototypage étant faibles, il y a peu de risques à réaliser plusieurs versions d'une solution, en l'améliorant à chaque fois).

Les outils

Outil 42 Persona

“

On ne connaît personne sinon par l'amitié.

Saint Augustin

En quelques mots

Un **persona** est un utilisateur type, une représentation fictive des utilisateurs cibles d'une solution, qu'on peut utiliser pour fixer des priorités, guider des décisions de conception et d'ergonomie et tester les scénarios les plus prioritaires.
Cette méthode, inventée par Alan Cooper en 1999 dans son best-seller *The Inmates are running the asylum*, permet d'offrir à l'équipe de développement une vision partagée des utilisateurs d'un produit, en insistant sur leurs objectifs, leurs attentes et leurs freins potentiels, et en proposant un format visuel des plus engageants.

EXEMPLE DE PERSONA UTILISÉ DANS LE CADRE DU DÉVELOPPEMENT D'UNE NOUVELLE SOLUTION D'APPRENTISSAGE

Identité • 24 ans, célibataire • Habite Massy • Chercheuse d'emploi • Licenciée en droit • Colocataire d'un 4 pièces • Revenus actuels : environ 15 k€ annuels	**Contexte** • Aeon a déjà travaillé 18 mois, enchaînant 2 CDD, en tant que téléopératrice et cherche un nouvel emploi salarié • En faisant un test de positionnement dans un magazine, elle s'est rendu compte qu'elle n'avait pas bien négocié son dernier salaire • Elle souhaite apprendre les bons trucs/astuces pour mieux négocier sa rémunération lors de son prochain entretien
Contraintes • Budgétaire : maxi : 30€. Ne paiera que si elle est sûre qu'elle obtiendra mieux que ce qu'elle a eu gratuitement. • A besoin que la formation soit recommandée (copine, Web) • Est habituée à des contenus ludiques, des tests et a besoin d'une formation amusante, en modules courts	**Tactiques d'apprentissage actuelles** • Son 1er réflexe : demander aux amis, se benchmarker, échanger des conseils • Elle est allée sur des forums et sur YouTube : elle n'hésite pas à poser des questions et émettre des avis • Elle lit beaucoup de magazines • Sur les conseils d'une copine, elle a suivi 1/2 journée de formation "Comment négocier son salaire" dispensée par une association locale
Besoins spécifiques • Avoir accès à l'information/formation lorsque le besoin (opérationnel) est là : tout de suite ! • Clarté (presque des recettes, trucs et astuces, méthodologies simples avec des exemples) • Des exemples concrets vécus par d'autres, besoin d'échanger avec d'autres et d'avoir des réponses concrètes à ses questions spécifiques (cas concrets) • Pouvoir expérimenter des mises en situation • Pouvoir le partager, l'offrir à une copine • Pouvoir être guidée dans ses choix, pouvoir comparer et tester avant d'acheter (si payant !)	**Motivation** • Haute ponctuellement si un besoin est urgent, selon son actualité du moment • Sinon Moyenne. Ne veut pas s'ennuyer • N'hésite pas à tester si cela demande un engagement faible de sa part au départ • Et si la formation était aussi un moyen de se faire connaître / repérer par un recruteur ? (opportunité d'agrandir son réseau, d'être visible)

POURQUOI L'UTILISER ?

Objectifs

Projeter l'équipe de développement d'une solution dans les besoins et contraintes de l'utilisateur final. Bénéficier en permanence du point de vue de l'utilisateur, quand il n'est pas possible de le mobiliser physiquement, afin d'aider l'équipe à se fixer des priorités et à guider des décisions de conception.

Contexte

La production d'un persona se fait en amont d'un projet de développement de solutions, avec l'équipe chargée de ce développement, afin que chaque membre de l'équipe puisse contribuer à sa création et s'imprégner au plus tôt des besoins et contraintes des futurs utilisateurs.

COMMENT L'UTILISER ?

Étapes

1. **Choisir** les caractéristiques du persona que l'on souhaite documenter. Celles-ci sont variables selon la solution développée, mais elles recouvrent en général les points suivants :
• le type d'utilisateur : âge, genre, profession, catégorie socioprofessionnelle, etc. ;
• les besoins ou les objectifs vis-à-vis du produit à développer ;
• les critères de choix ;
• la façon de se servir du produit, le contexte d'utilisation ;
• l'expertise du domaine/du produit.
2. **Préparer** une feuille de *paperboard* sur laquelle les titres de ces caractéristiques seront notés.
3. À l'aide d'un brainstorming, **inviter** l'équipe de développement à définir dans un premier temps l'identité de l'utilisateur : son nom, ses passions, etc. C'est une première étape facile à franchir et qui permet à l'équipe de commencer à incarner l'utilisateur.
4. **Compléter** ensuite les autres caractéristiques du persona.

Outil 29

5. **Donner** une apparence visuelle au persona, soit au travers d'un dessin représentatif, soit au travers de photos découpées dans des magazines.
6. **Faire valider** la pertinence du persona en termes de représentativité à un utilisateur.
7. **Afficher** le persona dans l'espace de travail de l'équipe.
Pour toute décision relative au design de la solution, poser la question : « Qu'en penserait [nom du persona] ? »

Méthodologie et conseils

Dans le cas où plusieurs profils d'utilisateurs existent vis-à-vis d'une même solution, il est possible de distinguer deux types de personas :
• Le persona primaire définit l'archétype pour lequel la solution est conçue et qui doit être totalement satisfait par cette dernière. Il n'y a normalement qu'un seul persona primaire.
• Les autres personas sont qualifiés de secondaires : ils se satisferont de la solution même si elle ne répond pas exactement à leurs attentes.

Avant de vous lancer...

✓ **La construction d'un persona peut prendre une dimension très ludique : bien vérifier que l'utilisateur fictif créé par le groupe soit crédible et représentatif du besoin auquel il faut répondre.**

Outil 43 Le parcours du client

> *Les pierres font partie du chemin.*
>
> Proverbe roumain

En quelques mots

Le **parcours du client** permet de se mettre à la place du client, en vivant de manière imaginaire ou simulée l'expérience de notre produit ou de nos services. Par exemple, un représentant de commerce arrive dans un hôtel pour la nuit. Quelles sont ses attentes tout au long de son parcours ?

Cette expérience permet d'identifier les éléments critiques de l'offre vis-à-vis des clients, dans chacune des phases de l'utilisation, depuis le premier contact jusqu'à la fin de l'utilisation du produit ou du service. Cette formalisation permet, par la prise de conscience qu'elle génère, de faire émerger de nouvelles idées relatives à l'utilisation des produits ou des services.

SE METTRE À LA PLACE DU CLIENT

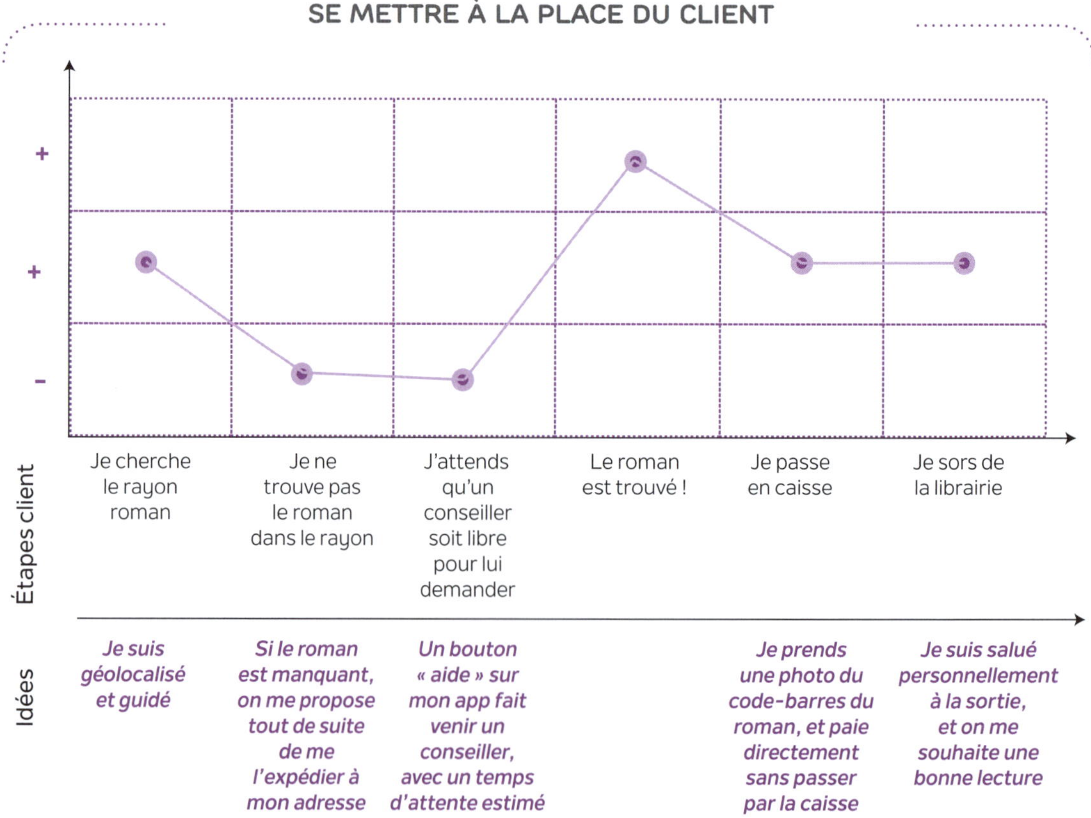

http://dunod.link/baocrea23-011

POURQUOI L'UTILISER ?

Objectifs

Prendre conscience de ce que souhaite l'utilisateur du produit ou du service et d'imaginer des solutions qui répondent à ses attentes.
Par une approche systématique, tous les aspects liés à l'offre sont examinés dans tout le cycle de vie du produit. Cette méthode permet donc de susciter des idées dans des domaines connexes à l'usage premier du produit ou du service (par exemple l'utilisation du parking d'un hôtel).

Contexte

Le parcours du client peut se réaliser dans un cadre individuel ou collectif. Toutefois, par la prise de conscience qu'elle génère, une démarche collective est souhaitable.

COMMENT L'UTILISER ?

Étapes

1. Prendre une grande feuille (A3 ou *paperboard*), et dessiner une ligne verticale qui va correspondre aux états émotionnels du client : émotion positive/neutre/négative (que vous pouvez représenter par des smileys).
2. Lister, sur des Post-it, toutes les situations de vie du produit ou du service, depuis le premier contact client jusqu'à la fin de l'utilisation ou la destruction. Coller ces situations sur une ligne horizontale, sous forme d'un parcours ou couloir depuis la première jusqu'à la dernière phase.
3. Pour chacune des situations, se poser les questions : « qu'est-ce que je ressens en tant que client à cette étape ? », « qu'est-ce qui me fait ressentir cette émotion ? ». Positionnez un point au-dessus de l'étape au niveau du smiley correspondant.
Une fois l'ensemble des points positionnés, vous disposez d'une cartographie de l'expérience vécue par le client, avec ses hauts et ses bas.
4. Commencer alors le travail de génération d'idées. Pour les situations qui génèrent des émotions négatives ou neutres, poser la question : « que pourrions-nous faire pour que cette étape génère des émotions positives chez le client ? »

Méthodologie et conseils

Cet outil, simple d'utilisation, peut s'avérer lourd à mettre en œuvre si le nombre de phases du cycle de vie est trop important. Après une première ébauche des phases, ne pas hésiter à les reprendre et à assembler celles qui correspondent à des attentes de même nature.
En fonction du problème de créativité traité, on peut décider de ne traiter que quelques phases ciblées du cycle de vie.
Ne pas hésiter à utiliser des techniques de mime, de dessin, de sketch... Toutes ces techniques, outre la créativité qu'elles supposent, permettent à l'assistance de mieux se projeter dans la « peau » du client.
Bien définir qui est « le client » au début de l'utilisation de l'outil. Dans certains cas, le client et l'utilisateur sont représentés par des acteurs différents avec des attentes propres. Dans ce cas, ne pas hésiter à reproduire la technique autant de fois qu'il y a de types d'acteurs différents.
Dans certains cas, il peut être opportun de faire témoigner un vrai client, afin de ne pas interpréter ses émotions, et réussir à bien positionner ces dernières.

Suite outil 43 →

Avant de vous lancer...

✓ **Faites participer dans le groupe des acteurs qui sont réellement au contact du client, voire les clients eux-mêmes et pas seulement des concepteurs ou des représentants du marketing.**

Suite outil 43

Le parcours du client

COMMENT ÊTRE PLUS EFFICACE ?

Bien préciser la cible des clients visés

En fonction de la cible marketing du client, les attentes seront différentes et les solutions à mettre en œuvre également. L'analyse de la cible précisera quels sont les attributs de la cible client et la nature de leur utilisation du produit ou du service. Par exemple, dans le cas d'une étude sur un hôtel, on distinguera la famille souhaitant faire une étape sur la route des vacances, du professionnel qui passe l'essentiel de sa semaine en déplacement pour rencontrer ses clients.
L'outil Persona constitue une très bonne clé d'entrée car il force à la focalisation et à la description des caractéristiques de la cible.

Faciliter la projection dans le monde du client

Tout ce qui permet aux participants de se projeter dans le monde du client est bénéfique pour la génération d'idées. L'utilisation d'images, de photos, de films, de maquettes, d'échantillons contribue à cette projection. L'animateur préparera donc avec soin, avant la séance, tous les éléments concrets à présenter aux participants. Les participants eux-mêmes peuvent rechercher des éléments de projection avant ou pendant la séance.
Une autre approche consiste à se mettre « pour de vrai » dans la peau du client, en demandant à l'équipe de réaliser l'ensemble des étapes du parcours, et en notant dans un journal de bord tout ce qui les marque. C'est souvent un excellent moyen pour l'équipe de se réindigner de ce qui est vécu par le client lors de certaines étapes (« comment peut-on faire vivre ça au client ? »), et de se réenchanter à d'autres étapes (« nous avions oublié qu'on était très bons sur cette étape ! »).

Hiérarchiser les attentes formulées

Afin de distinguer l'essentiel de l'accessoire, il peut être intéressant de classer les idées à l'aide, par exemple, du diagramme de Kano (*cf.* outil 69), ou bien tout simplement de les trier en 2 catégories : *must have* (« si je n'ai pas ça en tant que client, je serai forcément insatisfait ») et *nice to have* (« si j'ai ça en tant que client, ça augmentera ma satisfaction »).

Utiliser un scénario catastrophique

Il est possible d'utiliser l'outil en raisonnant de façon inversée. Les pires situations dans chacune des phases du corridor sont imaginées ou mimées. Cette façon de faire permet un autre regard et peut être faite en complément de la première approche. Ainsi, en complément de l'interrogation « Je veux... », nous pouvons compléter par « Je déteste... ».

- Se focaliser sur une cible bien précise.
- Immerger les participants dans l'univers du client.
- Se mettre dans la peau d'un client « râleur ».

Outils 42, 69

EXEMPLE

Un séjour en hôtel

Cible : Représentant de commerce

PHASES	Les attentes du client : je veux...	Les idées suscitées
RÉSERVATION	Une réservation à toute heure Le choix dans le type de chambre et l'étage Connaître l'environnement Connaître les services associés	Une réservation en ligne Une proposition de la chambre sur un plan Une visite virtuelle de la chambre en 3D Intégrer des pictogrammes présentant les services
PARKING	Une place de parking Une place proche de l'hôtel Une place sûre	Un parking privé Une place affectée en fonction du numéro de chambre Une vidéo-surveillance
ACCUEIL	Un accueil à toute heure	Un automate
CHAMBRE	Calme Confortable Spacieuse Avec WIFI Avec salle de bains	Une porte isolée Une literie renouvelée Une ambiance évoquant l'espace La mise à disposition « gratuite » Un cabinet de toilette intégré
REPAS	Un service de repas en chambre	Le distributeur de repas sous vide avec micro-onde
PAIEMENT	Un service de check-out simple et rapide à toute heure	Un paiement entièrement automatisé sans passage au bureau

Un représentant de commerce se rend dans un hôtel pour y passer la nuit. Mettons-nous dans la peau du personnage et imaginons l'expérience vécue par celui-ci lors des différentes étapes de sa soirée. L'identification des phases de l'expérience commence dès le premier contact avec le service ou l'objet étudié et se termine au dernier contact.

Ainsi, le premier contact du représentant de commerce avec l'hôtel sera la réservation de la chambre. Cette étape est cruciale car elle favorisera ou non le choix de l'hôtel. Tous les éléments qui permettront au client de l'hôtel de déterminer, dans un temps le plus court possible, tous les services nécessaires et l'ambiance générale de son séjour favoriseront son choix.

L'ajout d'une colonne « Je déteste » au tableau permet de générer plus d'idées. Par exemple, dans la phase « Chambre », « Je déteste la décoration datant de vingt ans » peut générer une idée de présentation des matières, coloris et ambiance des chambres à travers une visite virtuelle ou une présentation de type « magazine de décoration ».

Outil 44 Effectual Makers©

> « Plus vite nous rendons nos idées tangibles, plus tôt nous serons en mesure de les évaluer, de les affiner.
>
> Tim Brown

En quelques mots

Effectual Makers permet de passer du monde imaginaire au monde réel, en rendant une idée concrète et tangible.
Selon la logique « effectuale », plus vous avancerez dans le processus de déploiement, plus le « chemin créatif » s'enrichira et vous permettra d'identifier des pistes de recherche de solutions créatives qui n'étaient pas imaginables initialement. Cet outil s'inspire des principes de co-création utilisés dans les « Fab-Lab » et permet de solliciter une « créativité pragmatique ».

LE CHEMIN SE DESSINE EN CRÉANT

Nous avons trouvé une idée répondant au problème des utilisateurs

Nous la matérialisons rapidement au travers d'un prototype

POURQUOI L'UTILISER ?

Objectifs

Mobiliser son potentiel créatif de manière pragmatique, pas à pas, avec comme objectif de terminer ce processus de création par un prototype ou une maquette fonctionnelle expérimentable. Ceux-ci permettront de bénéficier d'un retour de la part des utilisateurs, de se rendre compte de difficultés d'usage qui n'auraient pas été identifiées lors de la génération de l'idée initiale, et d'affûter le produit ou le service que l'on souhaite créer.

Contexte

Cet outil peut être utilisé dans une démarche de design thinking dès que les besoins des utilisateurs ont été identifiés, que l'objectif principal à atteindre a été défini, et qu'un premier concept de solution y répondant a été imaginé.

Inspiré de la logique des Fab Lab (contraction de l'anglais *fabrication laboratory*, « laboratoire de fabrication »), cet outil reprend la logique d'ouverture à tous afin de créer le plus vite possible le prototype de notre idée. Le premier Fab Lab remonte à Edison, qui avait compris que pour favoriser la créativité, il fallait mettre à disposition des connaissances, de la matière et favoriser la rencontre de gens différents, mais surtout concrétiser.

Pour être appelé fab lab, un atelier doit respecter la charte des fab labs mise en place par le MIT (Massachusetts Institute of Technology).

COMMENT L'UTILISER ?

Étapes

1. **Poser la problématique** et hiérarchiser les besoins fonctionnels.
2. **Utiliser** l'un de nos outils de production d'idées pour élaborer une solution simple, originale, idéale permettant de répondre à la problématique.
3. **Mettre à disposition** des participants des outils de prototypage rapide. Ces derniers peuvent être de plusieurs natures en fonction du produit ou service développé :

- **Pour un prototype physique :** imprimantes 3D, fraiseuse de précision, découpeuse laser, découpe vinyle, etc.
- **Pour un prototype numérique :** des plateformes de type Arduino, des matériels en *open hardware* et des logiciels *open source* ;
- **Pour un prototype applicatif :** des outils de *mock-up* HTML ;
- **Pour un prototype de service :** des outils permettant de réaliser des scénarios d'usage illustrés (films, photos, dessins, etc.).

Méthodologie et conseils

Lors de cette phase de prototypage de l'idée, on peut être tenté d'ajouter des fonctionnalités, des éléments non identifiés à l'origine et donc de complexifier l'idée. Il faut se concentrer sur une approche simple (*cf.* outil 24), de manière à valider le fait que les fonctionnalités de base apportent bien le service attendu.

Avant de vous lancer...

✓ **Il faut s'assurer qu'il y a bien un seul pilote de la démarche pour assurer un avancement physique en adéquation avec le besoin d'origine et pour éviter les points de blocage sur la faisabilité.**

✓ **Il faut avoir une vision claire des objectifs pour assurer une convergence forte et « arbitraire ».**

Outil 24

Outil 45

La créativité frugale

> “ Un repas, aussi frugal soit-il, est un instant de rencontre. Il peut être une occasion de joie et de communion, unissant profondément les gens.
>
> Élise Boulding

En quelques mots

La **créativité frugale** consiste à mobiliser son potentiel créatif en se limitant aux moyens dont l’on dispose, rien de plus. Cet outil est souvent utilisé en entreprise pour trouver des solutions innovantes de diversification, rapidement, sans avoir l’obligation d’investir dans de nouvelles technologies et moyens supplémentaires.
Le Dr Nadine Stoeltzlen utilise cet outil pour former les concepteurs à innover avec le minimum de moyens et un maximum d’ouverture d’esprit. Cela pousse ces designers à changer d’angle de vue vis-à-vis des moyens dont ils disposent, de les valoriser et de s’exprimer différemment.

LA SOBRIÉTÉ CRÉATIVE : CRÉER, DÉPASSER SES LIMITES AVEC UN MINIMUM DE MOYENS

POURQUOI L'UTILISER ?

Objectif

Prendre conscience de tout ce que l'on pourrait faire avec les moyens dont l'on dispose. Cette approche permet de partir des « fonctions » que peuvent remplir les solutions et capacités dont vous disposez déjà dans l'entreprise et de mobiliser votre créativité pour trouver comment les valoriser différemment.

Contexte

Cet outil peut être utilisé ponctuellement seul, en binôme ou en groupe beaucoup plus important, dans le cadre d'une démarche de design thinking frugale au leitmotiv suivant : comment répondre aux besoins des utilisateurs avec les moyens dont nous disposons ?

COMMENT L'UTILISER ?

Étapes

1. **Récupérer un maximum de matières** naturelles et synthétiques, d'emballages et de déchets de toutes sortes, disponibles au sein de l'organisation. Cette étape doit se faire bien en amont de la séance de travail et sans *a priori* : tout est bon à être utilisé !
2. **Définir sur quelles fonctions il sera nécessaire de travailler** et les expliciter le plus simplement possible, en général juste par un verbe à l'infinitif.
3. **Composer un groupe de travail** en veillant à ce que l'hétérogénéité soit bien représentée. Prévoir, lorsque cela est possible, une personne qui a des compétences d'animation de groupe et des compétences créatives du travail de la matière.
4. **Prévoir également du petit matériel** : différents outils pour couper, fixer, coller, marquer, dessiner, etc.
5. **Laisser le groupe construire une solution** répondant au besoin formulé, à l'aide des matières disponibles.

Méthodologie et conseils

Accorder un temps de travail bien précis à chaque fonction à traiter et débriefer à la fin de chaque fonction traitée.

Prévoir également au sein d'une même séance des temps de travail individuel, puis de mise en commun.

Attention à avoir une base de matières très différentes : la qualité et la richesse des idées en dépendent.

Ne pas chercher à imposer la fonction à la matière, mais « questionner » la matière : qu'est-il possible de faire avec ses caractéristiques techniques et sensorielles ? Est-ce que cela peut apporter une réponse à la fonction à traiter ? (ex. : comment répondre à la fonction « s'asseoir » avec un bout de carton puis avec une vieille ceinture en cuir ? Les réponses risquent d'être très différentes parce que la souplesse, le toucher, etc., de ces matériaux sont très différents).

Avant de vous lancer...

- ✓ Cet outil nécessite de faibles moyens financiers puisqu'elle se base essentiellement sur de la récupération de matières, d'objets et d'emballages déjà existants et/ou destinés à être jetés.
- ✓ Il apporte beaucoup d'ouverture dans un projet avec très peu de moyens.
- ✓ Ces temps de travail sont en général très vivants. Veiller au bon déroulement de la séance en rappelant régulièrement les objectifs des livrables attendus.
- ✓ Après le débriefing final, prévoir un temps d'évaluation des idées trouvées et sélectionnées.

Outil 46 Minimum Viable Idea (MVI)

> “ Le minimum pourrait être défini comme la perfection qu’atteint un objet lorsqu’il n’est plus possible de l’améliorer par soustraction.
>
> John Pawson

En quelques mots

MVI est un outil qui permet d’élaborer des concepts de solutions selon la méthode des petits pas. MVI est un processus de créativité très convergent qui s’attache à répondre à chacun des besoins initialement priorisés de votre problématique en intégrant l’utilisateur final, pour valider et intégrer progressivement les idées proposées.
Cet outil s’inspire de 4 phénomènes contemporains apparus dans le domaine de la conception innovante :
- la méthode du *lean startup* ;
- les approches agiles (notamment scrum) dans le développement applicatif ;
- les principes de co-conception par l’expérimentation en Living Lab ;
- les fondamentaux de la conception par le design thinking.

DÉVELOPPER EN PRODUIT EN Y INTÉGRANT UNE IDÉE À LA FOIS

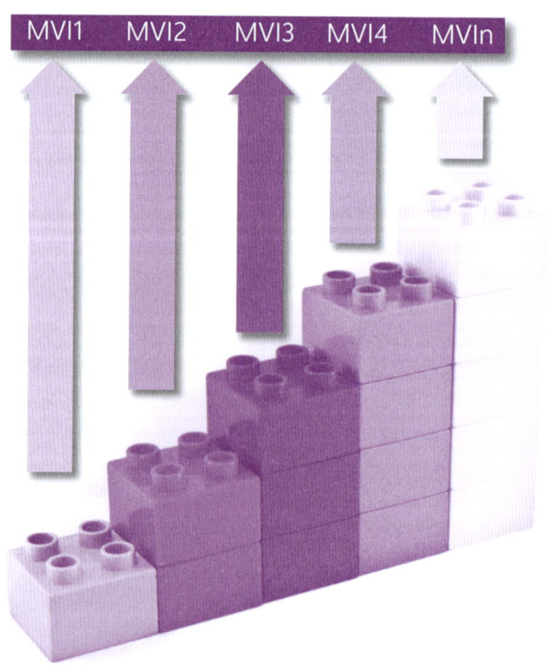

POURQUOI L'UTILISER ?

Objectifs

Améliorer un prototype de solution de manière itérative en interaction avec le marché.
Centrer la conception sur les utilisateurs et intégrer ces derniers dans un processus créatif de développement.
Valider des idées simples pas à pas pour obtenir un concept innovant et *lean*.

Contexte

En 2008, Eric Ries, entrepreneur de la Silicon Valley, conçoit le *lean startup*, dont le principe est de lancer sur le marché le Produit minimum viable (MVP), la version alpha de votre produit, qui ne dispose que de sa fonctionnalité principale. Une fois sur le marché, il s'agit de récolter les premiers *feedbacks*, de mesurer son impact, puis d'apprendre de vos erreurs et/ou de valider vos hypothèses. Cette boucle « idée – évaluer – analyse – comprendre » doit être réitérée pour chaque nouvelle fonctionnalité apportée à votre idée.

COMMENT L'UTILISER ?

Étapes

1. Design

- Poser la problématique et hiérarchiser les besoins fonctionnels.
- Utiliser l'un de nos outils de production d'idées pour élaborer une solution simple, créative et idéale permettant de répondre à la fonction la plus importante. Ce livrable portera le nom MVI.

2. Amélioration 1

- Expérimenter la MVI en la confrontant à l'utilisateur final.
- Analyser et corriger : identifier les erreurs et les points positifs. Générer de nouvelles idées permettant de corriger cette MVI.

3. Implémentation

- Prendre la seconde fonction souhaitée et rechercher des solutions créatives pour l'intégrer au sein de la MVI.
- Implémenter et faire évoluer la MVI vers la MVI2 (tout comme l'étape 4).

4. Amélioration 2

- Expérimenter la MVI2.
- Analyser et corriger la MVI2L...

Note : Lorsque votre MVI_n répond exactement à chacune des fonctions attendues au départ, vous pouvez rentrer dans une étape de design thinking plus classique de validation de la solution par un panel plus large d'utilisateurs.

Méthodologie et conseils

Pour garantir l'atteinte d'un objectif *lean*, nous vous conseillons de respecter le principe de validation des idées créatives retenues, fonction par fonction. En ce qui concerne la phase d'expérimentation, ne négligez pas la qualité du prototype qui va matérialiser votre idée. Les conclusions et l'apprentissage dépendent de la capacité d'immersion de l'utilisateur.

Avant de vous lancer...

✓ **La MVI permet à tout moment de pivoter et d'explorer d'autres espaces de créativité si les phases de validation intermédiaires ne sont pas concluantes. Il permet de vous positionner dans une logique de performance *lean*.**

✓ **Il faut intégrer l'utilisateur le plus en amont possible pour la hiérarchisation des fonctions attendues et partir sur la bonne MVI.**

✓ **N'hésitez à pivoter et à faire évoluer votre MVI vers des pistes inattendues, que les expérimentations ont révélées et qui remettent même parfois en cause le cahier des charges initial.**

7

DOSSIER

RÉSOUDRE UN PROBLÈME TECHNIQUE

"

Seule une conception étroite et ratiocinante de la rationalité peut en faire le contraire, voire l'ennemie de la créativité. La démarche créative, loin d'être irrationnelle, tend à une multirationalité féconde, pour inventer et pour comprendre.

Hubert Jaoui

Créativité et rationalité : une version moderne de « Mètis »

Dans la mythologie grecque, on parle de « Mètis ». Fille d'Océan et de Téthys, elle est la personnification de la sagesse et de l'intelligence rusée. C'est, en quelques mots, ce que l'on peut dire sur l'association entre créativité et rationalité.

En effet, la créativité consiste à générer quelque chose de nouveau pour une problématique donnée. Être « rusé », c'est limiter au maximum « l'espace » de recherche d'idées en faisant preuve de rationalité dans la définition du problème. Par exemple, à quoi bon chercher vos clés de voiture dans la salle de bains, sauf si entre le moment où vous les avez vues pour la dernière fois et celui où vous les cherchez, vous êtes effectivement passé dans la salle de bains ? (Et si personne d'autre ne s'est chargé de vous les perdre !)

Selon William Gordon : « les solutions derrière des problèmes sont rationnelles… mais la façon d'y parvenir ne l'est pas ». La créativité étant en plus liée à la notion de flux d'information et d'idée entre les différentes parties du cerveau, elle sollicite forcément la partie rationnelle de l'individu ou du collectif (souvent pour la phase de convergence).

La rationalité, caractéristique essentielle dans la plupart des outils de créativité

Que l'on se penche sur l'approche de A. Moles qui démontra l'apport de l'interdisciplinarité comme facteur de créativité, ou du Dr F. Zwicky qui proposa l'« Analyse morphologique » (méthode qui consiste à analyser la structure, cette décomposition permettant, à l'aide de correspondances forcées, une production illimitée d'idées), on retrouve toujours une démarche rationnelle.

De nombreux outils de « créativité » dits rationnels ont été créés et ont permis au monde industriel de les intégrer dans leur activité de conception. Le plus célèbre reste à nos yeux celui de L. D. Miles au sein de General Electric Co. En effet, il posa les bases de l'analyse de la valeur en distinguant les phases d'analyse et de résolution de problèmes.

Enfin, le dernier outil en date reste celui de G. Altshuller, père de TRIZ, acronyme russe signifiant Théorie de résolution des problèmes inventifs, qui part du principe que « Les problèmes inventifs peuvent être modélisés, codifiés, classifiés et résolus méthodiquement, au même titre que tous les autres problèmes techniques ».

Existe-t-il des outils de créativité plus rationnels que les autres ?

Tous les outils de créativité ont donc une part de rationalité. Pour autant, ce dossier met en avant des outils fortement « rationnels ». Ces outils s'appuient essentiellement sur la démarche de recueil de connaissances et d'informations pour vous aider à « automatiser » votre analyse du problème sous plusieurs angles d'approche : dans le temps ; dans l'espace ; dans l'environnement ; dans les usages, etc.

Les outils

Outil 47 La DAF (démarche d'analyse fonctionnelle)

“ *L'analyse est parfois un moyen de se dégoûter en détail de ce qui était supportable dans son ensemble.*

Paul Valéry

En quelques mots

La **démarche d'analyse fonctionnelle** (DAF) est une déclinaison de l'analyse fonctionnelle (le premier outil de créativité de l'ère industrielle répondant à la nécessité de pensée productive que demandait le marché).

La DAF est une méthode qui permet de raisonner en termes de finalités (besoins) plutôt qu'en termes de solutions. Cette approche permet de reformuler la problématique à traiter dans le cadre de la démarche créative, et d'élargir le champ de recherche.

POURQUOI L'UTILISER ?

Objectif

L'analyse fonctionnelle est l'un des premiers outils de créativité de l'ère industrielle.

Véritable outil d'identification et de formulation de problème, la DAF a pour objectif de favoriser la créativité des concepteurs en leur proposant une définition des besoins (ou problèmes) de la manière la plus complète et large possible (sur tout le cycle de vie du produit et tout en formulant ces mêmes besoins de la manière la plus ouverte possible pour ne pas orienter le concepteur).

Contexte

La définition d'une fonction est donnée par la norme Afnor X50-151 : « action d'un produit ou de l'un de ses constituants exprimé exclusivement en termes de finalité ». Plus généralement, c'est le rôle, l'activité d'une chose dans un ensemble. Il faut savoir qu'un bien, matériel ou immatériel, évolue toujours dans un contexte particulier, il est dépendant de son environnement. Le fait d'analyser le besoin dans son ensemble permet de se rendre compte de l'évolution du produit dans son environnement. Dans notre cas, cela permet d'imaginer une multitude de solutions et d'idées.

COMMENT L'UTILISER ?

Étapes

La DAF nécessite un échauffement créatif qui peut se faire pendant 5 minutes en prenant des objets qui nous entourent et en les redéfinissant de manière « fonctionnelle ». Par exemple, le vidéoprojecteur est... un système de partage de données numériques, ou encore cette bouteille d'eau est... un système contenant un liquide étanche et transportable, etc.

1. Définition du cycle de vie du produit (*cf.* outil 48).
2. Identification de tout ce qui entre en interaction autour de notre produit.
3. Formulation sous forme de fonctions de toutes ces interactions.
4. Recherche d'idées pour réaliser ces fonctions.

Méthodologie et conseils

Pour faciliter l'étape 3, il est intéressant de se poser les questions suivantes :

- « quels sont les services rendus par mon produit à cette étape de son cycle de vie ? »
- « à quoi sert-il ? »

Par exemple, le service rendu par un Post-it lorsqu'on le colle sur le réfrigérateur est de nous rappeler d'acheter du lait. Ou alors le service rendu par un canapé est de nous permettre de nous installer confortablement en position assise ou allongée.

Pour faciliter l'étape 4, vous pouvez utiliser l'outil analogie (*cf.* outil 34) en cherchant les solutions existantes qui réalisent ces fonctions et en essayant de les associer ou de les bissocier (*cf.* outil 2). Par exemple, dans la nature, qu'est-ce qui peut nous permettre de nous installer confortablement en station allongée ? Un lit de feuilles. Et si notre canapé était constitué de feuilles de tissus superposées qui épouseraient parfaitement notre silhouette ?

Suite outil 47 →

Avant de vous lancer...

- ✓ **La formulation, grâce à l'outil DAF, ouvre le champ d'innovation et réduit les freins psychologiques liés à la vision finie que l'on a des objets et solutions qui nous entourent.**
- ✓ **Ne pas utiliser cet outil en milieu de séance de créativité. Utilisez-le au début ou à la fin car les risques de limiter la divergence des participants sont forts.**

Outils 2, 34, 48

Suite outil 47

La DAF (démarche d'analyse fonctionnelle)

CAS D'ENTREPRISE

Cosmétique/international

Problématique

Une multinationale du cosmétique cherche à comprendre pourquoi les clients ouvrent leur nouvelle gamme de produits à l'envers. On est alors en 2001 et les ventes sont au plus bas avec des retours clients médiocres.

Solution

L'entreprise utilise l'outil DAF pour redéfinir les besoins utilisateurs tout au long du cycle de vie du produit, en partant du point de vente jusqu'à la phase de fin de vie du produit cosmétique :

1. Définition du périmètre du produit : système portatif de maquillage ;
2. Description du cycle de vie du produit (étapes) et les interactions à chaque étape ;
3. Enfin, en utilisant l'outil DAF et en respectant une formulation stricte des interactions entre le système et les utilisateurs, liste de toutes les fonctions attendues par le vendeur, l'acheteur, l'utilisateur, les contraintes liées à son transport dans un sac à main avec d'autres produits...

Résultats

Une des fonctions à remplir est la suivante : le « système doit s'ouvrir avec la main droite ». Et là, c'est la stupeur dans l'entreprise ! En effet, le produit ne respecte pas cette évidence, et pour cause : le chef de projet, le designer et le responsable produit sont tous les trois gauchers ! Totalement improbable, mais depuis ce jour, cette compagnie a généralisé cette méthode pour s'assurer que ce type de bug n'arrive plus.

Une autre fonction identifiée est : « le système doit résister à un choc contre un téléphone portable dans un sac », ce qui a une incidence sur la résistance des matériaux employés et le design global.

Un dernier exemple : « le système doit avoir un impact environnemental limité ». Cette fonction peut elle-même être déclinée en d'autres fonctions possibles : « être rechargeable », « être facilement recyclable », « donner envie de garder plutôt que de jeter ». Cette dernière sous-fonction peut donner lieu à plusieurs solutions possibles : concevoir le système de façon à ce qu'il puisse devenir une boîte à bijoux, en faire un objet numéroté collector...

Exercice

DAF'CTIONARY

Étape 1 : préparer l'esprit à raisonner sous forme de fonction

- Chaque participant prend une feuille devant lui et y inscrit l'objet de son choix.
- Il plie la feuille pour que personne ne puisse lire ce qu'il y a d'inscrit sur le document.
- Ensuite, il doit essayer de le faire deviner aux autres participants sans le nommer et en utilisant uniquement une formulation sous forme de fonction comme par exemple : « c'est système étanche, transportable qui permet de déposer un liquide coloré sur une surface de manière linéaire ».
- Quand un des participants trouve « un stylo », alors c'est à son tour de faire deviner son objet.

Étape 2 : faire le focus sur votre sujet pour lister les fonctions attendues

- Préparer des visuels qui montrent l'environnement dans lequel votre produit ou service est utilisé. Lister si possible au préalable les types d'acteurs et d'interactions associés au produit. Dès lors, il est temps de faire un « RO » :
- **R :** recenser les fonctions qui passent par la tête des participants, en mode brainstorming sur des Post-it par exemple ;
- **O :** ordonner ces fonctions en regroupant les Post-it qui vous semblent de la même famille de fonctions et donner un titre à chacun de ces regroupements sur un Post-it.

Étape 3 : chercher les objets qui réalisent cette ou ces fonctions

- Repartir alors d'une feuille de *paperboard* vierge. À gauche de cette feuille, reprendre le premier Post-it représentant une des familles de fonctions de l'étape 2 : par exemple « permet de déposer un liquide sur une surface ».
- Dès lors, demander aux participants de lister toutes les solutions, les objets qui selon eux réalisent cette fonction, comme par exemple, un pinceau, une pipette, un stylo, une cuillère, une abeille, une aiguille, une soufflette de compresseur...

Étape 4 : transposer par analogie dans votre domaine

- Reprendre enfin chaque « mot » issue de l'étape 3 qui semble intéressant à exploiter et demander aux participants d'imaginer un « stylo-abeille » ou encore un « stylo-cuillère », un « stylo-compresseur ». Ainsi, par exemple, le stylo compresseur peut devenir : stylo à air comprimé → stylo-tag → stylo qui projette de l'encre...

Outil 48 Le cycle de vie du produit

> Tu m'as oublié.
> Tu m'as oublié en oubliant qui tu étais.
> Regarde en toi Simba.
> Tu vaux mieux que ce que tu es devenu. Il te faut reprendre ta place dans le cycle de la vie. N'oublie pas qui tu es...
>
> Le Roi Lion

En quelques mots

La **méthode du cycle de vie** part du constat qu'entre sa création (à l'usine) et sa destruction ou son recyclage, un produit va être utilisé ou manipulé par des utilisateurs différents (par exemple le transporteur, le magasin, l'acheteur, l'utilisateur...).
À chacun de ces acteurs va correspondre des besoins et donc des fonctionnalités spécifiques du produit. L'identification et la satisfaction de ces besoins permettent d'identifier des sources de création de valeur. Il s'agit donc de se mettre «dans la peau» du produit, et de suivre son parcours.

ANALYSER UN PRODUIT DANS TOUTES SES PHASES DEVICE

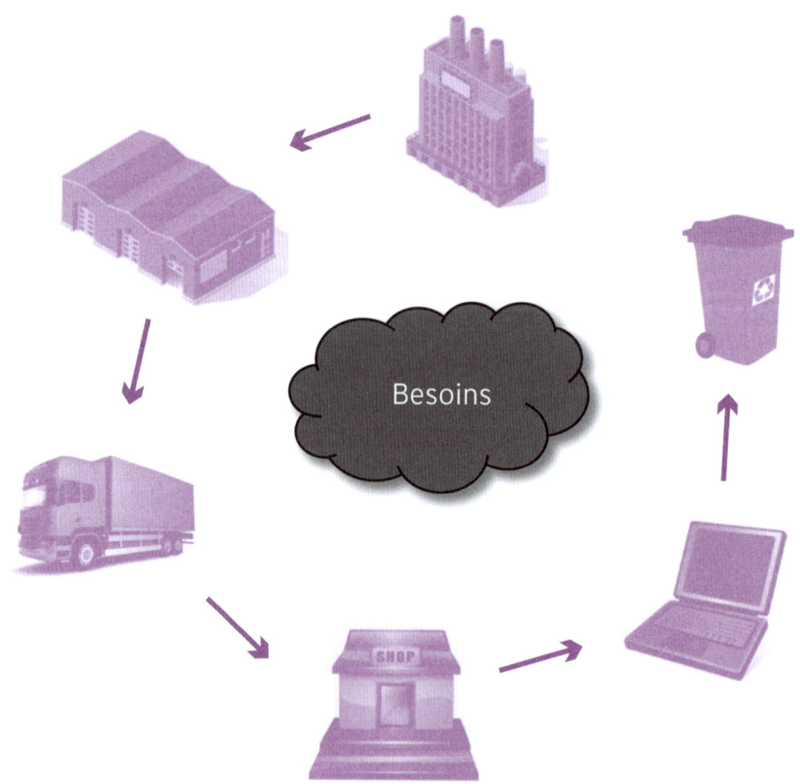

POURQUOI L'UTILISER ?

Objectif

L'objectif de la méthode du cycle de vie est d'identifier toutes les phases de vie d'un produit depuis sa naissance (fabrication) jusqu'à sa mort (destruction ou recyclage). Une réflexion créative dans chacune des phases du cycle de vie permet alors d'identifier d'éventuels besoins non couverts par les produits existants et de proposer des fonctionnalités à valeur ajoutée pour le client. Cette méthode permet d'identifier l'ensemble des clients d'un produit et leurs besoins spécifiques.

Contexte

La méthode du cycle de vie est souvent utilisée en amont d'une démarche d'analyse fonctionnelle. En effet, l'analyse des fonctions du produit peut être réalisée pour chacune des phases du cycle de vie du produit. À chacune de ces phases va correspondre des fonctions spécifiques liées à la phase. Par exemple, une bouteille d'eau en phase d'utilisation devra permettre de verser son contenu alors qu'en phase de recyclage, elle devra assurer le recyclage des matières utilisées.

COMMENT L'UTILISER ?

Étapes

1. **Lister** toutes les phases du cycle de vie du produit depuis sa fabrication jusqu'à sa destruction.
2. **Identifier** dans chaque phase les acteurs en contact avec le produit. Par exemple en phase de transport, le transporteur est l'un des acteurs en contact avec le produit et peut avoir des besoins propres (palettisation, forme...).
3. Pour chacune des phases identifiées, **lister** les besoins propres des utilisateurs concernés par la phase (par exemple à l'aide d'une analyse fonctionnelle).
4. **Rechercher** des idées permettant de répondre à des besoins non ou mal satisfaits par l'offre existante.

Méthodologie et conseils

Pour identifier des phases du cycle de vie du produit, il suffit de suivre le parcours physique du produit et d'imaginer tous les acteurs en interaction avec lui.
On pourra identifier à l'intérieur d'une phase (par exemple l'utilisation) des sous-phases qui correspondent à des besoins différents. Par exemple, on pourra distinguer la phase de veille d'un produit électronique par rapport à sa phase d'utilisation active.

Suite outil 48 →

Avant de vous lancer...

- **La méthode du cycle de vie permet de prendre conscience de caractéristiques secondaires du produit par rapport aux caractéristiques qui sont sa raison d'être. Ces caractéristiques secondaires peuvent s'avérer essentielles pour l'un des acteurs de la chaîne d'achat. Par exemple, une bouteille d'eau a pour raison d'être de stocker et permettre de verser de l'eau. Toutefois, la forme, le poids et le volume du pack peuvent être des éléments déterminants de l'acte d'achat.**
- **Cette méthode est particulièrement adaptée à la créativité sur des produits intermédiaires (par exemple des matériaux de construction). Elle permet de bien identifier les besoins propres de l'utilisateur primaire (par exemple l'artisan) de ceux de l'utilisateur client final.**
- **Le nombre de phases peut s'avérer important pour un produit. On s'attachera alors à regrouper les phases qui correspondent à des besoins similaires ou des cibles d'acteurs homogènes.**

Le cycle de vie du produit

Exercice

Le Tour de France

Les règles du jeu

1. Identifiez les joueurs autour de la table. Chaque joueur écrit le nom d'un produit, d'un objet, d'un service ou d'une marque sur un papier qu'il plie et positionne au centre de la table.
2. Le premier joueur désigne une étape et un autre joueur.
3. Le joueur désigné tire au sort un papier (sur lequel se trouve un produit, une marque un service…) et il a 30 secondes pour trouver une idée créative sur ce produit, à cette étape.
4. Ensuite, il nomme une autre personne qui doit aussi trouver sur ce même produit et cette même étape, etc., jusqu'à ce que les participants ne trouvent plus et le gagnant est le dernier ayant trouvé une solution créative.
5. Vous enchaînez jusqu'à la fin des papiers au centre de la table.

Exemple

Joueur 1

1. Il est désigné par un autre joueur pour tirer au sort un papier et trouver une solution créative dans l'étape Vente.
2. Il tire au sort le mot « Vache qui rit ». Il doit donc trouver une idée créative sur le produit « Vache qui rit » et phase Vente.
3. En quelques secondes, il trouve l'idée d'un produit en gros conditionnement liquide et propose de vendre la Vache qui rit en tube de dentifrice pour que les enfants puissent l'utiliser seuls.
4. Dès lors, le challenge est validé et il nomme à son tour un autre joueur

Joueur 2

5. Il vient d'être désigné pour répondre au même challenge que le joueur 1.
6. Il repense à son dernier voyage à l'étranger et se souvient qu'il y avait des ventes de produit à l'unité.
7. Il imagine alors que cela serait bien de trouver un packaging qui permette de réaliser cette fonction.
8. Il propose au groupe une boîte de vache qui rit avec un couvercle qui coulisse et permet d'éjecter une portion de Vache qui rit une par une.

Application à votre besoin

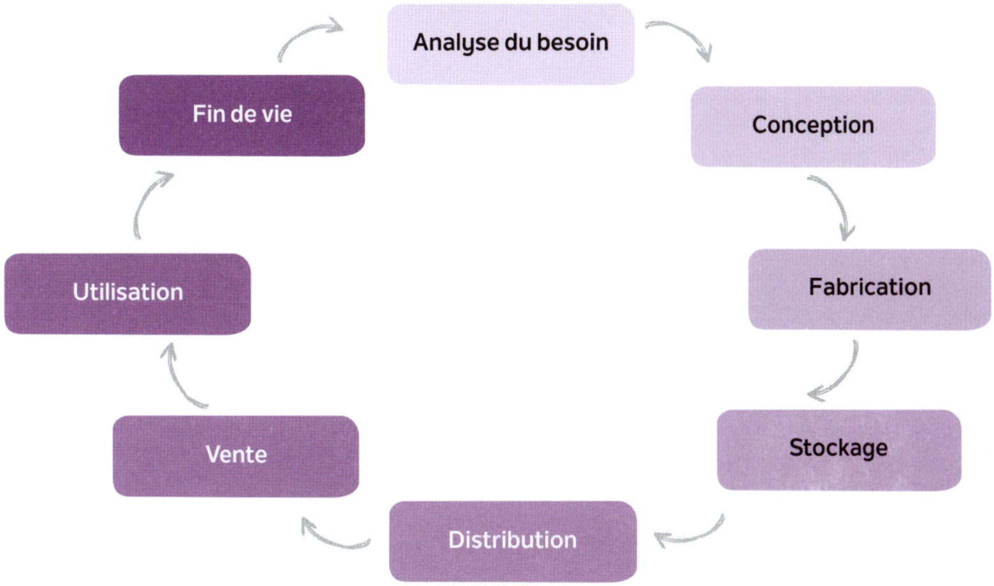

Il vous suffit alors de détourner cet exercice sur votre cas avec seulement quelques ajustements. Au lieu de laisser les participants choisir un objet au hasard, vous annoncez que vous travaillez sur un seul produit, le vôtre, *mais* vous disposez au milieu de la table des cartes avec les informations suivantes :

- le nom de la phase du cycle de vie et une ou des photos de l'environnement dans lequel est votre objet ;
- ou le nom de la phase du cycle de vie et le *persona* représentant les personnes qui sont en interaction avec le produit à un moment donné de son cycle de vie.

Exemple d'application

Vous choisissez de travailler sur votre futur stylo-plume pour les moins de 10 ans.
Le joueur 1 tire au sort phase vente + grande surface culturelle :

- Il a sous ses yeux des photos de l'environnement de vente, mais aussi dans sa tête une projection personnelle liée éventuellement à l'expérience qu'il a dans cet environnement.
- Il imagine alors un présentoir avec tous ces feutres dans le magasin et cela lui donne une idée.
- Et si l'on vendait des morceaux de stylo-plume, pour permettre aux enfants de composer eux-mêmes leur stylo ?
- Il propose alors sur une fiche idée le concept de stylo KIT.
- Et il passe la main à un autre joueur.

Outil

49 Le scénario technique

“

Quelle que soit la discipline, le meilleur moteur est l'ascèse. À celui qui veut écrire, offrez peu de papier. Au cuisinier en herbe, proposez trois ingrédients. Aujourd'hui, les débutants de tout poil reçoivent une débauche de moyens. Cela ne leur rend pas service.

Amélie Nothomb, *Barbe Bleue*

En quelques mots

La **méthode des *scenarii* techniques** permet d'identifier des alternatives à l'architecture d'un produit ou d'un service en recombinant de manière créative les fonctions, les composants et les technologies qui le composent.

La démarche part du principe que c'est la combinaison de fonctions, de composants et de technologies qui crée la valeur ajoutée du produit, l'objectif étant de maximiser le service rendu du produit au travers des fonctions tout en minimisant le coût de ce produit en minimisant le nombre de composants et la complexité des technologies utilisées.

DÉVELOPPER DES SCENARII ALTERNATIFS

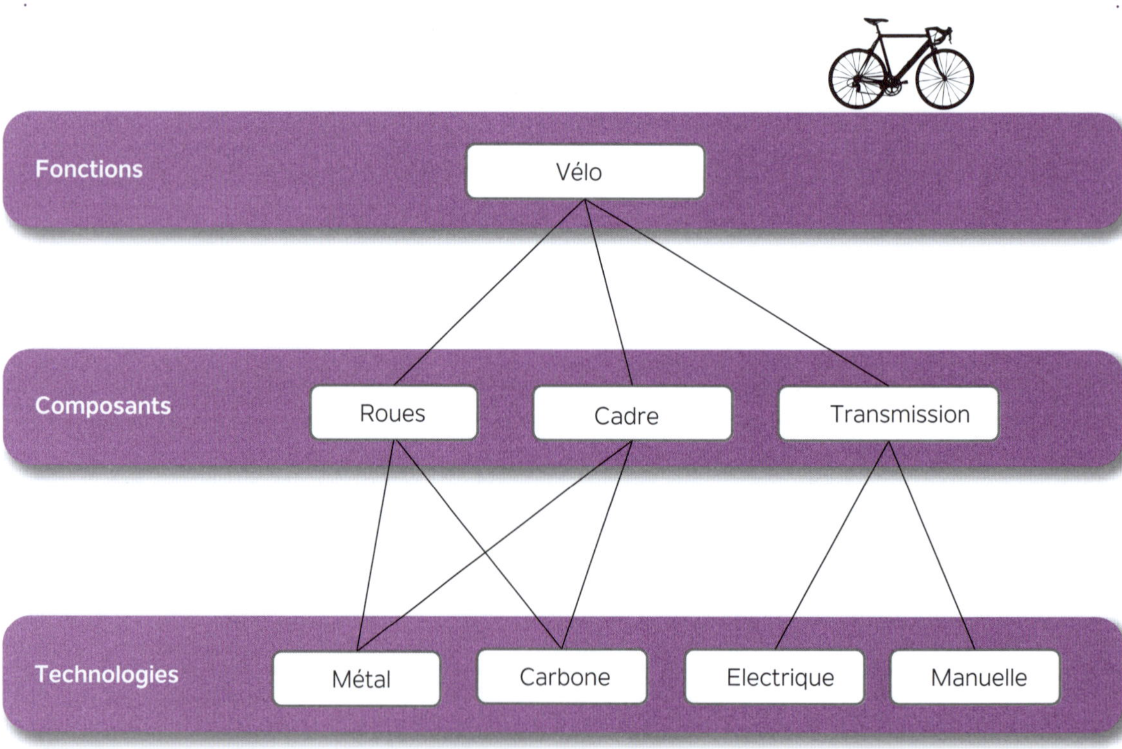

POURQUOI L'UTILISER ?

Objectif

Dans le cas de produits ou systèmes complexes, la méthode des *scenarii* permet de séparer la réflexion sur chacune des dimensions en imaginant, pour chacune des fonctions, des alternatives aux composants ou aux technologies utilisées. Ces alternatives sont soit issues du système existant soit identifiées à l'extérieur du système.
L'objectif est alors d'augmenter la valeur ajoutée du produit en augmentant le service rendu, tout en minimisant la complexité.

Contexte

Le scénario technique s'appuie sur une architecture de produit existant. Il doit être utilisé après la pose d'un problème relatif à une réduction de coût ou à l'augmentation des performances d'un produit.

COMMENT L'UTILISER ?

Étapes

1. **Lister les fonctions assurées par le produit.** Dans l'exemple d'une souris d'ordinateur : assurer le déplacement d'un menu déroulant avec le doigt et le positionnement d'un pointeur.
2. **Lister les composants du produit ou du système :** capteur optique, circuit de traitement, coque, molette, boutons.
3. **Lister les technologies utilisées** pour la réalisation des composants : plastique, électronique, capteur de rotation (molette), optique (diode), liaison Bluetooth, liaison WIFI...
4. **Identifier les liens entre les fonctions,** les composants et les technologies d'un produit existant (scénario technique).
5. **Proposer des combinaisons originales** en utilisant les questions suivantes :
   - Peut-on supprimer un composant et assurer la fonction supportée par un autre composant ? Par exemple : peut-on supprimer la molette et assurer la fonction par la coque plastique ? Peut-on supprimer la coque et intégrer la fonction de pointage directement dans la surface de la coque ?
   - Peut-on décomposer le composant en plusieurs éléments qui réaliseront une partie de la fonction ?
   - Peut-on remplacer une technologie par une autre ? Par exemple, la technologie de positionnement optique par des accéléromètres ?
6. **Analyser les idées émises en regard de la valeur créée.** Par exemple, une technologie par accéléromètre apporte-t-elle une valeur ajoutée pour l'utilisateur ou permet-elle de réduire les coûts ?

Méthodologie et conseils

Utiliser un tableau, des Post-it, des photos de composants ; les assembler pour visualiser les *scenarii* techniques et les partager en groupe de travail.
Créer des assemblages originaux en combinant de manière aléatoire une fonction, un composant, une technologie. Réagir à la combinaison obtenue en se demandant comment cela pourrait-il être possible ?
Ne pas se contenter des composants et technologies utilisés dans une architecture existante et ne pas hésiter à enrichir la réflexion par des technologies ou des composants issus d'autres produits connexes ou dans d'autres secteurs d'activité.

Avant de vous lancer...

- ✓ **Cette méthode est adaptée à la recherche de concepts originaux de produits ou de systèmes complexes intégrant de nombreuses fonctions et composants.**
- ✓ **Elle permet de favoriser l'appréhension des solutions brutes sans véritable input (approche concassage).**
- ✓ **Il faut circonscrire le problème à quelques fonctions et aux composants principaux, objets du problème initial, et ne pas hésiter à réaliser plusieurs analyses sur différentes parties du système.**

Outil 50 Le SCAMPER

> “ Il faut secouer la vie, autrement elle nous ronge.
>
> Stendhal

En quelques mots

Cette technique de créativité très proche dans son principe de la technique de concassage est attribuée à Alex Osborn. L'acronyme **SCAMPER** désigne les premières lettres de mots d'action qui permettent d'imaginer des solutions originales au problème posé. Chacun des verbes permet de repenser le produit ou le service en s'autorisant à l'imaginer sous différents angles, seul ou en association avec des éléments d'autres services ou produits connexes.

CHERCHER DES SOLUTIONS SOUS DES ANGLES VARIÉS

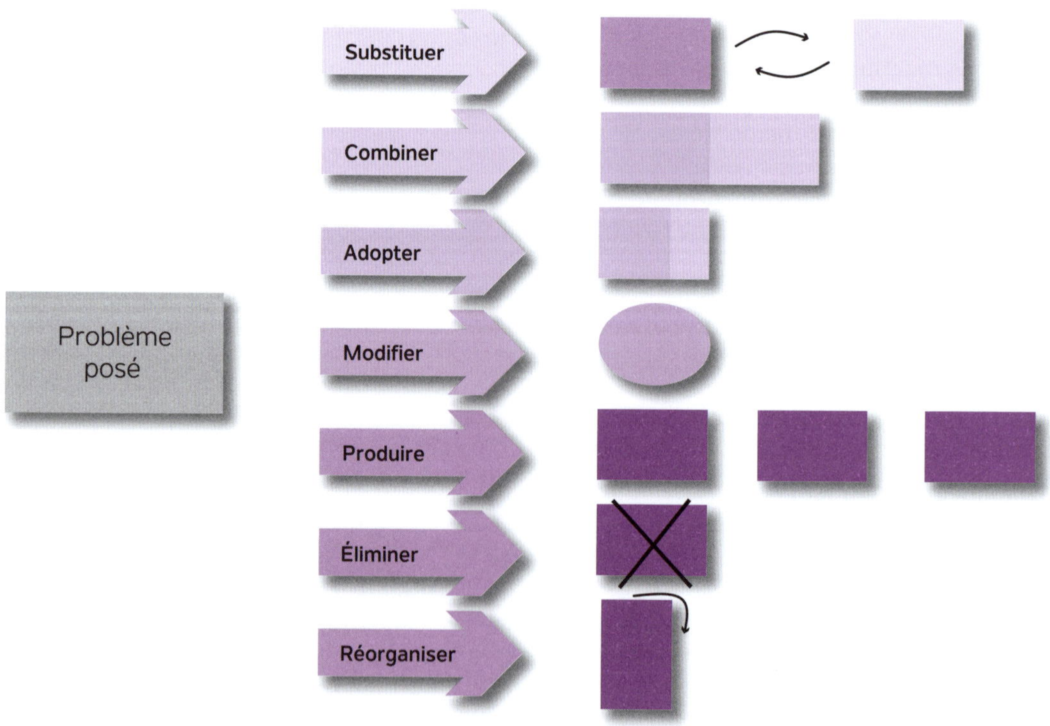

POURQUOI L'UTILISER ?

Objectif

Concasser un produit, du latin *concassare* (secouer fortement), pour faire émerger des idées originales. La phase de production d'idées est guidée car constituée d'un ensemble de pistes de recherche qu'il convient de parcourir successivement en notant toutes les idées qui en résultent.

Contexte

Le SCAMPER est en général utilisé dans une séance de créativité comme renfort d'un brainstorming.
Il est un excellent stimulant pour l'imagination dans la mesure où il force à se poser des questions insolites et à remettre en cause ce qui était conçu comme constituant la meilleure réponse à un problème déterminé.
Il est également plus facile à animer car plus guidé que le brainstorming.

COMMENT L'UTILISER ?

Étapes

À partir du problème posé, lister les verbes d'action un par un et reformuler la problématique. Noter au tableau les idées suscitées par les participants.

1. **Substituer** : mettre un élément à la place d'un autre.
2. **Combiner** : mélanger, combiner avec d'autres composants ou services.
3. **Adapter** : changer des fonctionnalités, utiliser d'autres composants.
4. **Modifier** : modifier les dimensions, augmenter ou réduire l'échelle, changer la forme, modifier les attributs (couleur, texture, son, odeur...).
5. **Produire** : d'autres usages.
6. **Éliminer** : ce qui n'est pas nécessaire (règles, composants, étapes...).
7. **Réorganiser** : renverser, faire dans un ordre différent, modifier la position des composants, des étapes...

Méthodologie et conseils

L'utilisation de l'outil suppose l'identification d'une situation, d'un service ou d'un produit de référence qui sera exposé au début de la réunion. Par exemple, une balançoire composée d'un portique, de cordes et de planches.
Pour gagner du temps et de l'efficacité, préparer les reformulations de la problématique avec les verbes d'action avant la séance. Par exemple, « comment rendre les balançoires connectées sans ajouter d'électronique à l'intérieur ? »
Identifier avant la séance les services et produits connexes qui peuvent faire l'objet de substitutions ou de combinaisons avec le sujet étudié : le jardin sur lequel repose la balançoire, les enfants qui jouent avec, les smartphones des enfants ou les tablettes de leurs parents.
Démarrer par un premier verbe d'action. Par exemple, « que peut-on substituer à certains éléments de la balançoire pour qu'elle soit plus connectée ? »
Inviter les participants à formuler leurs idées sans censure : « la planche pourrait être remplacée par une tablette, sur laquelle les enfants pourraient s'asseoir. »

Suite outil 50 →

Avant de vous lancer...

- ✓ **Ne pas hésiter à s'éloigner du contexte initial pour aller chercher des sources de combinaisons dans d'autres secteurs d'activité.**
- ✓ **Soigner la reformulation de la problématique par les verbes d'action.**
- ✓ **Laisser suffisamment de temps à la réflexion et à l'émission des idées.**

Le SCAMPER

COMMENT ÊTRE PLUS EFFICACE ?

Identifier les composants et éléments du problème

Dans une première phase d'étude, il s'agit d'identifier tous les composants, éléments du service ou de l'objet étudié et de son environnement, puis de lister les attributs des éléments qui contribuent au problème posé.

Décrire l'architecture de l'objet du problème

Utiliser des post-it, des photos, des dessins et les poser sur une table ou un tableau. L'ensemble de ces éléments constitue une vision globale de l'architecture du produit ou du service étudié. S'il s'agit d'un produit, les éléments illustrés seront les composants physiques de l'objet. S'il s'agit d'un service, les éléments seront les étapes du service et les éléments physiques de support du service. Afin de favoriser la créativité on identifiera des alternatives d'éléments répondant à des fonctions identiques. Par exemple, une pointe d'écriture peut être constituée d'une mine graphite, d'une bille, d'une plume... ou d'une imprimante à jet d'encre.

Simuler les actions

Simuler les actions suscitées par les verbes d'action de la méthode SCAMPER en les appliquant aux éléments illustrés dans l'étape précédente. Par exemple, on combinera différents post-it représentant les éléments du produit pour susciter des idées de combinaisons possibles.

Être flexible dans l'ordre des questions

Comme la plupart des techniques de créativité, la méthode SCAMPER n'est pas une méthode « logique » au sens où les questions posées n'ont pas nécessairement de réponses mais servent uniquement à générer des idées. Ainsi l'ordre des questions a peu d'importance. Il est de la responsabilité de l'animateur d'une séance de créativité de choisir les questions de manière aléatoire ou séquentielle. Il est également possible de revenir à une question déjà posée à tout moment dans la démarche.

Le verbe « éliminer » est souvent difficile à animer dans le cadre du SCAMPER, car dans une démarche créative, on est plus souvent dans une dynamique d'ajout que de suppression. Néanmoins, les réponses les plus élégantes étant souvent les plus simples, cela vaut le coup d'y investir du temps.

La démarche SCAMPER peut conduire à des idées convergentes par des questions différentes. Peu importe la question qui a suscité l'idée. Seules la qualité et la quantité des idées comptent, pas la façon dont ces idées ont été produites. Il peut être opportun à l'issue de l'utilisation de la démarche SCAMPER de combiner les idées émises pour en produire de nouvelles.

Cas

Un stylo intelligent pour les réunions

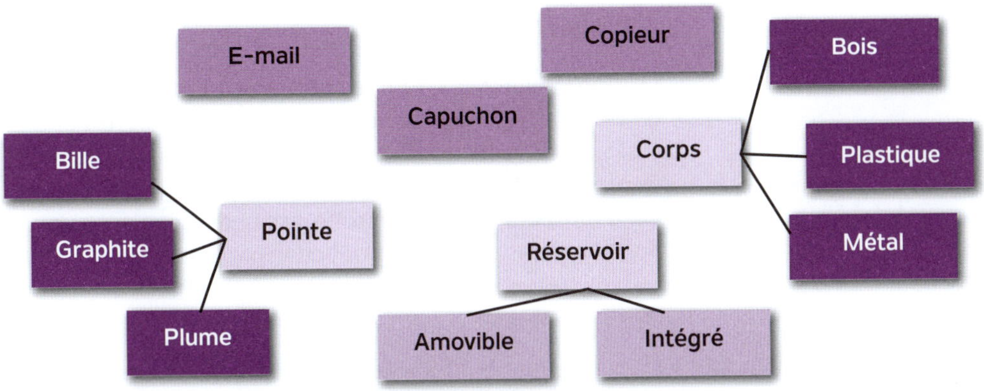

Soit l'exemple d'une entreprise qui souhaite réaliser un stylo particulièrement adapté à la prise de notes en réunion. Cela donnerait :

- *Substituer* (mettre un élément à la place d'un autre) : mettre la réserve d'encre dans un élément amovible, par exemple le capuchon.
- *Combiner* (mélanger, combiner avec d'autres composants ou services) : intégrer une fonction de reprographie de type scanner, photo…
- *Adapter* (changer des fonctionnalités, utiliser d'autres composants) : intégrer un trimmer permettant de minuter les points abordés ou intégrer un pointeur laser.
- *Modifier* (modifier les dimensions, augmenter ou réduire l'échelle, changer la forme, modifier les attributs) : intégrer une diode luminescente de couleur permettant de diffuser un message ou intégrer un micro, un haut-parleur.
- *Produire* (d'autres usages) : intégrer des fonctions de communication de type WIFI.
- *Éliminer* (ce qui n'est pas nécessaire) : la réserve d'encre ? la bille ?
- *Réorganiser* (renverser, faire dans un ordre différent, modifier la position des composants, des étapes…) : intégrer l'encre dans le support papier – la pointe du stylo ne fait que libérer l'encre.

Et pourquoi pas une tablette électronique tactile dédiée à la prise de notes en réunion ? Cette tablette qui pourrait intégrer tous les supports de présentation de la réunion permettrait de prendre des notes en direct et d'envoyer le compte rendu à l'ensemble des participants à l'issue de la réunion.

Outil 51 La bionique

> “
> *Dans la nature, tout a toujours une raison. Si tu comprends cette raison, tu n'as plus besoin de l'expérience.*
>
> *Léonard De Vinci*

En quelques mots

Le terme « **bionique** » a été inventé par le major J. E. Steele de l'USAF en 1958. La bionique étudie cette réserve inépuisable de solutions ingénieuses qu'est la nature (l'évolution) pour nous suggérer des idées de produits, de services, de procédés, etc.
Cet outil a pour objectif de mettre au jour des solutions à un problème donné lors des phases de production par analogie avec la nature.

S'INSPIRER DES SOLUTIONS INGÉNIEUSES QUI EXISTENT DANS LA NATURE

Comment escalader sans piolet ?

S'inspirer des lézards geckos !

Le gecko adhère et « désadhère » à tout type de surface avec un seul doigt, grâce aux « forces de van der Waals ».

POURQUOI L'UTILISER ?

Objectif

S'inspirer de la faune et de la flore pour créer des solutions spectaculaires et vérifiées dans le monde réel. L'exemple le plus connu est le Velcro®, fruit d'une analogie avec le mécanisme d'accrochage aux vêtements de la teigne de Bardane.

Contexte

Idéale dans le cadre d'un travail d'amélioration ou de création d'un nouveau produit, la bionique peut aussi porter sur des problématiques organisationnelles.

COMMENT L'UTILISER ?

Étapes

1. **Généralisation du problème**. Il s'agit de conceptualiser et de reformuler le problème de manière plus générale pour laisser plus de facilités à chercher ce même type de problème dans la nature. Par exemple comment créer une structure cylindrique solide sans colle ni autres produits de fixation ?
2. **Transposition du problème** (éloignement). Il s'agit de guider la recherche d'idées en amorçant la réflexion. Par exemple pour répondre à notre question 1, il faut chercher dans la nature tout ce qui est de l'ordre d'une structure (montée, cylindrique ou circulaire) ou d'autres formes.
3. **Sélectionner quelques analogies**. Par exemple : « je pense à un nid d'oiseau » ou encore « une fourmilière ».
4. **Décodage de chacune des analogies retenues.** Les participants listent les éléments caractéristiques (un nid est fait de petites brindilles, etc.).
5. **Croisement des idées et du problème.** L'animateur droit forcer le mélange des visions entre les analogies caractérisées et le problème posé au départ (alors, comment pourrais-je réaliser un tuyau avec la même structure qu'un nid d'oiseau ?).
6. **Retour au problème.** Les échanges se poursuivent plus spécifiquement sur le problème de départ. L'animateur note sur le *paperboard* les éléments de ces échanges.
7. **Rédaction des fiches idées formalisant les solutions.** L'animateur challenge alors le groupe en s'appuyant sur les *paperboard* rédigés et leur demande d'élaborer une ou plusieurs fiches idées.

Outil 64

Méthodologie et conseils

La mise en œuvre nécessite de 1 à 3 heures (suivant le nombre d'analogies traitées) avec un groupe de 4 à 8 personnes dont des spécialistes du problème mais aussi des *candides*.

Il peut être bon de donner quelques exemples d'application de la bionique aux participants pour les aider à percevoir la valeur de l'outil : la robotique (des robots nageurs à queue de poisson et des robots insectes), les revêtements autonettoyants basés sur les études sur les feuilles de lotus, les revêtements hydro ou aérodynamiques inspirés par la peau de requin. L'aéronautique aussi, dès ses débuts s'est inspirée de la nature, en prenant comme modèle les vols d'oies sauvage pour faire traverser l'Atlantique en formation afin d'économiser du kérosène.

L'animateur peut demander aux participants d'approfondir leurs idées en utilisant l'outil 64 (avocat commis d'office).

Avant de vous lancer...

- ✓ **L'outil bionique nécessite une capacité inventive et de conceptualisation permettant de transposer les idées en solution.**
- ✓ **Plus le problème traité est modélisé et conceptualisé (on cherche à accrocher et décrocher quelque chose par exemple), plus le travail de transposition entre le monde du vivant et votre domaine sera facile (et si on regardait l'accroche des œufs de saumon, etc.).**

Outil

52 La méthode TRIZ

> “ Que la stratégie soit belle est un fait, mais n'oubliez pas de regarder le résultat.
>
> Winston Churchill

En quelques mots

La **méthode TRIZ** part du principe que les solutions aux problèmes rencontrés durant la conception d'un nouveau produit s'appuient sur un nombre limité de principes. Ce constat a été renforcé par l'analyse d'une grande masse de brevets en URSS (400 000) par l'auteur de la théorie, Genrich Altshuller. TRIZ propose de formuler un problème sous la forme de contradictions techniques à partir de 39 paramètres génériques (par exemple, plus je vais loin, plus je consomme d'énergie), puis de rechercher dans une base générique de 40 principes de solutions celui qui peut apporter une idée de solution au problème initial.

TRIZ (TEORIA RESHENIYA IZOBRETATELSKIKH ZADATCH OU « THÉORIE DE RÉSOLUTION DES PROBLÈMES INVENTIFS »)

Comment faire un vélo léger pour le transporter dans les transports en commun ?

Caractéristique à améliorer :
Résistance

Caractéristique à préserver :
Poids d'un objet dynamique

TRIZ →

Principe 1 : Segmentation
Diviser un objet en parties indépendantes.
• Ex : remplacer un gros camion par un plus petit avec remorque.
Rendre l'objet démontable.
• Ex : meuble modulaire.
Accroître le degré de segmentation (fragmentation) de l'objet.
• Ex : remplacer les stores par les stores vénitiens.

← IDEE

Vélo démontable qui rentre dans un sac à dos ou utilisant les roues pour le transport...

POURQUOI L'UTILISER ?

Objectif

La méthode TRIZ s'appuie sur le fait qu'une réflexion créative efficace est celle qui parvient à surmonter des contradictions parmi des paramètres techniques (par exemple : comment aller plus loin en consommant moins d'énergie ?). Elle pose comme postulat la recherche du « résultat final idéal », l'idéalité étant définie comme le rapport entre la somme des fonctions utiles et la somme des fonctions nuisibles et des coûts. À l'extrême, le système idéal est celui qui remplit les fonctions souhaitées mais qui n'a ni coût, ni masse, ni consommation, ni maintenance... Bien que ce système n'existe pas, l'inventeur doit toujours avoir en tête cet objectif qui l'aidera à penser autrement le champ des solutions possibles.

Contexte

La méthode TRIZ est une méthode convergente, c'est-à-dire qui ne favorise pas l'émission de nombreuses idées (comme le brainstorming par exemple) mais qui guide la réflexion directement vers des solutions. Elle est en général appliquée à des problèmes et systèmes techniques mais peut s'étendre à d'autres types de systèmes (organisations, industriels, sociaux...).

COMMENT L'UTILISER ?

Étapes

1. **Mettre en forme** le problème en déterminant ses éléments, sa cause et son environnement.
2. **Identifier** dans la liste type des paramètres TRIZ, les paramètres techniques en contradiction inhérents au problème : quels facteurs se dégradent lorsque je cherche à en améliorer d'autres ?
3. **Synthétiser** le but à atteindre sous forme de « résultat final idéal », c'est-à-dire lister les fonctions utiles à développer ou à améliorer et les effets techniques négatifs à réduire à supprimer, cela au coût le plus faible voire nul.
4. **Appliquer** la matrice de résolution des contradictions techniques qui propose des principes techniques génériques de solutions en croisant les effets positifs à améliorer et ceux à réduire ou à supprimer.
5. **Transposer** les principes proposés pour imaginer des solutions techniques au problème posé et évaluer les solutions.

Méthodologie et conseils

La phase de préparation d'utilisation de la méthode doit être réalisée avec soin afin de lister tous les paramètres du problème. Plusieurs paramètres peuvent faire l'objet de contradictions.
L'identification des contradictions est un élément clé de la méthode. Identifier, dès l'étape de formulation du problème, les actions voulues de l'objet de l'étude et les phénomènes indésirables générés par ces actions.

Suite outil 52 →

Avant de vous lancer...

- ✓ **Bien que développée pour la résolution de problèmes liés à des systèmes techniques, la méthode peut s'appliquer à d'autres types de systèmes moyennant l'abstraction des principes de solutions.**
- ✓ **La mise en œuvre de TRIZ peut être assez lourde. Limiter au préalable le nombre de paramètres et de contradictions pour la séance de créativité.**
- ✓ **Vérifier à l'issue de chaque idée si vous améliorez réellement l'idéalité du système étudié.**

La méthode TRIZ

COMMENT ÊTRE PLUS EFFICACE ?

Formuler la problématique initiale

Pour la formulation de la problématique initiale, lister l'ensemble des constituants et les paramètres du problème et de l'environnement immédiat du problème. Les paramètres techniques sont toutes les grandeurs qui contribuent à la problématique, par exemple : masse, longueur, surface, volume, vitesse, force, tension, pression, forme.

Identifier les contradictions au sein des paramètres. Les contradictions sont des paramètres qui évoluent de manières contradictoires en amplifiant un effet indésirable. Les contradictions sont identifiées à l'aide d'affirmations du type : « Plus le paramètre x augmente ou diminue (effet souhaité) plus le paramètre y augmente ou diminue (effet indésirable) ».

Synthétiser le but à atteindre sous forme de « résultat final idéal ».

Rechercher des solutions

La matrice de résolution des contradictions techniques (téléchargeable sur Internet) propose 40 principes de solutions génériques à appliquer pour la recherche d'idée. Cette matrice liste pour chaque contradiction possible entre 2 paramètres (soit une matrice de 39 × 39 cases), les principes de solutions applicables à cette contradiction. Par exemple, si je recherche des idées pour réduire la consommation d'un véhicule, je trouve au croisement de l'effet souhaité (augmentation de la durée d'action – n° 15) et de l'effet indésirable (réduction de l'énergie utilisée par l'objet mobile – n° 19) le principe générique de l'utilisation d'un système ferromagnétique à la place d'un système mécanique. C'est le principe du train magnétique qui combine un mode de sustentation magnétique avec une onde mobile.

Analyser les solutions

Analyser les idées émises vis-à-vis de l'idéalité du système étudié (augmentation des effets positifs, réduction des effets négatifs, réduction des coûts). Ainsi dans le cas du train magnétique, l'effet indésirable de consommation est largement réduit mais au détriment d'un coût sans doute élevé.

Dans le cas d'une démarche de créativité de groupe, la construction du problème (liste des éléments du système, liste des paramètres à effets positifs et négatifs du système) doit être réalisée en amont par l'animateur. De la qualité et de la pertinence de cette analyse dépendra la qualité des idées émises.

Cas d'entreprise

Une entreprise de formation

Une entreprise de formation souhaite réduire son empreinte écologique sur la planète en supprimant tout document écrit distribué aux stagiaires lors d'un stage de formation en salle. Les avantages de cette démarche sont de supprimer l'émission de CO_2 liée à la fabrication du papier, l'impression et surtout le transport des documents sur le lieu de stage. Cette démarche conduit également à une simplification des processus logistiques et des coûts afférents à la formation.

Les variables du problème

Pour la transposition de notre problème dans la liste des paramètres de TRIZ, nous suggérons comme paramètre à effet positif à améliorer la « quantité de matière (n° 26) », soit dans l'environnement du problème la « quantité de notes » à réduire. Nous suggérons comme paramètre à effet négatif à éliminer la « perte d'information (n° 24) », c'est-à-dire la capacité de l'individu à mémoriser de l'information.

Les contradictions

Une contradiction est identifiée : « Plus la quantité de notes est réduite, plus je perds d'informations mémorisées ».

Le résultat final idéal

« La solution doit permettre de supprimer les supports papier de la formation sans dégrader la mémorisation par le stagiaire du contenu et ce, au meilleur coût. »

L'application des principes TRIZ

La matrice des contradictions techniques nous propose par exemple à l'intersection de l'effet positif n° 26 et de l'effet négatif n° 24 le principe de solution générique suivant : « 1. Utiliser un objet ou procédé intermédiaire pour transmettre l'action ; 2. Combiner temporairement l'objet à un autre, lequel devra pouvoir être enlevé facilement (réversibilité) ». Cela peut par exemple nous inspirer l'idée suivante : utiliser une tablette pour transmettre les contenus et donner l'opportunité de prendre des notes directement sur le support. La tablette est réutilisable et le stagiaire repart avec un fichier numérique.

8

DOSSIER

UTILISER LA CRÉATIVITÉ POUR CONSTRUIRE VOTRE STRATÉGIE

“

L’essence de la stratégie est le choix d’accomplir ses activités d’une manière différente de celle de ses concurrents.

Michaël Porter

Toute stratégie d'entreprise, *a fortiori* lorsqu'elle intègre une dimension d'innovation, se doit de préciser dans quelles directions ces innovations doivent être recherchées. La créativité stratégique consiste à appliquer la démarche de créativité à la recherche des voies d'innovation de l'entreprise. Si les principes qui sous-tendent la créativité stratégique sont identiques à ceux de la créativité tactique, le champ d'application en est très différent. Il s'agit dans ce cas de décliner les orientations stratégiques de l'entreprise en voies d'innovation qui orienteront les choix d'initiatives et de projets innovants pour les années futures. Dans certains cas cette démarche enrichira ou complétera les choix stratégiques de l'entreprise.

Afin d'être véritablement opérationnelles et de fédérer les acteurs de l'innovation, les voies d'innovation issues de la démarche de créativité stratégique se doivent d'être :

- Orientées : vers la mise en œuvre opérationnelle d'innovations (à la différence des axes stratégiques qui ciblent des orientations générales, des marchés).
- Focalisées : exprimées sous forme de problèmes/enjeux uniques et non ambigus posées à l'entreprise. La focalisation permet d'assurer une compréhension commune des enjeux par tous les acteurs impliqués dans la voie d'innovation. À cette fin, la mission de la voie d'innovation doit être exprimée sous forme d'une phrase ou d'une question non ambiguë qui en précise les objectifs.
- Bornées : faisant l'objet de premiers résultats à horizon court terme (1 an maximum). Cela permet d'impliquer un nombre d'acteurs limité dans la voie et d'en faciliter le pilotage. Dans ce but, on s'attachera à définir précisément ce qui en fait partie ou ce qui en est exclu.
- Pilotées : par un acteur missionné par l'entreprise à coordonner des domaines d'activités transverses.

Les étapes de la démarche de créativité stratégique

La démarche de créativité stratégique se déroule en 4 activités concomitantes :

- Une démarche de veille (concurrentielle, marketing, sociologique et technologique) structurée.
- Une démarche de diagnostic stratégique permettant d'identifier les forces, faiblesses, opportunités et menaces de l'entreprise et de ses marchés.
- L'identification des segments de marché porteurs et l'élaboration des axes stratégiques de l'entreprise.
- Une identification des voies d'innovation, cohérentes avec les axes stratégiques et les besoins des segments de marché ciblés.

Les outils

Outil 53 Le SWOT créatif

> “ Un pessimiste voit la difficulté dans chaque opportunité, un optimiste voit l'opportunité dans chaque difficulté.
>
> Winston Churchill

En quelques mots

L'analyse des Menaces, Opportunités, Forces et Faiblesses (MOFF ou SWOT en anglais) est un outil largement répandu de diagnostic stratégique. Le SWOT permet de cibler des axes stratégiques en croisant les forces et les opportunités de l'organisation et conseille d'abandonner les activités faisant l'objet de menaces externes ou de faiblesses internes. Le SWOT créatif propose de renverser cette analyse et d'aller chercher dans toutes les cases de la matrice les opportunités de business.

En croisant chacun des éléments du diagnostic externe (menaces et opportunités) avec chacun des éléments du diagnostic interne de l'entreprise (forces et faiblesses), l'analyse permet d'identifier de nouvelles voies d'innovation en phase avec le potentiel de l'entreprise et le marché.

TRANSFORMER DES MENACES EN OPPORTUNITÉS ET NOS FAIBLESSES EN FORCES

Diagnostic interne / Diagnostic externe	*Forces (Strengths)*	*Faiblesses (Weaknesses)*
Opportunités (Opportunities)	Quelles nouvelles opportunités nos forces nous permettent-elles de saisir ?	Comment transformer nos faiblesses en forces pour saisir des opportunités ?
Menaces (Threats)	Comment transformer des menaces en opportunités à partir de nos forces ?	Des menaces peuvent-elles transformer nos faiblesses en forces ? Comment transformer des menaces en opportunités à partir de nos faiblesses ?

POURQUOI L'UTILISER ?

Objectifs

Le SWOT créatif complète le diagnostic stratégique de l'entreprise et en permet une lecture originale dans une logique d'innovation.

Contexte

Le SWOT créatif se déroule à l'issue du diagnostic stratégique dont il reprend les éléments. Son utilisation peut être faite individuellement mais sera d'autant plus efficace au sein d'un groupe de travail qui couvre l'ensemble des compétences de l'entreprise et la connaissance des marchés. Le SWOT créatif peut être appliqué à l'ensemble du périmètre de l'entreprise et de sa gamme de produits ou à une gamme de produits dans un marché spécifique.

COMMENT L'UTILISER ?

Étapes

1. **Préparer** sur un papier blanc un tableau à 9 cases.
2. **Lister** sur des Post-it colorés, en respectant un code couleur défini au préalable, les éléments principaux du diagnostic stratégique interne (forces et faiblesses) et du diagnostic externe (opportunités et menaces).
3. **Positionner** les Post-it dans les cases adéquates de la matrice en abscisse et en ordonnée.
4. En prenant au hasard n'importe quel Post-it en abscisse et en le croisant avec n'importe quel Post-it en ordonnée, **poser** la ou les questions correspondant à la nature de l'association.
5. **Noter** sur des Post-it d'une autre couleur toutes les idées suscitées par ces croisements. Chacune de ces idées peut devenir une voie d'innovation pour l'entreprise ou une gamme de produits.

Méthodologie et conseils

Prendre le temps lors de la première étape de lister à haute voix chacun des éléments du diagnostic afin que chaque participant à la démarche s'en imprègne.
Ne pas chercher à couvrir l'ensemble des associations possibles. Laisser votre intuition réaliser les associations qui vous semblent porteuses d'idées.
Si une association ne permet pas de générer rapidement des idées, changer d'association. Remettre les Post-it dans leur position initiale et en prendre d'autres.
Si l'on ne dispose pas de Post-it colorés, un tableau (par exemple réalisé à l'aide d'un tableur), dans lequel on aura listé en abscisse les forces et faiblesses et en ordonnée les opportunités et menaces permet à la croisée de chacun des éléments de susciter les questions créatives.
Laisser les participants essayer de faire leurs propres associations en croisant au hasard des éléments de diagnostic interne et externe.
Afin de favoriser la création d'opportunités innovantes, on prendra soin d'élargir la phase de diagnostic externe à des marchés connexes des marchés traditionnels de l'entreprise ou d'une gamme de produits.

Avant de vous lancer...

- ✓ **Cette méthode s'appuie directement sur un diagnostic stratégique qui a pu être réalisé auparavant. Le SWOT créatif se fonde sur les ressorts de l'inversion et de la provocation utilisés dans d'autres méthodes créatives.**
- ✓ **Un déroulé trop systématique des questions peut conduire à une lassitude qui entrave la génération des idées. Ne pas hésiter à rebondir d'une question à une autre en croisant des critères de nature très différente de façon à favoriser les connexions neuronales.**

Outil 54 Le canevas stratégique

> L'essence de la stratégie est le choix d'accomplir ses activités d'une manière différente de celle de ses concurrents.
>
> Michaël Porter

En quelques mots

Imaginé par Kim et Mauborgne, dans leur ouvrage *Stratégie Océan Bleu*, le **canevas stratégique** permet de représenter les offres en présence dans un secteur et de les comparer à celle de l'entreprise suivant différents critères. En se posant une série de questions sur la pertinence de chacun des critères identifiés, l'entreprise peut remettre en question le profil stratégique de son offre et en créer un totalement nouveau.

INVENTER UN PROFIL STRATÉGIQUE NOUVEAU

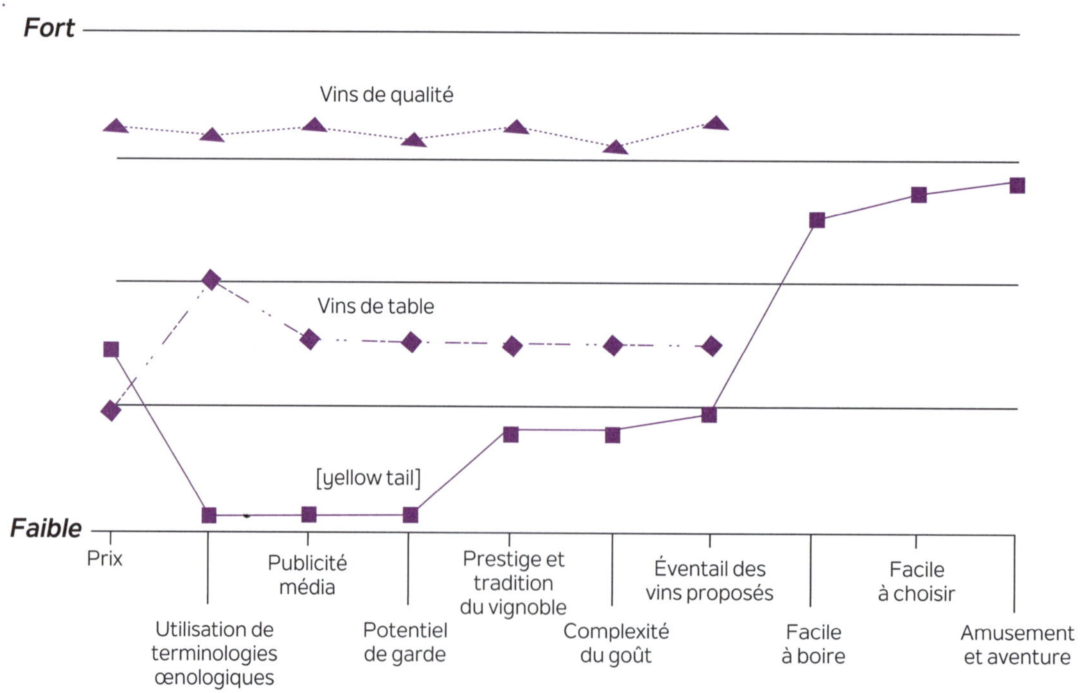

POURQUOI L'UTILISER ?

Objectifs

La plupart des entreprises se battent entre elles sur un même marché, qualifié d'océan rouge (couleur obtenue à cause du sang déversé par les concurrents), en adoptant des comportements mimétiques.
Stratégie Océan Bleu propose une alternative à cette logique de guerre frontale, et vise à surpasser la concurrence en prenant des contre-pieds de ces comportements, et en se positionnant sur un nouvel espace stratégique où aucun concurrent n'est présent.
Le canevas stratégique aide les entreprises à identifier leurs océans rouges et à formuler leurs océans bleus.

Contexte

Le canevas stratégique s'utilise dans le cadre d'une réflexion stratégique de l'entreprise. C'est donc un outil de représentation et de créativité à destination de la direction générale de l'entreprise.
Il peut également être utilisé par des directions marketing qui réfléchissent au nouveau positionnement d'une offre, d'un produit ou service.

COMMENT L'UTILISER ?

Étapes

1. **Identifier les critères de la concurrence sur un marché donné.** On pourra par exemple utiliser l'outil des 6 pistes à cette fin.
2. **Représenter graphiquement le positionnement de la concurrence** sur chacun de ces critères. Cela donne une courbe que les auteurs de Stratégie Océan Bleu appellent le canevas stratégique.
3. **Après analyse du canevas stratégique, proposer des actions sur les critères :** exclure les éléments qui n'apportent pas de valeur au client, atténuer les surcoûts liés à la sur-valeur non perçue par le client, renforcer les critères qui donneraient de la valeur pour le client ou non-client, et créer des nouvelles sources de valeur.

Méthodologie et conseils

Le choix des critères qui vont permettre de représenter le marché est un premier travail créatif. Plutôt que de proposer des analyses chiffrées dans lesquelles la stratégie se perd, la démarche propose de prendre une photographie d'ensemble, qui permette de traduire les comportements mimétiques des acteurs.
Des données chiffrées peuvent néanmoins venir supporter objectivement, dans un second temps, le positionnement sur chaque critère.
Afin de stimuler fortement la créativité, il peut être intéressant, une fois le premier canevas tracé, d'en dessiner un second qui prend le contre-pied complet (un point en haut est placé en bas, et inversement). Une fois ce nouveau canevas tracé, demander aux participants d'expliquer en quoi le nouveau positionnement de chaque point peut constituer un facteur de différenciation fort sur le marché.

Avant de vous lancer...

- ✓ **Très visuel, le canevas stratégique permet de partager une vision stratégique avec l'ensemble des collaborateurs de l'entreprise.**
- ✓ **Il met tout de suite en évidence les comportements grégaires des acteurs d'un marché donné.**
- ✓ **Le choix des critères peut s'avérer difficile à opérer dans un premier temps. Il faut souvent plusieurs tentatives pour réussir à formuler un canevas stratégique représentatif du marché.**
- ✓ **Il est recommandé de se faire accompagner par un expert de la méthode lors de la première utilisation de cet outil.**

Outil 55

Les 6 pistes

> *Une société ne peut distancer ses concurrents que si elle peut établir une différence qu'elle peut préserver.*
>
> Michaël Porter

En quelques mots

Imaginées par Kim et Mauborgne, dans leur ouvrage *Stratégie Océan Bleu*, les **6 pistes** permettent d'aborder un marché existant avec des angles d'approche complètement nouveaux, et de trouver un marché sur lequel aucun concurrent n'est positionné, car il n'existe pas encore !

PASSER 6 PISTES EN REVUE POUR INVENTER UN NOUVEAU MARCHÉ

Solutions alternatives sur le marché	S'inspirer des points différenciants des solutions alternatives
Inspiration dans d'autres secteurs d'activité	S'inspirer des points différenciants des autres secteurs d'activité
Les produits et services complémentaires	Analyser ce qui se passe avant, pendant et après l'utilisation de vos produits/services
La chaîne des acheteurs–utilisateurs	Redéfinir le groupe à cibler Cibler vos « non-acheteurs »
Contenu fonctionnel ou émotionnel	S'interroger sur l'orientation et l'accent mis sur le prix et l'attrait fonctionnel par rapport au contenu affectif
Projection des grandes tendances	Jouer un rôle actif dans la détermination des tendances extérieures

Pour imaginer un marché inconnu unique… le vôtre !

POURQUOI L'UTILISER ?

Objectif

Remettre en cause les certitudes que nous pouvons avoir sur un marché existant, en le soumettant à 6 pistes de questionnement, qui vont permettre d'en redessiner les frontières.

Contexte

Les 6 pistes s'utilisent dans le cadre d'une réflexion stratégique de l'entreprise, une fois que le canevas stratégique a été dessiné (*cf.* outil 54, le canevas stratégique).

COMMENT L'UTILISER ?

Étapes

Dessiner le canevas stratégique de l'entreprise, puis décliner chacune des 6 pistes les unes après les autres, et lister les idées ou opportunités qui peuvent en découler.

- Quels sont les points différenciant des solutions alternatives sur le marché ? (Par exemple, pour un restaurant : les plats préparés surgelés, qui présentent l'avantage d'être mangeables à la maison à toute heure > idée : un restaurant qui propose à ses clients du midi d'emporter un plat préparé pour le soir.)
- Quels sont les points différenciant des autres secteurs d'activité ayant les mêmes missions ? (Par exemple : la mission d'un restaurant pourrait être de permettre aux gens d'être en forme pour bien travailler l'après-midi > idée : s'inspirer des centres de remise en forme dans leur accueil, leur programme, le profil des « coaches ».)
- Qu'est-ce qui se passe avant, pendant et après l'utilisation de vos produits/services ? Quelles sont les insatisfactions qui pourraient être traitées à chaque étape ? (Par exemple : réserver suppose de trouver le numéro de téléphone, se déplacer suppose de prendre un véhicule... > idée : un restaurant qui se « déplace » dans un quartier à jour fixe.)
- Qui sont les « non-acheteurs » de nos offres ? Comment pourraient-ils devenir nos meilleurs clients ? (Par exemple : les nounous qui gardent les enfants au moment du déjeuner, et ne vont jamais au restaurant pour ces occasions.)
- Comment pourrions-nous changer l'orientation et l'accent mis sur le prix et l'attrait fonctionnel par rapport au contenu affectif ? (Par exemple : un restaurant qui ne promet pas de bien manger, mais de ne pas ingurgiter plus de 137 calories pendant le repas.)
- Quelles sont les tendances extérieures majeures qui auront une influence sur le marché dans le futur ? (Par exemple : l'intégration des produits bio, les alicaments > idée : un restaurant qui améliore votre santé.)

Redessiner le canevas stratégique sur la base des opportunités évoquées, et tracer les contours d'un nouveau marché « océan bleu ».

Méthodologie et conseils

Certaines pistes peuvent être plus faciles à utiliser que d'autres. Il est néanmoins intéressant de ne pas abandonner une piste, et de faire l'effort de l'exploiter.

Avant de vous lancer...

- ✓ **Très systématiques, les 6 pistes constituent un guide de questionnement exhaustif pour appréhender un marché avec un œil neuf.**
- ✓ **Les pistes de « l'inspiration dans d'autres secteurs d'activité » et du « contenu fonctionnel ou émotionnel » peuvent s'avérer un peu conceptuelles au début. Une bonne maîtrise des démarches de l'analyse fonctionnelle peut faciliter leur utilisation.**

Outil 56

L'arbre des causes stratégique

> Nous ne connaissons pas le vrai si nous ignorons les causes.
>
> Aristote

En quelques mots

En analysant les facteurs d'insatisfaction qui vont à l'encontre de la mise en œuvre d'un axe stratégique et en les regroupant au sein de familles homogènes, l'**arbre des causes stratégique** permet d'identifier les voies d'innovation porteuses pour l'entreprise. Les axes stratégiques étant le point de départ de l'outil, l'alignement stratégique de l'innovation est assuré par son utilisation.

DÉCLINER DES AXES STRATÉGIQUES EN VOIES D'INNOVATION

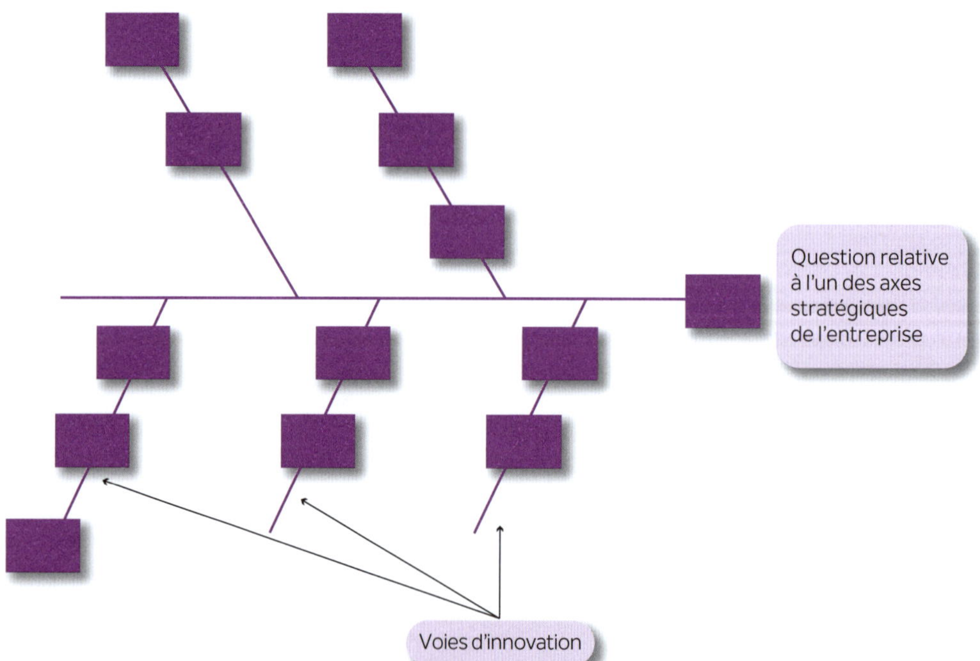

POURQUOI L'UTILISER ?

Objectif

L'arbre des causes stratégique permet de décliner un axe stratégique de l'entreprise en voies d'innovation. Par une analyse systématique des facteurs d'insatisfaction qui vont à l'encontre de la mise en œuvre d'un axe stratégique, l'outil permet d'identifier les axes vers lesquels orienter les actions de recherche des idées nouvelles.

Contexte

L'arbre des causes stratégique se déroule à l'issue de l'analyse stratégique. Il permet, à partir d'axes stratégiques de haut niveau, de décliner de façon plus opérationnelle et concrète les thèmes qui devront faire l'objet d'idées nouvelles et de développements futurs. Les voies d'innovation issues de l'arbre des causes stratégiques permettent d'aligner les acteurs de l'entreprise vers des objectifs d'innovation homogènes avec les axes stratégiques.

COMMENT L'UTILISER ?

Étapes

1. **Résumer les axes stratégiques** de l'entreprise sous forme de missions simples (par exemple : être exemplaire en termes d'environnement).
2. Pour chaque axe identifié, **poser une question** qui reprenne les facteurs d'insatisfaction du marché en lien avec l'axe étudié (par exemple : qu'est-ce qui aujourd'hui dans notre activité est source de nuisance pour l'environnement et la préservation de la ressource ?).
3. **Identifier** par brainstorming sur Post-it toutes les réponses à la question posée.
4. **Regrouper** les Post-it au sein de catégories (6 à 8 au maximum) – chaque catégorie peut devenir une voie d'innovation (par exemple, la réduction de l'utilisation des matières plastiques dans les emballages, la limitation des consommations liées au transport, la réduction des pollutions sur le site...).

Outil 29

Méthodologie et conseils

Utiliser une question intégrant à la fois votre cible marché et l'axe stratégique : quelles sont les insatisfactions de la cible « X » vis-à-vis de l'offre existante dans le domaine de l'axe stratégique « Y » ? ou qu'est ce qui s'oppose à la satisfaction de la cible « X » dans le domaine de l'axe stratégique « Y » ?

Remplacer « insatisfaction » par « non-satisfaction » permet d'identifier des zones de besoins non couverts par le marché.

La démarche est applicable à des axes stratégiques tournés vers l'efficacité opérationnelle interne (réduction de coûts par exemple). Dans ce cas, remplacer la notion de marché par celle d'utilisateurs.

Avant de vous lancer...

- ✓ **Cette méthode permet de concrétiser et de partager dans toute l'entreprise des axes d'innovation concrets et ciblés vers les activités de l'entreprise et ses marchés.**
- ✓ **Elle relie l'innovation à la stratégie de l'entreprise de façon pragmatique.**
- ✓ **La mise en œuvre de l'outil suppose que les axes stratégiques aient été définis ou soient connus par ceux qui mettront en œuvre la démarche.**
- ✓ **Prendre soin à la qualité de la question posée lors de l'étape 2 de l'outil est primordial pour la qualité des idées et pistes émises par la suite.**

Outil 57 Les 6 forces de Porter

> “ L’essence de la stratégie est le choix d’accomplir ses activités d’une manière différente de celle de ses concurrents.
>
> Michaël Porter

En quelques mots

Le modèle des facteurs d’intensité concurrentielle de **Porter** permet d’identifier toutes les **forces** qui augmentent cette intensité et de fait réduisent les marges de l’entreprise par la perte de parts de marché ou une pression négative sur les prix. En listant et en classant ces facteurs par leur intensité et en recherchant des voies permettant de s’en abstraire ou de les réduire sensiblement, cet outil permet d’identifier des voies d’innovation efficaces pour l’entreprise. L’utilisation de cet outil est particulièrement recommandée suite à une veille stratégique réalisée selon le même modèle de Porter.

IDENTIFIER LES FORCES QUI AUGMENTENT L’INTENSITÉ CONCURRENTIELLE SUR VOTRE MARCHÉ

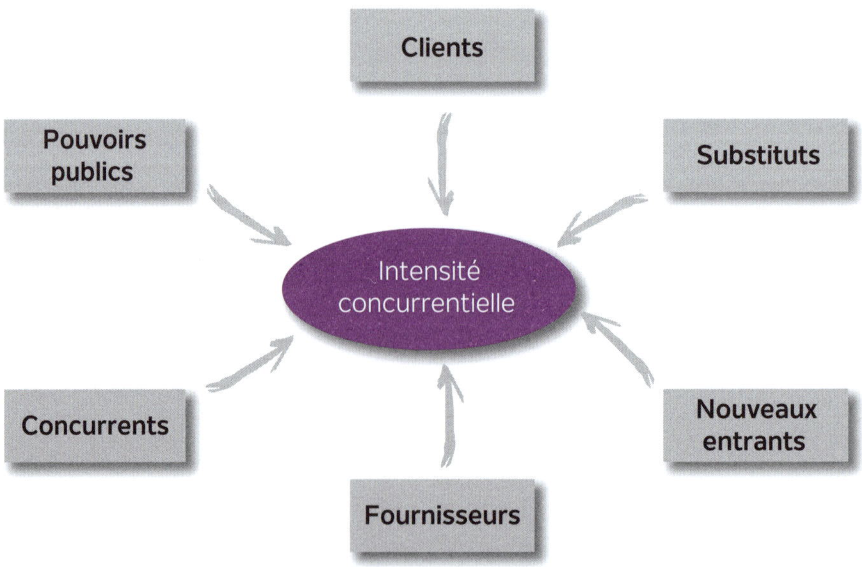

POURQUOI L'UTILISER

Objectif

Définir les voies d'innovation qui nous permettront de réduire l'intensité concurrentielle tout en étant alignées avec les axes stratégiques de l'entreprise. En effet, J. Schumpeter définissait l'innovation comme une situation de monopole temporaire, c'est-à-dire à intensité concurrentielle nulle.

Contexte

L'outil des 6 forces de Porter est utilisé à l'issue de la définition des axes stratégiques de l'entreprise. Il sera utilisé en groupe de travail avec des représentants de l'entreprise en charge des différents domaines concernés par l'outil : vente, marketing, R & D, veille normative, achats... Cet outil doit être utilisé pour chacun des axes stratégiques de l'entreprise.

COMMENT L'UTILISER ?

Étapes

1. **Partir d'un axe stratégique** de l'entreprise (par exemple : le véhicule sans conducteur).
2. **Lister pour chacune des forces de Porter les éléments de contexte** (ex. : fournisseurs clés, concurrents principaux, règlements et normes principales, segments de marchés clés...).
3. **Affecter un niveau d'intensité concurrentiel** (par exemple de 1 à 3) aux éléments listés dans l'étape précédente.
Un niveau d'intensité concurrentiel est d'autant plus élevé que le facteur considéré impacte les parts de marché ou le prix marché.
4. Pour les facteurs d'intensité concurrentielle principaux issus de l'analyse précédente, **identifier des alternatives** permettant de réduire cette intensité.

Méthodologie et conseils

Vous pouvez utiliser une liste d'actions types permettant d'identifier les alternatives pour réduire les différents facteurs d'intensité concurrentielle :

- **Fournisseurs** : changer, internaliser ou externaliser des activités, supprimer des fournisseurs en modifiant la conception de nos produits.
- **Pouvoirs publics** : influencer les normes et règlements, sortir du cadre réglementaire en modifiant nos produits, créer une réglementation spécifique (par exemple, le véhicule sans conducteur).
- **Concurrents** : rechercher des océans bleus (voir outil canevas stratégique), racheter nos concurrents.
- **Clients** : développer de nouveaux canaux de distribution, supprimer des intermédiaires, développer de nouveaux médias de ventes.
- **Substituts** : acquérir de nouvelles compétences, recruter des compétences, racheter des start-up.
- **Nouveaux entrants** : renforcer les barrières à l'entrée (excellence opérationnelle, investissements, compétences clés), se différencier, renforcer ses compétences traditionnelles.

Avant de vous lancer...

- ✓ **Cet outil permet une lecture originale et créative des résultats d'une démarche de veille.**
- ✓ **Il permet de cibler vos axes d'innovation dans tous les domaines de l'entreprise (R & D, marketing, ressources humaines, achats...) et de les aligner avec la stratégie dans tous ces domaines.**
- ✓ **Focalisez l'utilisation de l'outil sur un seul axe stratégique de l'entreprise à la fois.**
- ✓ **Concentrez-vous sur les facteurs principaux tels qu'identifiés dans la troisième étape de l'outil.**

9

DOSSIER

DÉVELOPPER LA CRÉATIVITÉ OUVERTE/COLLECTIVE

“

La créativité et le génie ne peuvent s’épanouir que dans un milieu qui respecte l’individualité et célèbre la diversité.

Tom Alexander

Des outils pour rendre lisible et exploitable le vivier d'idées au sein d'une entreprise

La mise en place de systèmes de management des idées (SMI) vise à faciliter le partage et la maturation d'idées au sein d'une entreprise. Ces SMI s'adossent aujourd'hui de plus en plus à des outils digitaux, dont l'objectif est d'appréhender la complexité liée à la multitude des idées qui peuvent être formulées.

Trouver son chemin parmi des gigabits de connaissance

Selon la Théorie C-K, développée par Armand Hatchuel et son équipe de recherche, la conception innovante met en œuvre une série d'allers retours entre l'espace des concepts (correspondant aux idées en créativité) et l'espace des connaissances, qui permettent une double expansion dans ces deux espaces. Plus nous avons de connaissances, plus nous pouvons formuler d'idées, et inversement.

L'enjeu aujourd'hui est donc d'accéder rapidement aux connaissances les plus adéquates par rapport à une problématique initiale, sans se perdre dans les méandres d'une toile de plus en plus étendue. Cela suppose d'une part de bien formuler nos besoins (« La chance ne sourit qu'aux esprits bien préparés », disait Pasteur) avant de nous lancer en quête d'informations. Cela implique d'autre part de mettre en place les conditions de la sérendipité systématique, le fait de découvrir par hasard une pépite qu'on ne s'attendait pas à trouver, et qui va avoir une incidence très lourde sur le travail créatif.

Une créativité collaborative à distance

La culture digitale se diffuse continuellement mettant en avant la puissance de l « l'intelligence collective ». Aujourd'hui Les fonctionnalités collaboratives des outils digitaux au service de la créativité « collective « permettent aujourd'hui de créer collectivement et à distance. Cette approche *a priori* séduisante de la créativité suppose néanmoins de gérer deux risques majeurs :

- dilution, voire perte de propriété intellectuelle de ce qui est créé ;
- mobilisation des bonnes énergies créatives, au risque sinon de créer beaucoup de « bruit parasite » et peu de valeur créative réelle.

Une créativité externalisée

D'autres outils permettent également de solliciter la créativité des intervenants externes à l'entreprise, et de leur soumettre des problématiques pour lesquelles cette dernière ne dispose pas de réponse en interne.

Loin d'être un effet de mode, cette démarche d'externalisation de la créativité devrait s'amplifier dans les années à venir, car les entreprises chercheront à disposer de plus en plus rapidement de solutions qui leur permettront de créer ou maintenir un avantage concurrentiel.

Les outils

Outil 58

Les systèmes de management des idées (SMI)

> « Soyez vous-même, tous les autres sont déjà pris.
>
> Oscar Wilde

En quelques mots

Selon Dauphinais & Price, 80 % des innovations proviennent des gens qui sont au moins trois niveaux hiérarchiques au-dessous de l'équipe dirigeante. L'entreprise qui souhaite innover doit donc faire des efforts pour identifier, formaliser et partager les idées de ses collaborateurs. Les **systèmes de management des idées** (SMI) sont des solutions qui s'appuient sur des applications informatiques, et qui visent trois objectifs :

- récolter et sélectionner les idées des collaborateurs ;
- enrichir les idées ;
- ouverture sur des partenaires externes.

RÉCOLTER ET ENRICHIR LES IDÉES AU SEIN DE L'ENTREPRISE

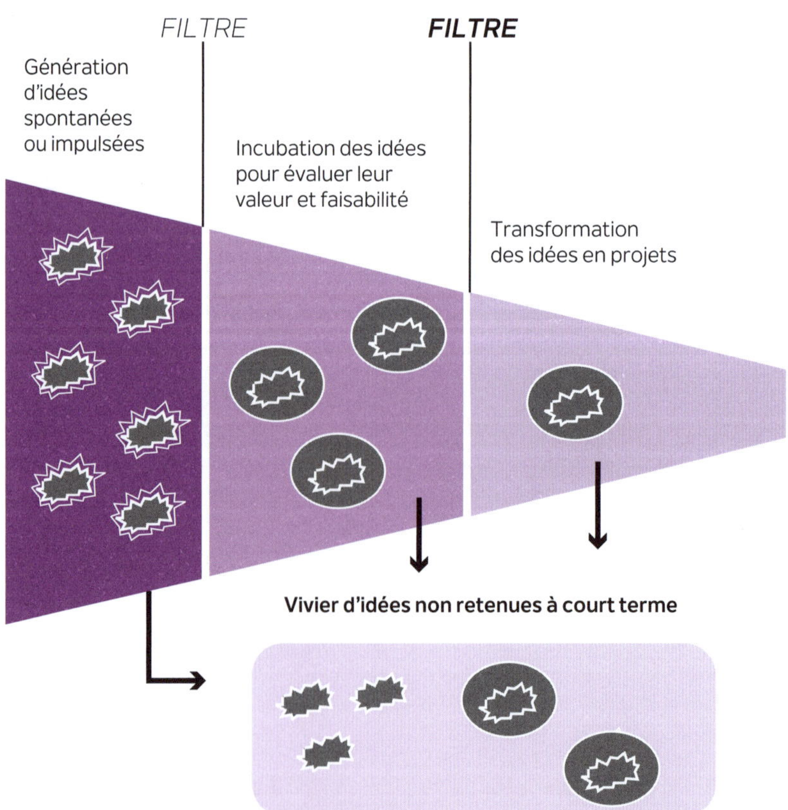

POURQUOI L'UTILISER ?

Objectifs

L'objectif économique :

- encourager l'innovation ;
- accélérer le passage d'une idée à sa mise en œuvre.

L'objectif social :

- favoriser l'écoute et le partage au sein de l'entreprise ;
- reconnaître le savoir-faire et valoriser ses collaborateurs.

Contexte

Les SMI sont à mettre en place dans les entreprises qui souhaitent profiter du capital créatif de leurs collaborateurs.

COMMENT L'UTILISER ?

Étapes

1. **Définir l'organisation**, les pratiques de management et de gestion des ressources humaines qui vont inciter les collaborateurs à alimenter le système. Il convient notamment de répondre aux questions suivantes : comment valoriser les contributeurs ? Comment favoriser le travail collaboratif pour que les idées circulent et s'enrichissent auprès de tous les acteurs ?
2. **Donner une identité** à la démarche : nom, logo, visuels permettant l'identification du dispositif.
3. **Former les collaborateurs** pionniers, qui seront les premiers à alimenter le SMI, à montrer que ça marche et à jouer le rôle d'ambassadeurs auprès des autres.
4. **Au-delà des actions** de communication initiales, maintenir la démarche présente à l'esprit : actions de promotion ponctuelles et régulières, affichage permanent des résultats.
5. **Faciliter la participation** à la démarche : diffusion d'outils et de supports, individuels ou collectifs, présentant des techniques et astuces de créativité. La startup La Fabrique A Innovations propose une solution digitale gratuite permettant de vous lancer en quelques clics : www.lfai.co pour tester en tant qu'utilisateur d'un SMI ou www.campus.lfai.co pour tester en tant que pilote d'une démarche d'innovation et de créativité participative

N'oubliez pas de valoriser les individus et les idées : promotion effective des idées, diffusion large des témoignages d'auteurs d'idées, récompense des auteurs.

Méthodologie et conseils

Il est recommandé de bien maîtriser l'ouverture interne avant de procéder à une ouverture externe. Afin de mesurer la performance obtenue par le SMI, il faut définir des indicateurs simples, comme par exemple :

- la moyenne d'idées proposées par employé/répartition par service (viser plus de vingt idées par salarié par an) ;
- le nombre d'idées retenues sur nombre d'idées proposées ;
- les idées réalisées/idées retenues ;
- les économies et/ou recettes supplémentaires générées.

Avant de vous lancer...

- ✓ **Cet outil permet d'impliquer et de motiver les collaborateurs de l'entreprise sur l'innovation (selon Gallup 2018, en moyenne 6 % de salariés s'affirment engagés au travail, et 20 % sont franchement désengagés).**
- ✓ **Sur campus.lfai.co. l'application permet de créer son premier SMI gratuitement en quelques minutes.**
- ✓ **Le système de management des idées n'est pas un outil mais une démarche complète qui doit s'intégrer dans l'écosystème de l'entreprise.**

Outil 59

Hackathon

> « Individuellement nous sommes une goutte d'eau, Ensemble nous sommes un océan.
>
> Ryunosuke Satoro

En quelques mots

Voici encore un héritage du développement de la culture digitale. À l'origine, les **hackathons** sont des événements où un groupe de développeurs *volontaires* se réunissent pour créer un programme informatique collaborativement et en un temps réduit. Aujourd'hui, le hackathon est une formidable méthode permettant de solliciter l'intelligence collective, la créativité participative sur une logique d'« effectuation », à savoir apprendre et créer en faisant. Généralement déployés sur 2 jours, les premiers hackathons organisés pour d'autres missions que le développement informatique l'ont été à l'ISTIA sous l'impulsion de Jeremy Legardeur Phd, avec ses premières 24 heures de l'innovation.

UN COMMANDO POUR CRÉER « FROM SCRATCH » EN 48 H

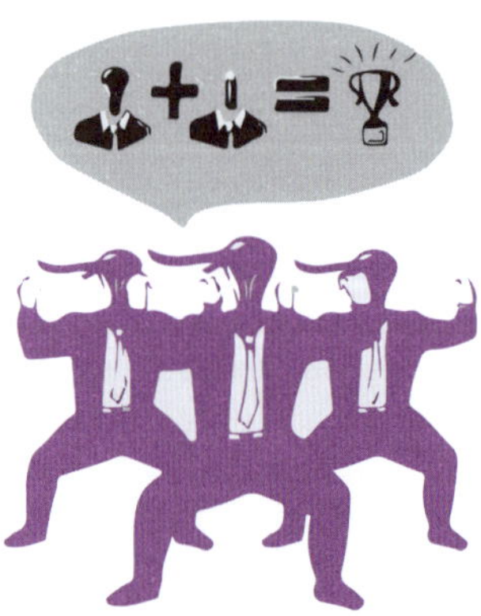

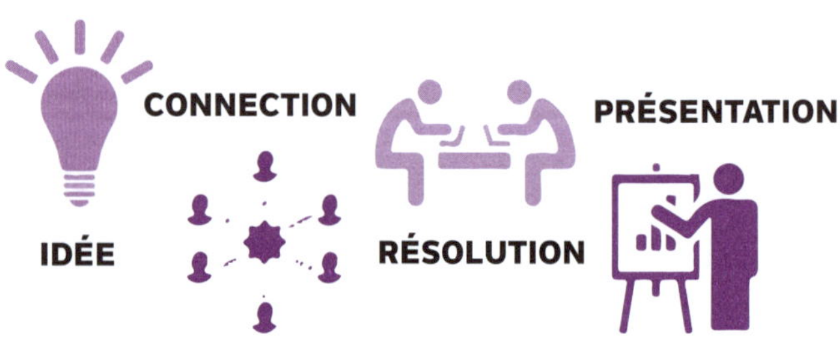

POURQUOI L'UTILISER ?

Objectifs

Regrouper, autour d'un porteur d'idée ou d'une équipe, toutes les compétences pluridisciplinaires pour transformer une idée en solution en un temps très court.

Contexte

Cet outil s'utilise dans une logique de co-conception, avec une équipe d'animation en charge de son pilotage (service innovation, pépinière, association, écoles).

COMMENT L'UTILISER ?

Étapes

Constituer l'équipe d'animation, qui a pour objectif de préparer l'événement et qui doit :

1. Préparer les données d'entrées : le thème du hackathon, les éléments de veille disponibles, les grandes idées directrices et surtout les objectifs.
2. Définir les règles d'animation de l'événement et les jurys de sélection. En effet, la plupart des hackathons disposent d'un jury final qui évaluera les projets au bout du processus à savoir des 48 h.
3. Constituer et mobiliser des mentors, coachs ou consultants qui viennent donner de leur temps et expertise à la demande, pendant ces 2 jours.
4. Il est possible aussi de designer des « observateurs/boosteurs » qui ont un rôle de motivateurs, de moteurs, afin de booster les équipes et s'assurer qu'elles avancent sur un bon rythme.
5. Lancer l'appel à candidater au hackathon, sélectionner et constituer les équipes participantes.

Avant l'événement : communiquer sur les premières candidatures et ainsi être en capacité de recevoir des volontaires qui souhaiteraient, non pas proposer un projet mais une compétence dans une équipe.

Le jour J :

1. Accueillir tous les participants et les placer avant le lancement de l'événement.
2. Préparer un pré-lancement sous forme de présentation rapide des objectifs et des participants (15 minutes idéalement).
3. Et comme pour le départ d'une course, lancer l'événement et le chronomètre.

Pendant l'événement :

4. Vos observateurs relancent, prennent des photos et communiquent sur les réseaux sociaux.
5. Les experts, coachs sont sollicités par les équipes mais ils peuvent aussi intervenir.

À la fin des 48 h :

1. Mettre en place du jury.
2. Lancer le moment « PITCH » qui correspond à la présentation finale des résultats sous forme dynamique avec comme objectif de convaincre le jury.
3. Après une courte période de délibération entre les membres du jury vous passez à la phase de remise de prix et récompenses.

Plusieurs mois après l'événement : penser à donner des nouvelles des avancées des gagnants pour eux, pour vous et pour vos prochaines éditions (motivation).

Méthodologie et conseils

Bien cadrer les objectifs dès le départ et d'afficher si possible les critères de sélection. Toujours disposer de moyens d'exploitation des solutions gagnantes. Vous pouvez solliciter des « sponsors » qui proposeront des aides en nature. Dans l'entreprise, cela peut prendre la forme d'heures ou de lignes budgétaires mise à disposition par des services pour aider à la faisabilité des idées gagnantes.

Avant de vous lancer...

✓ **Pour une délibération plus objective préparer une grille d'évaluation individuellement remise à chaque membre du jury. Penser à structurer plusieurs natures de prix (meilleur espoir...).**

Outil 60 Tour FL (Tour Fab Lab)

« Des idées, il y en a des milliers dans les entreprises. Par contre, des box assez larges pour qu'elles puissent exister, c'est une autre affaire.

Luc de Brabandere

En quelques mots

La **Tour FL** est inspirée des démarches de Fab Lab (*Fabrication Laboratory*). Véritable espace de collision et de rencontre aléatoire entre le monde de l'imaginaire et celui de la production, elle favorise la rencontre entre les idées et les moyens de les produire. Véritable outil de « speed dating » idée/production, l'outil Tour FL est aussi un outil qui favorise l'intelligence collective.

FAVORISER LA RENCONTRE ENTRE LES PORTEURS D'IDÉES ET CEUX QUI PEUVENT FACILITER LEUR MISE EN ŒUVRE

POURQUOI L'UTILISER ?

Objectif

Faire émerger le plus rapidement possible des projets d'innovation, en s'appuyant sur la capacité créative « libre » de certains de vos collaborateurs (internes ou externes), mais également sur les capacités de production, marketing, etc., des autres.

Contexte

L'outil Tour FL se distingue des démarches d'innovation ouvertes qui se déroulent de manière continue et s'utilise en mode « défi », une fois que l'entreprise dispose d'une manne d'idées suffisamment importante.

COMMENT L'UTILISER ?

Étapes

1. **Programmer** l'événement par trimestre sur le mode festival.
2. **Élaborer** le programme et le thème de l'outil Tour FL pour chaque date. Pour ce faire, diffusez deux messages dans votre entreprise :
   - Tout porteur d'idées peut vous la soumettre afin de regarder si elle peut être exposée au festival des idées et ainsi rencontrer le soutien ou non d'autres acteurs de l'entreprise.
   - Tout porteur de moyens à exploiter peut se manifester. Des moyens jusqu'à présent utilisés d'une certaine manière mais qui pourraient apporter une autre valeur en les utilisant différemment (aussi bien des moyens de production que de ventes, etc.).

   En fonction des résultats obtenus, **constituer des tables rondes** entre des idées et des moyens. Pour élaborer ce « staffing », entourez-vous d'un groupe pluridisciplinaire portant les données de la production, la stratégie et le marketing au minimum.
3. **Le jour J,** afficher les règles d'Osborn (voir outil 21) et donner un timing précis, avec comme objectif une présentation en plénière des résultats de chaque table ronde (en principe un projet d'innovation « clé en main »).

Lors des présentations en plénière, il n'y a pas d'évaluation en mode jury, mais simplement une catégorisation (type et niveau de maturité de l'innovation). Demander alors à chaque groupe s'il va poursuivre la réflexion ensemble ou pas. Le but étant que la majeure partie des groupes dise oui et mette en place une dynamique « collaborative », source d'innovation efficiente pour l'entreprise.

Méthodologie et conseils

Pour mettre en œuvre cet outil, il convient de créer des rencontres humaines entre les porteurs d'idées et les acteurs de la chaîne de valeur de l'innovation (marketing, R & D, production, vente, etc.), autrement que sous le mode jury/inventeur évalué. Si vous disposez d'un lieu de passage des salariés, essayez d'exploiter une zone pour afficher sur un panneau les candidatures projets et juste à côté positionner un *paperbard* pour que les gens mettent à disposition leurs compétences et/ou envie de participer à tel ou tel projet.

Avant de vous lancer…

- ✓ **L'outil permet une rencontre entre tous les acteurs de la chaîne de valeur de l'innovation, qui facilite le soutien au projet d'innovation issu de cette démarche.**
- ✓ **Il favorise un pragmatisme par l'intégration le plus en amont des contraintes de faisabilité, ce qui augmente l'efficience des solutions créatives produites via l'utilisation de cet outil.**
- ✓ **Il faut vérifier l'adéquation des résultats issus de cette démarche avec les enjeux stratégiques de l'entreprise.**
- ✓ **L'équilibre entre les contraintes de faisabilité et l'originalité des idées émises ne doit pas être castrateur et la bienveillance doit être la seule attitude adoptée.**

Outil 61 Le tournoi des idées

> La licorne fut créée par sorcellerie pour permettre aux preux chevaliers de se combattre en tournoi les mains dans les poches.
>
> Éric Chevillard

En quelques mots

Le **tournoi des idées** permet d'animer votre démarche d'innovation participative. Dans ce tournoi, les idées se confrontent les unes aux autres et seules les idées gagnantes peuvent passer à l'étape suivante. Chaque étape permet de collecter du *feedback* sur les idées et de les améliorer pour leur donner un maximum de chances de victoire.

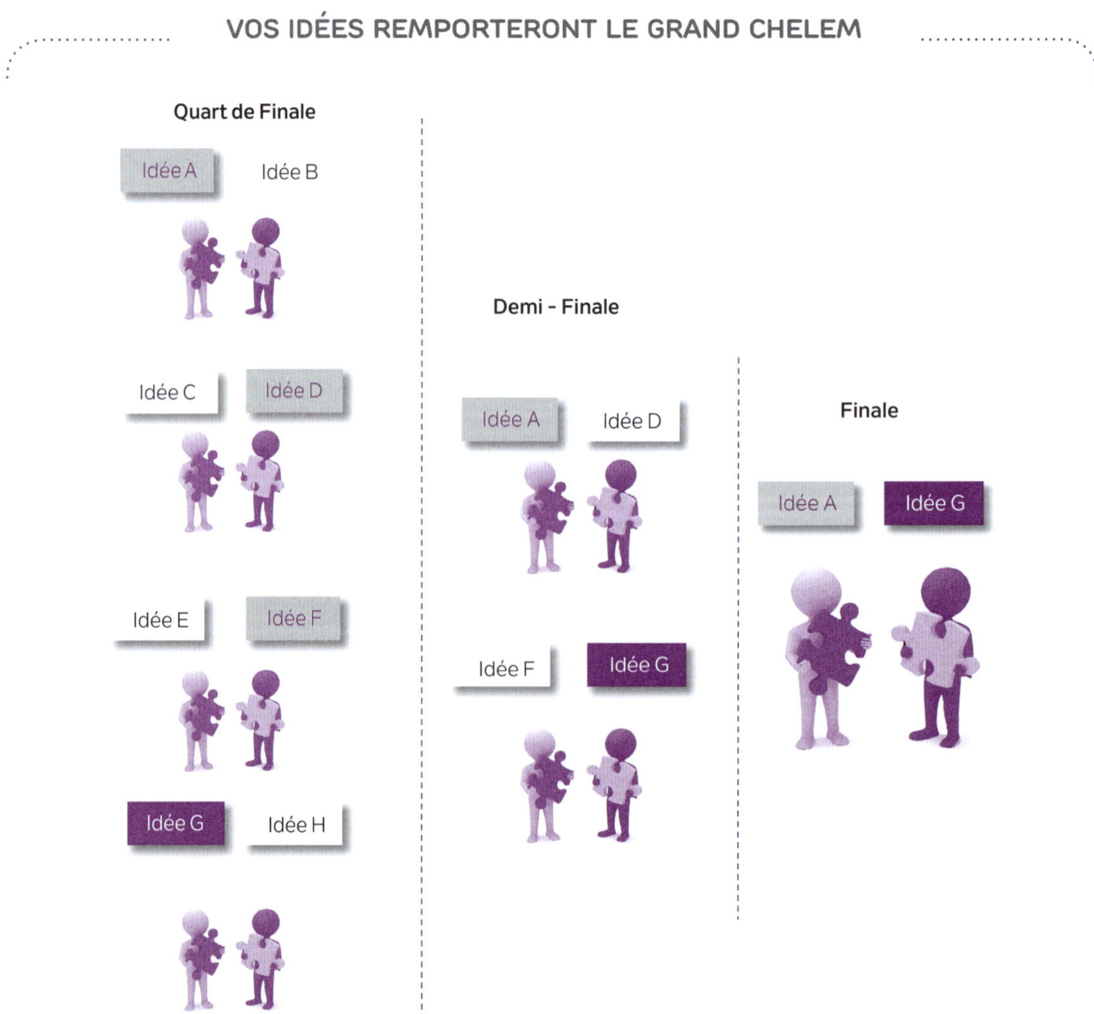

POURQUOI L'UTILISER ?

Objectif

Lorsque vous lancez un concours d'idées dans votre entreprise, il y a souvent 1 seul gagnant. Le tournoi d'idées vous permet d'obtenir au moins 50 % de gagnants.
Grâce à cet outil, les idées ont été fortement critiquées, leurs points faibles identifiés et corrigés.
Dans le tournoi des idées, la subjectivité du groupe entrera en action. Les résultats sont alors plus acceptables pour le groupe social.

Contexte

Cet outil s'utilise en management de l'innovation participative. Il peut se déployer sur une journée ou sur plusieurs mois.

COMMENT L'UTILISER ?

Étapes

1. **Concours d'idées à destination de tous les « joueurs ».** Vous lancez un défi, comme par exemple : « Comment améliorer la sécurité dans notre groupe ? ». Tout le monde joue individuellement et se verra attribuer des points par le COP'IN du tournoi (Comité de pilotage innovation), points qui correspondent à la réponse à des critères de sélection annoncés dès le lancement de la compétition. Ici par exemple : rapidité de mise en œuvre/impact sur la santé des salariés/caractère innovant, etc. Chaque idée obtient ainsi un score et un classement.
2. **Sélection de 32 idées.** Vous sélectionnez les 28 idées avec le score le plus élevé et vous pouvez attribuer 4 *green cards* (des coups de cœur) pour 4 idées repêchées et que vous trouvez originales.
3. **Tournoi**. Vous procédez au tirage au sort pour construire le tableau du tournoi et lancer les quarts de finale.

Ces matchs se déroulent devant le maximum de participants, de la manière suivante : chaque équipe (ou personne) réalise un *pitch* de 5 minutes maximum chrono en main pour présenter son idée. Au bout de 10 minutes (soit 2 présentations de 5 minutes), chaque porteur d'idée doit débattre avec l'autre personne en expliquant pourquoi il est pour la sienne et contre celle de son adversaire.
À la fin des 5 minutes de débat, un vote est réalisé et l'assemblée décide du vainqueur. La personne ou l'équipe perdante rejoint l'idée gagnante et ses membres d'équipage. Leur mission est alors de remporter avec eux le prochain match et ce jusqu'à la grande finale.

Méthodologie et conseils

Nous vous conseillons de proposer un format de présentation aux participants. Entre chaque « match », il convient de reprendre les éléments du pour/contre et d'inviter tous les membres de l'équipe à répondre à ces remarques négatives pour consolider l'idée.

Avant de vous lancer...

- ✓ **Très dynamique, le tournoi des idées fédère les salariés autour des meilleures idées.**
- ✓ **L'intégration des porteurs d'idées perdants pour consolider les solutions créatives gagnantes augmente l'efficience de vos démarches de créativité participative.**
- ✓ **Il faut cadrer le défi collectif que vous allez lancer auprès de vos salariés. Imaginez qu'il s'agit d'un jeu de société et les règles, les objectifs doivent être clairs et compréhensibles par tous les joueurs.**
- ✓ **Bien réguler le temps de parole lors des débats.**

10

DOSSIER

TRANSFORMER LES IDÉES EN SOLUTIONS

“

C’est souvent la solution écartée d’office qui aurait été la bonne.

Édouard Michelin

Au terme d'un travail créatif, les différentes personnes qui ont été associées se retrouvent confrontées à deux difficultés majeures :

- la quantité d'idées formulées peut rapidement produire un effet d'« infobésité », avec une difficulté à identifier les pépites, ces idées « géniales » qu'il convient de localiser ;
- il est difficile de se prononcer sur la valeur d'une idée quand sa description ne dépasse pas la taille d'un Post-it.

Trier pour éclairer

L'objectif est ici de donner une certaine cohérence à la production d'idées qui peut parfois s'éparpiller. Il faut donc définir une taxonomie des idées, un classement des différentes « espèces » ayant émergé au cours de la séance. Bien plus qu'une organisation pure et simple des idées, cette phase permet de mettre en évidence de grands champs d'investigation, plus ou moins défrichés lors de la séance (on peut se rendre compte qu'une catégorie ne comprend qu'une seule idée, et qu'elle en mériterait beaucoup d'autres).

Donner du corps aux idées

Les idées sont des briques élémentaires, partielles et peu détaillées. Il est donc nécessaire de donner du corps à certaines idées pour pouvoir en juger la valeur. Cela passe par une phase d'élaboration, qui va consister à détailler l'idée, à la mettre en cohérence avec la problématique initiale. Très souvent, ce travail va nous amener à combiner plusieurs idées de la séance entre elles. Il faut se représenter, durant cette phase, l'enfant qui joue aux legos® : il assemble des briques unitaires pour former une figure cohérente et robuste.

Amener à maturité

Très souvent, au terme de la formalisation d'une idée, nous ressentons une certaine euphorie, car nous avons achevé un travail laborieux, trouvé une solution originale au problème posé et secrété de la dopamine et des endorphines (hormones de plaisir et de bien-être). Nous manquons donc sérieusement de recul pour juger de la valeur et surtout des risques associés à la mise en œuvre de nos idées.

C'est pourquoi il est essentiel de passer cette idée au crible du regard critique d'une personne extérieure, qui saura mettre en évidence des atouts que nous n'avions pas perçus, mais aussi des limites qu'il faudra surpasser.

C'est au terme de ce travail de maturation que pourra débuter la phase de sélection des « pépites ».

Les outils

Outil 62 Le diagramme d'affinités

“Dans la lumière de ce matin d'automne, je contemplais distraitement les rangées de pots d'épices, de bols et de casseroles. La cuisine était un monde en soi. Exactement comme le disait W. Shakespeare. Le monde était une cuisine

Haruki Murakami

En quelques mots

Le **diagramme d'affinités** (ou méthode KJ, du nom de son auteur Kawakita Jiro), est utilisé pour organiser les idées émises par un groupe et les structurer par thèmes homogènes.
Il permet de mettre en lumière des catégories d'idées et de faciliter le travail de sélection des idées pertinentes.

ORGANISER LES IDÉES ÉMISES PAR UN GROUPE

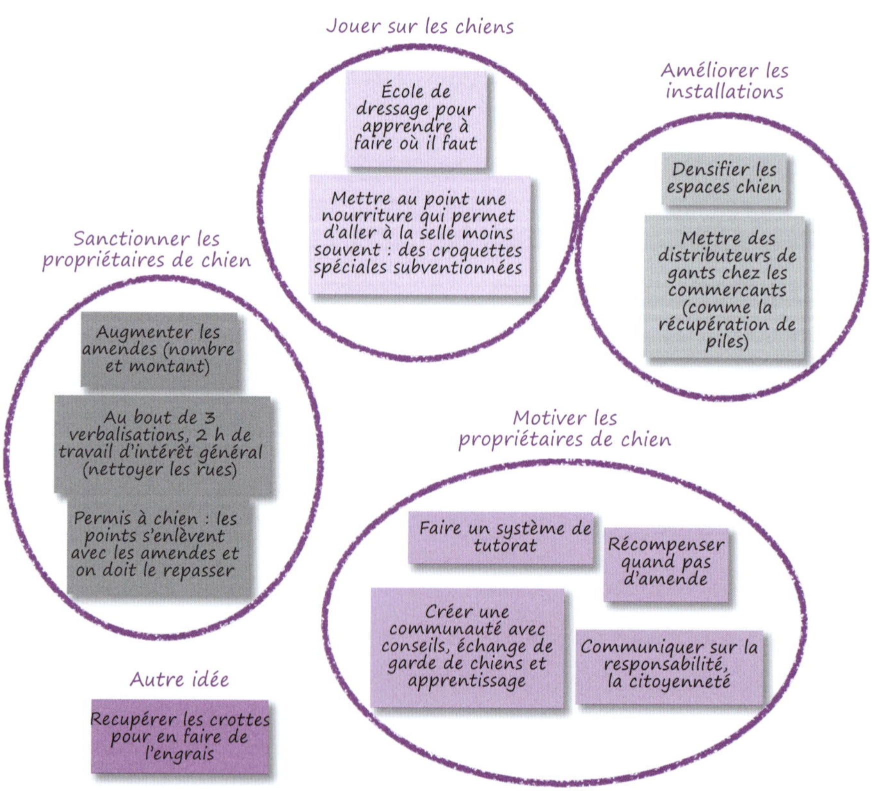

POURQUOI L'UTILISER ?

Objectifs

Cet outil vise à regrouper les idées par thèmes homogènes et mesurer la flexibilité du groupe (capacité à explorer des registres différents lors d'une démarche créative).

Contexte

Le diagramme d'affinités est particulièrement important dans un travail créatif de groupe, lorsqu'un grand nombre d'idées sont formulées et que le risque de s'y perdre est fort.
Il permet de redonner de la cohérence et du cadre après une phase divergente, et intervient donc avant la phase de sélection et d'approfondissement des idées.
Il a été introduit dans le monde occidental par Shoji Shiba comme outil de management par la qualité totale à partir de 1985.

COMMENT L'UTILISER ?

Étapes

Une fois que la phase de génération d'idées est terminée :

1. **Afficher** l'ensemble des idées qui ont été formulées par le groupe.
2. **Demander** au groupe de bouger les post-it pour constituer des groupes d'idées similaires.
3. **Trouver** d'abord deux idées inter-reliées, puis continuer à constituer des paires ou à ajouter des idées aux paires existantes.
4. **Poursuivre** jusqu'à ce que toutes les idées aient été placées dans un groupe.

Les idées peuvent être bougées autant de fois que cela est nécessaire, jusqu'à ce que les membres du groupe soient satisfaits du classement réalisé. Chaque catégorie peut contenir autant d'idées que l'on veut (même une seule idée).

5. **Le groupe détermine** ensuite un titre (de trois à cinq mots, en langage simple et clair) pour chaque catégorie, et l'écrit en tête de catégorie. Parfois, une des idées fait office de titre pour la catégorie.

Méthodologie et conseils

En règle générale, six à dix catégories sont constituées. C'est un excellent indicateur de flexibilité du groupe (capacité à trouver des idées dans plusieurs registres différents). Si le nombre de catégories est faible, cela peut signifier que la production d'idées en amont n'a pas été suffisamment fertile et qu'il est nécessaire d'en formuler de nouvelles.
Si certaines idées restent non classées car elles peuvent potentiellement être rattachées à plusieurs catégories, essayer de les décliner en plusieurs sous-propositions, ou bien les doublonner pour qu'elles apparaissent dans les catégories concernées.
Regarder si les petits regroupements ne peuvent pas être intégrés à une catégorie plus large et inversement pour les groupes importants, évaluer la possibilité de les fractionner pour gagner en précision.

Avant de vous lancer…

- ✓ **Très visuel, il permet de mettre en évidence rapidement la panoplie des thèmes abordés lors de la phase de génération d'idées.**
- ✓ **Le diagramme d'affinités facilite grandement le travail d'identification des pépites à creuser. Faire appel à l'intuition et à la créativité du groupe de travail plutôt qu'à des approches trop rationnelles, afin que le premier classement se fasse rapidement.**
- ✓ **Attention de ne pas noyer certaines « pépites » dans des catégories généralistes : accepter d'avoir des catégories ne contenant qu'une seule idée.**

Outil 63 La fiche idée/concept

> Ce qui se conçoit bien s'énonce clairement et les mots pour le dire arrivent aisément.
>
> Boileau

En quelques mots

La **fiche idée** est essentielle dans le processus de créativité car elle force le rédacteur à développer l'idée émise, à l'analyser, tant par ce qu'elle apporte au problème posé, que par rapport aux risques qu'elle peut générer. Enfin, elle prépare les études de faisabilité en orientant les premières actions à mener pour lever les risques identifiés.
Elle constitue la première confrontation de l'idée au problème posé et à la réalité. Par un titre évocateur et percutant, elle constitue également un premier moyen de communication et de promotion de l'idée auprès de l'entreprise.

FORMALISER LES IDÉES

FICHE IDÉE n°...

Date : **Émetteur :**

Titre :

Description détaillée de l'idée et du procédé de mise en œuvre (schémas, dessins)

Avantages	Risques	Propositions

POURQUOI L'UTILISER ?

Objectifs

Les idées émises lors d'une séance de créativité sont très souvent des réponses partielles à la problématique posée, notées sur des Post-it en quelques mots. La fiche idée va obliger l'émetteur de l'idée à la formaliser, à lui donner du corps, à se poser des questions, à s'assurer de la pertinence, à en évaluer les risques, à se projeter dans le futur.

Contexte

Même si rien n'empêche d'écrire une fiche idée pour chacune des idées émises lors d'une séance de créativité, l'exercice peut s'avérer rapidement fastidieux, voire contre-productif par la quantité d'informations produite. La fiche idée doit donc être écrite pour une idée qui réponde au problème à résoudre. Ainsi, l'écriture d'une fiche idée se fait idéalement à l'issue d'un diagramme d'affinité. La fiche idée est alors la description d'une idée aboutie qui répond, en combinant plusieurs idées, à l'ensemble de la problématique initiale.

COMMENT L'UTILISER ?

Étapes

La rédaction d'une fiche idée se fait à l'issue d'une réunion d'émission d'idées. Un responsable est nommé pour chacune des fiches. Les rubriques de la fiche doivent être rédigées avec soin :

- **Titre :** le titre va accompagner très longtemps une idée. Un titre simple, « autoporteur » de l'idée, facilitera la communication.
- **Description détaillée de l'idée :** le lecteur doit comprendre comment votre produit/service va exister de manière très opérationnelle ! Ce sont les détails qui vont donner du corps à votre idée.
- **Avantages :** lister tous les avantages que vous voyez à la mise en œuvre de l'idée.
- **Risques :** lister objectivement tous les risques que vous voyez à la mise en œuvre de l'idée.
- **Propositions :** lister les actions à mener pour développer la faisabilité de l'idée, évaluer et limiter les risques identifiés.

Outil 62

Méthodologie et conseils

Formaliser une idée aboutie qui réponde au problème posé. Pour cela, combiner les idées au sein d'un diagramme d'affinités (*cf.* outil 62) avant la phase d'écriture.

Ne pas hésiter lors de la rédaction de la fiche idée à transformer l'idée, à la compléter, à l'enrichir. Le travail créatif ne s'arrête pas à l'émission d'une idée : c'est un travail permanent.

Éviter les murs de texte : des images, encore des images !

Avant de vous lancer...

- ✓ De par les questions qu'elle suscite, la fiche idée oblige le rédacteur à un travail d'approfondissement de l'idée qui va la rendre à la fois concrète et répondant au problème posé.
- ✓ Elle est la première étape de communication et d'appropriation de l'idée par l'entreprise.
- ✓ La fiche idée doit rester synthétique. La qualité de rédaction est primordiale pour à la fois exprimer tout l'intérêt de l'idée et ne pas la noyer dans les détails.
- ✓ Ne pas oublier que la fiche idée est destinée à être lue par des non-spécialistes du domaine et que celle-ci doit rester compréhensible.
- ✓ Ne pas minimiser les risques à la mise en œuvre de l'idée. Les propositions d'action sont là pour les évaluer et les limiter.

Outil 64 L'ACO (avocat commis d'office)

> Mourir pour mes idées, d'accord, mais de mort lente.
>
> Georges Brassens

En quelques mots

L'**avocat commis d'office** (ou avocat de l'ange) permet d'évaluer les idées émises lors d'une séance de créativité en les passant au crible du regard d'un candide ou d'un critique.

Cet outil permet donc d'assurer un approfondissement ludique des idées.

http://dunod.link/baocrea23-012

POURQUOI L'UTILISER ?

Objectifs

Proposer à certains participants de défendre une solution créative, tel un avocat à la barre, devant un jury composé d'experts du domaine (ou de managers).
Juger d'une idée et en faire ressortir les points forts et faibles. Le but est de tout faire pour réduire au maximum l'impact des points faibles, en essayant d'approfondir l'idée et de trouver les éléments qui la rendent encore plus robuste et réalisable.

Contexte

Généralement, en fin de séance de créativité, lors de la présentation des idées, les participants fournissent des éléments d'évaluation positifs et négatifs des idées embryonnaires produites.
Il est intéressant d'utiliser cet outil pour aider à la rédaction des fiches idées (*cf.* outil 63).
L'avocat de l'ange est également particulièrement adapté quand une personne est convaincue que son idée est formidable, et manque de recul par rapport aux points d'appui et risques réels.

COMMENT L'UTILISER ?

Étapes

Choisir spécifiquement le participant le plus pessimiste vis-à-vis d'une idée pour justement lui demander d'être son avocat. Il dispose d'un délai (en moyenne 15 jours) pour, finalement, réussir à nous la « vendre ».
Cet outil se déroule en 6 étapes :
1. **Reformulation** de l'idée proposée (avec accord des auteurs).
2. **Critique** positive et négative grâce à la formule « ce que j'aime dans votre idée », « ce que je n'aime pas ».
3. **Examen** objectif et dépassionné du contenu détaillé de l'idée en posant et en se reposant un maximum de questions.
4. **Choix** de la personne la plus pessimiste vis-à-vis de l'idée.
5. **Définition** du défi : « être capable de devenir le meilleur avocat de cette idée et de réussir à nous la vendre (en allant trouver des solutions aux points négatifs) ».
6. **Restitution** de l'idée approfondie par son avocat commis d'office.

Méthodologie et conseils

Simple et rapide à mettre en œuvre, l'ACO peut être utilisé de manière formelle (5 à 15 minutes par idée) ou très structurée (1 à 2 semaines).
Il peut être intéressant de jouer le principe de réciprocité : « je serai l'avocat de l'ange sur ton idée, à laquelle je ne crois pas, et tu seras l'avocat de l'ange sur la mienne ».

Avant de vous lancer...

- ✓ **La personne pessimiste sur une idée voit parfaitement les défauts de celle-ci. Elle sera donc plus à même de trouver les solutions pour l'approfondir et nous la vendre.**
- ✓ **Cet outil permet de poursuivre d'une autre manière la créativité. La transformation d'idée à solution est accélérée et les experts plus impliqués par la sollicitation des avocats en recherche d'informations techniques.**
- ✓ **L'ACO nécessite de changer de point de vue sur l'idée et de relever le challenge d'en être le meilleur avocat. Des problèmes de charges de travail ou d'implication peuvent limiter l'impact de ce dernier.**
- ✓ **Le cœur de l'idée initiale ne doit pas être dénaturé : il ne s'agit pas de formuler une autre idée plus facile à mettre en œuvre.**
- ✓ **Enfin, au-delà de 15 jours pour le « jugement » des idées, l'ACO perd de son efficacité et son effet « dynamique de créativité » pour l'entreprise s'en trouve réduit.**

Outil 63

Outil 65 Le différentiel sémantique

> « Nous avons un profil pour Dieu, et l'autre pour le diable. »
>
> Proverbe anglais

En quelques mots

La **grille d'analyse sémantique** mesure les valeurs connotatives des objets ou des images. Cette méthode a été mise au point par Charles E. Osgood à l'université de l'Illinois en 1967. L'objectif est d'évaluer statistiquement les impressions subjectives que nous ressentons devant un objet ou la représentation imagée d'un objet.

MESURER LES VALEURS CONNOTATIVES DES SOLUTIONS IMAGINÉES DANS LE CADRE D'UNE SÉANCE DE CRÉATIVITÉ

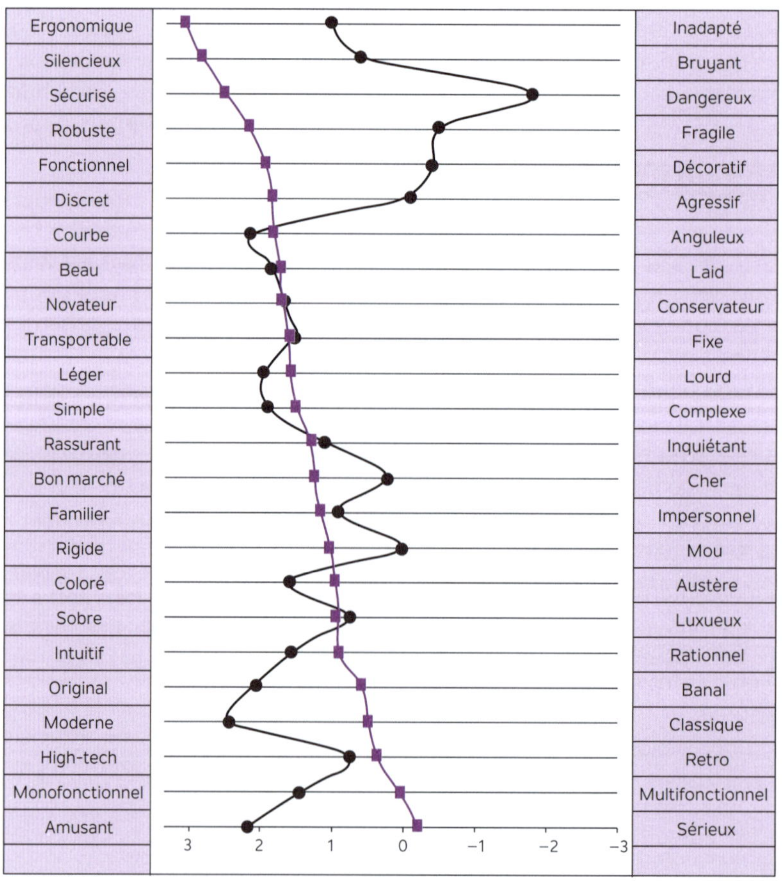

POURQUOI L'UTILISER ?

Objectifs

Cet outil permet d'évaluer un rough, une image de synthèse, un prototype afin d'améliorer sa conception. Il permet aussi de positionner un objet et de le comparer par rapport à un panel d'objets. Cette comparaison permet de prendre conscience des points forts et éventuels axes de progrès de l'offre.

Contexte

Cette évaluation peut être faite par des concepteurs ou des utilisateurs, à deux moments clés d'une démarche de créativité :

- soit en amont, pour cadrer l'effort de reconception sur certaines dimensions clés du produit ;
- soit en aval, pour évaluer la pertinence et le caractère différenciant de certaines idées formulées dans le cadre de la démarche créative.

COMMENT L'UTILISER ?

Étapes

Une grille d'analyse sémantique se présente comme une liste de qualificatifs regroupés par paire, aussi opposés que possible (fort/faible, féminin/masculin...), ou items, séparés par un nombre impair de cases (5 ou 7, en général).

Le point central constitue l'élément de neutralité.

	– 3	– 2	– 1	0	1	2	3	
Moderne								Classique
High-tech								Rétro
Ergonomique								Inadapté

Les qualificatifs sont placés de manière aléatoire pour ne pas avoir d'un côté les aspects positifs et de l'autre les aspects négatifs dans le but de ne pas influencer le sujet.

Le panel de personnes interrogé peut alors remplir cette grille en deux temps :

- « Pour vous, comment doit être le... (produit cherché) idéal ? » > tracer le profil « idéal » en reliant les différents points de positionnement.
- « Pour vous, comment qualifieriez-vous le produit que nous vous présentons ? » > tracer le profil de votre offre.

Comparer les deux profils et identifier les écarts entre votre produit et l'idéal recherché.

Animer une séance de créativité complémentaire pour traiter les écarts en défaveur de votre produit (pour les atténuer ou en faire des forces !).

Méthodologie et conseils

Le remplissage d'une grille ne doit pas prendre plus de 2 à 3 minutes, la personne ne doit pas réfléchir pour donner son impression. Le jugement par rapport au produit doit être spontané.

Les qualificatifs doivent être suffisamment variés pour bien caractériser les différents croquis du produit mais assez standardisés pour pouvoir établir des moyennes et faire ressortir un jugement d'ensemble.

Le rôle de l'animateur est de stimuler la discussion afin de faire formuler les qualificatifs les plus adéquats.

Avant de vous lancer...

- ✓ **Cet outil permet d'identifier rapidement les raisons de nos différences avec les produits existants et ainsi de cibler nos actions de créativité.**
- ✓ **L'autre aspect positif est la possibilité de remplir ce document à distance, avec l'objectivité des résultats que cela procure.**
- ✓ **Au-delà de 25 qualificatifs, il y a saturation chez les sujets interrogés.**

Outil 66 Le tableau d'évaluation objective

> *Mais l'objectivité n'est pas la neutralité. L'effort de compréhension n'a de sens que s'il risque d'éclairer une prise de parti. Je prendrai donc parti pour finir.*
>
> Albert Camus

En quelques mots

Le **tableau d'évaluation objective** permet d'évaluer des idées obtenues en séance de créativité. Outre la possibilité de noter les idées (c'est là un des atouts de la représentation matricielle), le tableau d'évaluation objective permet de dresser des profils représentatifs des idées et de déterminer des corrélations éventuelles entre les solutions afin de limiter le nombre d'idées retenues.

VISER L'OBJECTIVITÉ DANS L'ÉVALUATION ET LA SÉLECTION DES IDÉES

Critères d'évaluation / Idées	Efficacité	Originalité	Faisabilité
Idée A	5	1	2
Idée B	1	5	3
Idée C	4	4	5
...			

POURQUOI L'UTILISER ?

Objectif

Cet outil a pour objectif de permettre d'évaluer rigoureusement des solutions afin de sélectionner les plus pertinentes.

Contexte

Il s'utilise en groupe pluridisciplinaire lors de la phase de sélection des idées, en général après un premier tri sous forme de vote « à main levée ».
Les idées sélectionnées après leur évaluation par un tableau d'évaluation objective sont ensuite explorées puis formalisées au moyen de fiches idées.

COMMENT L'UTILISER ?

Étapes

Hubert Jaoui propose une opération de sélection selon les trois critères suivants :

Critère d'évaluation Idées	Efficacité	Originalité	Faisabilité

1. Noter l'efficacité (note de 1 à 5, 5 étant la meilleure).
2. Sélectionner les idées ayant le plus haut degré d'efficacité.
3. Noter l'originalité (note de 1 à 5, 5 correspondant à l'idée la plus originale).
4. Utiliser la note d'originalité pour départager les idées ayant été sélectionnées.
5. Noter la faisabilité (note de 1 à 5, 5 étant la plus réalisable).

Avoir recours au critère de faisabilité pour une sélection finale entre idées très efficaces et très originales.
Afin d'éviter la contamination d'effet de groupe, il est important que la notation soit dans un premier temps individuelle.
En revanche, pour cet outil, c'est aux utilisateurs de déterminer leurs critères pertinents d'évaluation des idées.

Méthodologie et conseils

Cet outil nécessite obligatoirement un groupe pluridisciplinaire pour sa mise en œuvre.
Il est important de n'évaluer la faisabilité qu'en dernier. On veillera ainsi à ne pas confondre pour une idée son efficacité (vis-à-vis de la problématique à laquelle elle répond) et sa faisabilité (caractère réalisable).
Une manière de faire converger le groupe consiste à faire témoigner ceux qui ont donné les notes les plus extrêmes à une même idée, en leur demandant d'expliquer ce qui a motivé leur note.
Après ces explications, les participants sont invités à noter une deuxième fois. Cela peut permettre de resserrer les écarts grâce à une meilleure compréhension du point de vue des experts.
Si les écarts demeurent, mettre un éclair à côté de l'idée pour indiquer qu'il y a une divergence de points de vue, et qu'il faudra potentiellement réaliser une exploration plus détaillée ultérieurement.

Avant de vous lancer...

- ✓ **Le TAO permet une évaluation objective des idées. En effet, l'animateur en respectant la consigne de poser les questions de l'évaluation critère par critère (originalité, efficacité etc.) les uns après les autres, de manière indépendante, garantit un classement rationnel.**
- ✓ **Le TAO en groupe peut s'avérer long à mettre en œuvre. Pour 100 fiches idées, il faut compter jusqu'à 4 heures d'animation.**

Outil 67 Le *lean startup* créatif

« Ne confondez pas le mouvement et l'action. »

Ernest Hemingway

En quelques mots

Le ***lean startup* créatif** est un outil qui permet de rapidement développer son idée suivant un processus de vérification et de validation itérative de ses fonctionnalités. Cet outil est basé sur le concept initialement développé en 2008 par Eric Ries sur la base de la pensée *lean*. Il s'appuie sur l'expérimentation scientifique et le design itératif. Il permet de réduire les cycles de développement d'une idée, en l'améliorant continuellement, étape par étape, grâce aux retours des utilisateurs.

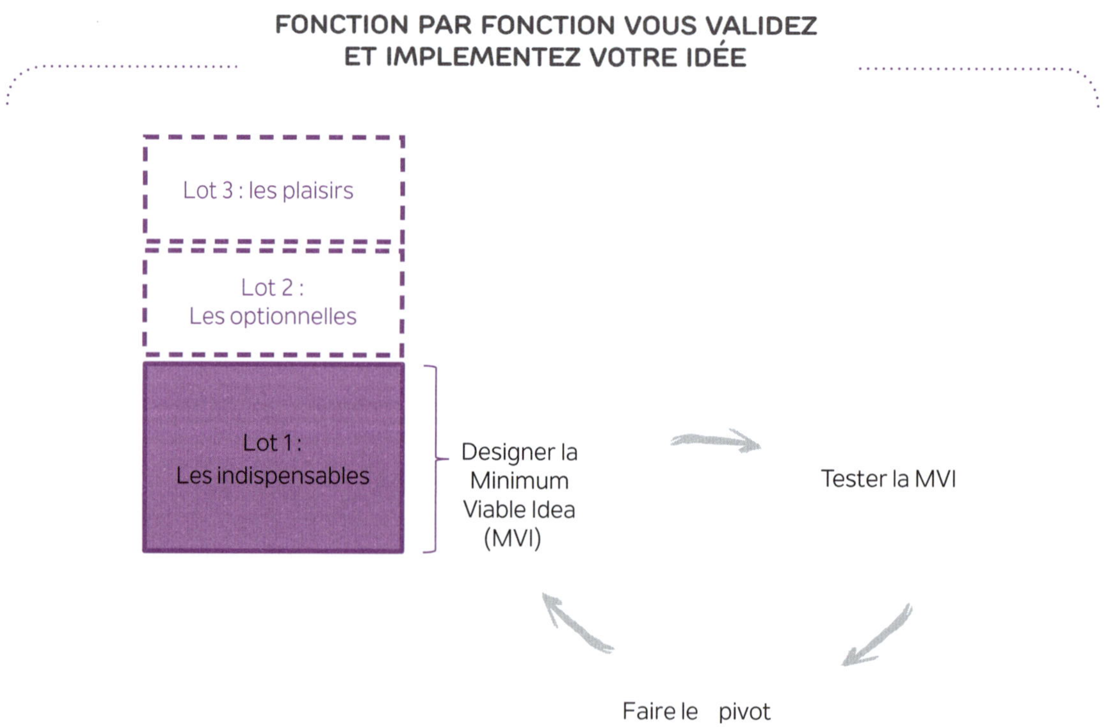

POURQUOI L'UTILISER ?

Objectifs

Développer une idée en s'assurant que les fonctionnalités les plus importantes de la solution sont hiérarchiquement bien remplies.
En développant votre idée selon cette méthode, vous vous concentrez sur l'essentiel et supprimez le « surplus ». Cet outil permet aussi d'aller vite et d'intégrer très tôt l'utilisateur. Ainsi, vous pourrez faire « le pivot » sur votre idée et rapidement la modifier pour l'adapter au mieux.

Contexte

Cette approche généralement utilisée par les startups permet de développer rapidement et efficacement une idée tout en y intégrant les utilisateurs.

COMMENT L'UTILISER ?

Étapes

Lean startup créatif s'appuie sur la notion de *Minimum Viable Idea* (l'Idée minimum viable). Il s'agit de ne retenir au départ que les fonctionnalités indispensables et intéressantes par les utilisateurs. Seules ces fonctionnalités seront développées dans l'idée et soumises aux utilisateurs pour test et validation.

1. MVI

- Reprendre la problématique d'origine, lister et prioriser les besoins pour pouvoir la traiter
- En déduire les fonctionnalités idéales de la solution que vous catégorisez en trois lots
  - lot 1 : les indispensables ;
  - lot 2 : les optionnelles ;
  - lot 3 : les plaisirs.
- Reprendre votre idée et modifiez-la pour qu'elle ne réalise que les fonctions du lot 1.

2. Tester

- Formaliser au mieux votre MVI. Ne pas hésiter pas à vous filmer avec votre smartphone pendant que vous « pitchez » votre idée. Se limiter à 10 slides, 2 minutes de vidéo maximum, des visuels, et idéalement prototyper l'idée.
- Identifier le bon panel d'utilisateurs à impliquer et formaliser un protocole de test, un scénario d'usage pour que les testeurs puissent vous faire un retour.
- Lors du test, identifier ce qui retient leur attention, quelles fonctions ont-ils préférées, ou pas identifiée, pourquoi ils utiliseraient ou pas l'idée.

3. Pivot, or not Pivot

La particularité de l'outil est que si vous voyez des écarts de perception de la part des utilisateurs sur la compréhension, ou l'évaluation de fonctionnalité du lot 1, alors vous devrez faire évoluer votre idée. C'est ce que l'on appelle faire le pivot. Cela consiste à changer de cible, de moyens techniques, de fonctionnalité, de performance...

- En fonction des retours, modifier la MVI et ses supports de présentation.
- Tester à nouveau l'idée et recueillir les avis.
- Répéter cette boucle jusqu'à ce que toutes les fonctionnalités de la MVI soient validées par les utilisateurs.

Méthodologie et conseils

Identifiez précisément votre cible pour tester votre future MVI mais surtout pour vous assurer en étape 1, que vous travaillez sur les bonnes fonctionnalités, de la bonne problématique.
Concernant le design d'une MVI qui ne serait pas un objet, vous pouvez utiliser des LEGO, du papier, etc... pour illustrer les scenarii.

Avant de vous lancer...

✓ **Penser à filmer ou prendre des photos de toute votre démarche afin d'argumenter et d'intégrer ces éléments dans la défense de votre idée auprès de sponsors**

✓ **Ne pas oublier que l'innovation, c'est de tenter de faire mieux et pas forcément « plus ». L'approche *lean* vous pousse à vous concentrer sur le juste nécessaire.**

Outil 68

Les 6 curseurs

> « Il y a quatre types idéals : le crétin, l'imbécile, le stupide et le fou. Le normal, c'est le mélange équilibré des quatre.
>
> Uberto Eco

En quelques mots

Les **6 curseurs** permettent de réaliser une analyse objective des atouts et risques d'une idée. Ils permettent également de comparer plusieurs idées entre elles et d'orienter le choix des développements. L'idée est analysée en regard de chaque curseur. Plus le niveau du curseur est faible, plus le risque est élevé dans le développement de l'idée. Un risque élevé permet d'orienter la mise en place d'une action de réduction du risque.

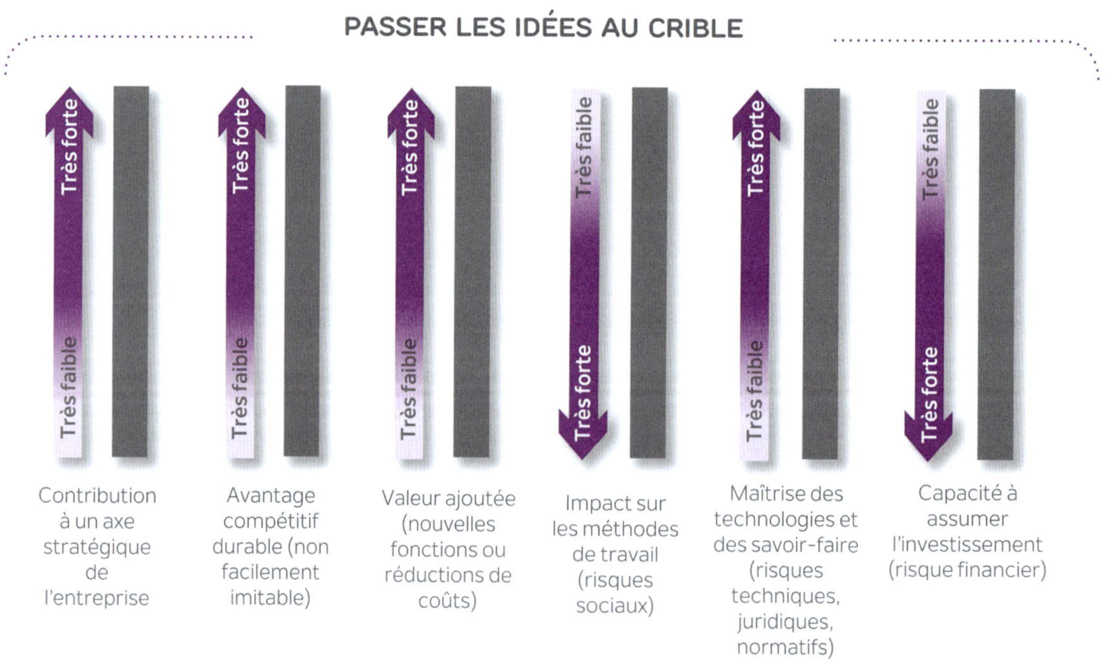

POURQUOI L'UTILISER ?

Objectifs

L'analyse d'une idée par les curseurs permet :

- de comparer et de réaliser des choix au sein d'un ensemble d'idées ;
- de donner aux décideurs des investissements les éléments permettant d'orienter le lancement des phases de faisabilité ;
- d'orienter les actions de faisabilité et de maquettage vers la réduction des facteurs de risques.

Contexte

L'analyse des curseurs est complémentaire de l'outil « fiche idée » dans la mesure où elle permet de définir les points forts et points faibles de l'idée développée et les actions de réduction des risques.

COMMENT L'UTILISER ?

Étapes

1. **Réaliser** une première évaluation de l'idée sur les curseurs pour faire apparaître les maillons faibles.

- Contribution à un axe stratégique de l'entreprise : l'idée est-elle en phase avec l'une des voies d'innovation de l'entreprise ?
- Avantage compétitif durable : l'idée est-elle difficilement copiable ou la mise sur le marché en premier vous donnera-t-elle un avantage difficile à rattraper par vos concurrents ?
- Valeur ajoutée : l'idée apporte-t-elle des fonctionnalités nouvelles pour vos clients ou permet-elle de réduire vos coûts de production ?
- Impact sur les méthodes de travail : la mise en œuvre de l'idée modifie-t-elle la façon de travailler de vos équipes ou celles de vos clients ?
- Maîtrise des technologies et des savoir-faire : maîtrisez-vous au sein de l'entreprise les savoir-faire et technologies nécessaires au développement de l'idée ?
- Capacité à assumer l'investissement : l'idée peut-elle être développée étant donné mes capacités d'autofinancement ?

Outil 63

2. **Identifier** en quoi l'idée peut être adaptée pour passer les curseurs au vert (quitte à refaçonner l'idée). Si un curseur reste en zone rouge : proposer un plan d'action ciblé et budgété sur les démarches de faisabilité qui permettront de placer le curseur au vert (par exemple, déposer un brevet si l'idée est facilement imitable).

Méthodologie et conseils

L'analyse par les curseurs doit être objective. Une idée séduisante de prime abord peut receler des zones de risque importantes qui seront soulevées tôt ou tard par les décideurs. Les identifier et proposer des actions permet d'anticiper les réactions et d'être force de proposition pour leur développement.

On pourra superposer les courbes reprenant la position des curseurs (sur une échelle de 1 à 4 par exemple) pour différentes idées. Cela facilitera les comparaisons dans une logique de sélection.

Pour une meilleure efficacité et afin de comparer des choses comparables, cette analyse doit se faire sur des idées abouties répondant au problème posé.

Avant de vous lancer…

✓ **Cet outil rend la valeur d'une idée objective et identifie les pistes qui permettront d'accroître cette valeur.**

✓ **Il permet d'identifier et de définir les actions de réduction des risques liés au développement de l'idée.**

✓ **L'analyse par les curseurs ne permet pas de définir qu'une idée est bonne ou mauvaise dans l'absolu.**

Outil 69 Le diagramme de Kano

“

Le monde moderne, avec sa complexité folle, m'intéressait peu. Il manquait de pertinence et de poids.

Bob Dylan

En quelques mots

Le **diagramme de Kano** permet d'évaluer des idées par rapport à l'état du marché, d'une part, et aux attentes des clients d'autre part. Ce modèle identifie quatre types de caractéristiques d'un produit ou d'un service qui, selon qu'elles sont présentes ou absentes, satisferont les clients.

Les caractéristiques proportionnelles augmentent ou réduisent la satisfaction du client de façon proportionnelle. Les caractéristiques obligatoires se doivent d'être présentes. Les caractéristiques attrayantes ne sont pas exigées mais apportent une valeur ajoutée. Les caractéristiques hostiles réduisent la satisfaction du client.

SE DIFFÉRENCIER PAR RAPPORT AU MARCHÉ : EXEMPLE DU DENTISTE

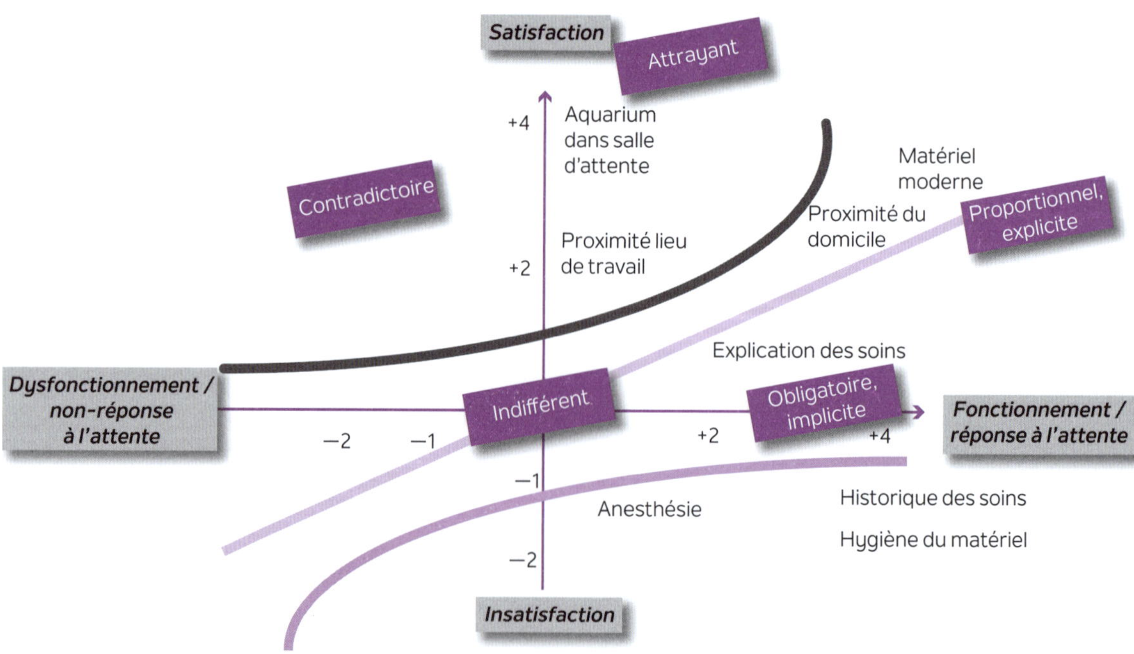

POURQUOI L'UTILISER ?

Objectif

L'état de l'offre sur un marché n'est pas toujours en phase avec les attentes des clients de ce marché. Cela peut s'avérer en particulier lorsque certains défauts sont induits par des avantages de l'offre. Par exemple, une voiture apporte des fonctions de transport (fonction obligatoire) mais elle pollue l'environnement (caractéristique hostile). En listant l'ensemble des caractéristiques clés d'un produit ou d'un service et en évaluant la valeur ajoutée d'une idée en regard de ces caractéristiques et de l'état du marché, le modèle de Kano permet de s'assurer de la valeur ajoutée de l'idée et de la comparer à d'autres idées dans une logique de sélection.

Contexte

Au début d'une séance de créativité, lors de la pose d'un problème : les caractéristiques clés d'un produit ou d'un service seront listées, leurs évaluations réalisées à partir du modèle de Kano et l'état de l'offre marché identifié. À l'issue de l'émission et de la formalisation d'idées, chacune des idées sera évaluée en regard des attentes des clients et de l'état du marché. Les idées innovantes qui permettront de se différencier seront celles en phase avec les attentes non satisfaites du marché et qui apporteront des caractéristiques non couvertes par les offres existantes.

COMMENT L'UTILISER ?

Étapes

1. **Lister les caractéristiques clés d'un produit** ou d'un service (par exemple, pour une voiture, le transport de passagers, le confort, la pollution...).
2. **Lister pour chacune de ces caractéristiques** leur nature dans le modèle de Kano (par exemple, P – Proportionnel – pour le confort, H – Hostile – pour la pollution).
3. **Lister pour chacune des caractéristiques :**
   - l'état de l'offre du marché (caractéristique absente ou présente) ;
   - l'apport de l'idée évaluée (caractéristique absente ou présente).
4. **L'idée évaluée** apporte une valeur ajoutée spécifique à chaque fois qu'elle remplit une caractéristique proportionnelle, obligatoire ou attrayante qui n'est pas couverte par l'offre du marché ou qu'elle supprime une caractéristique hostile présente dans l'offre du marché (par exemple, un véhicule zéro émission de CO_2).

Outil 68

Méthodologie et conseils

L'analyse fonctionnelle peut être réalisée en amont pour identifier les caractéristiques et fonctions clés attendues par les clients pour un produit ou un service.
Réaliser un tableau synthétisant l'analyse. L'utilisation de couleurs permettra d'identifier les différentes caractéristiques de l'idée (demandées par les clients mais non couvertes par le marché).
L'analyse d'une idée par le modèle de Kano est complémentaire de l'outil d'analyse des idées par les curseurs (*cf.* outil 68) dans la mesure où elle permet de positionner de manière objective le curseur « réponse aux attentes du marché ».

Avant de vous lancer...

✓ **Le modèle de Kano met en évidence les divergences entre les attentes des clients vis-à-vis d'un produit ou d'un service et l'offre du marché. Les idées qui répondent à ces attentes sont celles qui ont le plus de chances de succès.**

✓ **Ne pas rendre le modèle trop complexe par un nombre de caractéristiques trop élevé. Choisir les plus importantes vis-à-vis du segment étudié (idéalement entre 5 et 10).**

✓ **Préciser la cible marché étudiée pour que les attentes soient homogènes.**

Outil

70

La matrice IF (intérêt/facilité de mise en œuvre)

> Tout est relatif, et cela seul est absolu.
>
> Auguste Comte

En quelques mots

La matrice intérêt/facilité de mise en œuvre permet de positionner visuellement les idées les unes par rapport aux autres.
Au terme de ce positionnement, les participants identifient le « carré d'or » dans lequel se trouvent les idées les plus intéressantes et les plus faciles à mettre en œuvre. Ce sont *a priori* ces idées qui feront l'objet d'un approfondissement suite à la séance.

POSITIONNER LES IDÉES LES UNES PAR RAPPORT AUX AUTRES

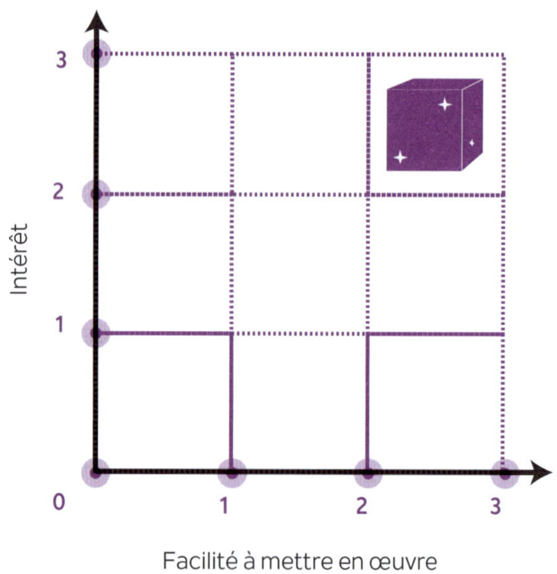

POURQUOI L'UTILISER ?

Objectif

Trier les idées et identifier celles qui ont le plus de potentiel pour une exploitation ultérieure.
Favoriser les prises de décision en termes d'investissement.

Contexte

La matrice IF est remplie à la fin d'une séance de créativité, idéalement après un premier regroupement des idées et une formalisation des fiches idées.

COMMENT L'UTILISER ?

Étapes

1. Dessiner la matrice IF sur une grande feuille (*paperboard* ou papier kraft) ou utiliser un mur digital (type Padlet).
2. Positionner une première idée en fonction des 2 critères :
- Demander aux porteurs de la problématique de positionner l'idée sur l'échelle des ordonnées : « à quel point cette idée répond-elle à votre problématique ? ». Attention, couper court à toute réflexion du type « oui, mais c'est impossible à faire ! », et positionner l'idée sur l'axe des ordonnées.
- Poser ensuite la question suivante aux experts techniques : « est-ce que c'est faisable, presque faisable ou inconnu ? », et positionnez l'idée sur l'axe des abscisses.

3. Positionner ensuite la seconde idée de manière relative par rapport à la première (est-elle plus ou moins intéressante ? plus ou moins facile à mettre en œuvre ?).
4. Continuer jusqu'à ce que l'ensemble des idées soit positionné.
5. À la fin de la séance de tri, des regroupements d'idées vont apparaître. Entourer les idées qui sont dans le carré d'or (les idées les plus intéressantes et les plus faciles à mettre en œuvre).

Outils 62 et 63

Méthodologie et conseils

Dans le cadre d'une séance de créativité très productive, nous vous conseillons d'utiliser l'outil diagramme d'affinité (*cf.* outil 62) pour regrouper les idées de même nature, de leur donner un nom global et éventuellement de rédiger une fiche idée avant d'utiliser la matrice. Cela évitera d'être submergé par une trop grande quantité d'idées et que le travail de positionnement devienne fastidieux (idéalement, pas plus de 15 à 20 fiches idées à positionner au total).
Au terme du positionnement, il peut arriver que certaines idées se retrouvent en dehors du carré d'or, et que certains participants aient néanmoins envie de les « sauver ». Il peut alors être utile de distribuer 3 jokers au groupe, qu'ils peuvent utiliser pour repêcher les idées auxquelles ils croient. En contrepartie de ce joker, celui qui l'utilise doit trouver au moins 3 solutions pour rendre son idée soit plus intéressante, soit plus facile à mettre en œuvre.

Avant de vous lancer

✓ **Contrairement au tableau d'évaluation objective, la matrice IF repose plus sur de l'intuition. L'enjeu est que le positionnement de chaque idée se fasse assez rapidement, sans « surintellectualisation ». Cela permet de disposer d'une cartographie finale très éclairante pour le groupe.**

Bibliographie

Alberti, *Entretien individuel sur la créativité et l'innovation dans l'industrie*, UTC, 2001.

Altshuller G., *Et soudain apparut l'inventeur : Les idées de TRIZ,* Seredinski, 2006.

Aznar G., *100 techniques de créativité pour les produire et les gérer*, Éditions d'Organisation, 2005.

Barthes R., *L'Aventure sémiologique*, Seuil, 1985.

Bouchard C., Groff A., *Synthèse des audits sur l'optimisation du service créativité : proposition d'un outil de pilotage*, Dossier SERAM, février 2003.

Buzan T., *Une Tête bien faite,* Éditions d'Organisation, 1979.

Cameron J., *Libérez votre créativité,* J'ai Lu, 2007.

Chan Kim W. et Mauborgne R., *Stratégie Océan Bleu*, Pearson, 2010.

Choulier D., *Comprendre l'activité de conception*, Université de technologies de Belfort-Montbéliard, 2008. ; *TRIZ : un état d'esprit*, Université de technologies de Belfort-Montbéliard, 2000.

Debois F., *Qui a tué l'innovation ?*, Arkoad, 2009.

Debois F., Groff A., Fabreguettes V., *100 questions sur les créativités*, Afnor, 2011.

De Brabandere L., Micolaiczak A., TRIZ France, *Le Plaisir des idées – La pratique de la créativité en entreprise*, Dunod, 2010.

Degrange Michel, *Théorie, technique et pratique de la créativité*, ENSAM de Paris, 1999.

Dixon J., « On research methodology towards a scientific theory of engineering design, Artificial intelligence for engineering design analysis and manufacturing », *Academic press*, vol. 1, n° 3, 1987.

Gillier T., *Comprendre la génération des objets de coopération interentreprises par une théorie des co-raisonnements de conception : vers une nouvelle ingénierie des partenariats d'exploration technologique*, thèse de doctorat INPL, 2010.

Groff A., Bouchard C., Aoussat A., *Optimisation de l'innovation dans l'industrie automobile* via *l'élaboration d'un processus de créativité industrielle*, CPI-2003, Integrate Design and Production du 22 au 24 octobre 2003.

Groff A., *100 questions sur manager l'innovation*, Afnor, 2009 ; Feuillets mobiles de l'Afnor : « Le concept de *sas d'innovation* en mode projet, « Le projet, ou comment passer de la créativité à l'innovation ? ».

Hatchuel A., *Cours sur les nouvelles organisations de la conception en DEA CPI*, ENSAM Paris, 1999.

Hatchuel A., Weil B. *La théorie C-K : Fondements et usages d'une théorie unifiée de la conception*. École des Mines de Paris, colloque « Sciences de la conception » (Lyon, mars 2002).

Hatchuel A., Lemasson P., Weil B., « De la R&D à la RID, de nouveaux principes de management du processus d'innovation », Mines de Paris, *Revue Arts et Métiers*, p. 331, 2002.

Hatchuel A., « Apprentissages collectifs et activités de conception », *Revue française de gestion*, juin-juillet-août 1994.

Hatchuel A., Le Masson P., Weil B., *Design theory and collective creativity : a theoretical framework to evaluate KCP process*, International Conference on Engineering Design, ICED'09, 24-27 août 2009, Stanford CA.

Horowitz R., *ASIT : méthode pour des solutions innovantes*, SolidCreativity, 2004.

Isaksen Scott G., *Créative Approaches to problem solving*, Buffalo, 2000.

Jaoui H., *La Créativité mode d'emploi*, ESF, 1990 ; « Innover au quotidien », *Revue JP news*, n° 4, p. 40, mars 2002.

Jones J. C., *Design Methods, Seeds of human futures*, John Wiley & Sons Ltd., 2e éd. 1992.

Laforcade J., *ARIZ 85-B*, TRIZ France, 2005.

Le Masson P., Weil B., Hatchuel A., *Les processus d'innovation : Conception innovante et croissance des entreprises*, Hermès Science Publications, 2006.

Mermet G., *Francoscopie 2001. Comment vivent les Français*, Larousse, 2000.

Morgan J., Wang R., « Tournaments for ideas », *California Management Review* vol. 52, n° 2.

Romecourt et Pons, *L'innovation à tous les étages*, 2001.

Rothenberg A., « Word association and creativity », *Psychological Report*, 1973.

Savransky S. D., *Engineering of Creativity : Introduction to Triz Methodology of Inventive Problem Solving*, CRC Press Inc, 2000.

Thiébaud F., De Guio R., *Indicateurs clés d'une entreprise à retenir pour le choix d'une méthode de créativité*, Laboratoire de recherche en productique de Strasbourg, Institut national des sciences appliquées de Strasbourg, PRIMECA, 2003.

Vadcard Ph., *Aide à la programmation de l'utilisation des outils en conception de produit*, thèse de doctorat, ENSAM Paris, 1996.

Vissier W., *Conception individuelle et collective. Approche de l'ergonomie cognitive aux* viie *Rencontres pour ouvrir le* xxie *siècle : « Cerveau et machine dans le processus de conception. Quelle place pour l'homme ? »,* Forum des arts de l'univers scientifique et technologique, Toulouse, 23 et 24 octobre 1998.

84889 - (I) - OSB 80° - P254U - BPA - MGS
Dépôt légal : mars 2023
Imprimé en Espagne par Unigraf S.L.